労使関係法 I

労働法研究(下)－1

秋田成就

労使関係法 I

——労働法研究(下)－1——

学術選書
95
労働法

信山社

目　次〔労使関係法Ⅰ〕

〔判例研究〕

〔初出一覧〕

第一部　団結権と労働組合の内部統制

1　労働組合の法的性格――野村平爾先生還暦記念論文集『団結活動の法理』（一九六二年・日本評論新社）
2　労働組合――有泉亨編『日本の労使関係と法』（一九七二年・有斐閣）
3　労働組合の内部問題の法理論的構成――ジュリスト四四一号一七三頁（一九七〇年）
4　組合内部の紛争と司法救済――鈴木忠一・三ヶ月章編『新・実務民事訴訟講座11』（一九八二年・弘文堂）
5　チェック・オフ（組合費等の給与控除）制度について――季刊労働法一五五号一〇二頁（一九九〇年）

〔判例研究〕

1　組合員推薦以外の候補者支持のための組合員の政治活動の自由と組合の統制権（中里鉱業所事件）――ジュリスト昭和四四年度重要判例解説（一九七〇年）

第二部　団体交渉・労働協約

1　団体交渉応諾請求仮処分事件に関する一考察――判例時報七七四号（判例評論一九六号）（一九七五年）
2　団体交渉権の権利の性格について――外尾健一編『不当労働行為の法理』（一九八五年・有斐閣）
3　労働協約制度と立法の関与――『新版　就業規則と労働協約』第二章Ⅴ（一九八一年・日本労働協会）
4　労働協約の有効期間と終了――『新版　就業規則と労働協約』第二章Ⅵ（一九八一年・日本労働協会）

〔判例研究〕

1　団体交渉の委任の対象（姫路赤十字病院事件）――ジュリスト昭和五六年度重要判例解説（一九八二年）
2　民間放送会社の楽団員が労組法上の労働者と認められた例（CBC管弦楽団事件）――ジュリスト六五二号（一九七七年）
3　賃金引上げの条件としての稼働率算定の基礎となる不就労時間に年休、産休、労災休業、組合活動等による欠務を含ませる協定の効力（日本シェーリング事件）――ジュリスト七八〇号一四八頁（一九八二年）

〔初出一覧〕

第三部　争議行為・組合活動の法理

1　山猫ストの法理――季刊労働法七五号（一九七〇年）

2　順法闘争の論理と法理――ジュリスト五八五号七二頁（一九七五年）

〔判例研究〕

1　争議時におけるビラ貼りと損害賠償責任（国鉄事件）――判例時報七九五号（判例評論二〇三号）（一九七六年）

2　ロックアウト継続の適法要件（第一小型ハイヤー事件）――ジュリスト六七五号（一九七八年）

第一部　団結権と労働組合の内部統制

〈解　題〉

山川隆一

労働組合の問題は、秋田教授が研究生活の比較的初期の段階から近年に至るまで力を入れてきた、集団的労働関係法分野における同教授の代表的な研究領域のひとつである。以下では、労働組合の法的性格とその法的規制のあり方という、いわば総論的な問題と、組合の内部問題という具体的問題とに分けて解題を試みる。

(1) 労働組合の法的性格と法的規制

まず、野村平爾教授の還暦記念論集に掲載された「労働組合の法的性格」(一九六二年)(本書第一部**1**)は、労組法一二条(平成一八年改正前のもの)により、同法一一条の手続きに基づいて法人となった労働組合につき民法の法人に関する諸規定(平成一八年改正前のもの)、とりわけ四三条及び四四条が準用されていることを手掛かりに、労働組合の法的性格について分析を行ったものである。

本論文は、まず、労組法一二条により民法四三条・四四条が準用されることの法的意味を、法人の本質論も踏まえて確認する。ここでは、次の論点につながる、民法四四条の準用によって組合が不法行為責任の帰属主体となることなどが指摘される。すなわち、本論文はこれに続き、民法四四条の準用は財産的取引の場面に限り、組合の団体行動の場面にはこれを否定すべしとする(具体的には、違法争議行為につき組合の責任を否定する)蓼沼謙一教授の学説[1]を批判的に検討し、同条の準用をそのように限定的に解する理由はないとの結論に至る。ここで秋田教授は、基本的に法人実在説と同様の立場を支持しており、そのこともこの結論の論拠となっている。またここでは、法人格のない組合であっても、法人格を持つ組合に準じて扱うことも提唱される。

また、本論文は、労働組合が法人格取得の可能性を持ち、民法の準用により行為能力や不法行為能力をもつことから、組合の自主規範である組合規約についても、組合員間の契約としてではなく、組合自身と組合員との法的規範となり、組合の内部問題につき、裁判所が依拠する法的規範となるとの結論を導く。秋田教授のこの見解は、以下に紹介するその後の論文の基礎になるものであり、労働組合の内部問題をめぐる同教授の業績において重要な位置を占めているものということができよう。

次に、有泉亨教授編『日本の労使関係と法』所収の「労働組合」（一九七二年）（本書第一部**2**）は、戦前の諸法案や諸外国の法制との比較により、日本の労働組合法制の特質を示したものである。すなわち、まず本論文は、現行労組法における労働組合の目的・定義規定、設立・法人化・登記に関わる規定、自主性の担保に関わる規定、及び民主制の担保に関わる規定につき、戦前の諸法案や諸外国の法制との比較を行ったうえ、現行労組法につき、目的・定義及び法人化等の面では、国家の介入を予定しない任意主義に立脚するものと位置づける一方で、自主性及び民主制の担保という面では、利益代表者の加入する組合を労働組合から除外すること（労組法二条）、民主制の要件の充足を労組法上の手続関与等の要件とすること（五条）などの点において、啓蒙的介入主義の色彩を多分に残しているものと位置づけている。

こうした理論的把握を受けて、本論文は、現行労組法の下で実際に紛争となることが多い組合内部における統制権の問題や組織強制に関わる問題（特にユニオン・ショップ協定の効力をめぐるもの）につき、労使関係におけるそれらの実際上の意味や判例の動向についても検討を及ぼす。

判例におけるこれらの問題の取扱いと上記のような現行労組法の位置づけの関係をどのように把握するかは必ずしも明確には示されてはいないようであるが、裁判所は、統制処分に対し一定の抑制を加えるとともに、ユニオン・ショップ協定の効力にも一定の制限を課していることに着目すれば、組合の内部問題につき全くの自治に委ねずに法的規制を行っている点では、必ずしも国家介入に消極的なものではないといえよう（ただし、判例は、自主性要件や民主性要件にさほど重点を置いていないので[2]、「啓蒙的」介入主義の色彩は、運用面において実際上は弱められているといえそうである）。

いずれにせよ、秋田教授は、組合の内部問題について国家が介入すること自体については否定するものではないが、「啓蒙的」な介入に対しては懐疑の念を持たれているようであり、現行労組法が、労使関係の「健全な展開を妨げている点も少なくないように思われる」との評価を示している。

以上の論文に見られる秋田教授の見解は、ごく単純化すれば、実際上、及び法制上における労働組合の社団的性格を重視するとともに、自主的規範としての組合規約を重視する立場をとるものといいうる。また、現行法における組合の位置づけからみて、組合規約の法的規範性を承認し、規約に基づく司法審査も一定程度肯定するが、啓蒙的観点からの国家介入には消極的であり、あくまで組合の自主的な発展とそれを基礎とする労使関係の運営に期待する立場と評することができよう。

組合の内部問題への国家の介入の問題については、その後の労使関係の変化（協調的な労使関係が主流となり、使用者と対抗的な方針の組合が少数組合となる傾向など）や、組合と組合員個人の利害対立への注目を背景に、たとえば、ユニオン・ショップ協定を無効と解する説が有力となるなど(3)、新たな動きが生じている。こうした動きにつき秋田教授がどのような見解を示されるか、注目されるところである。

(2) 労働組合の内部問題

労働組合の内部運営をめぐる具体的問題についても、秋田教授は注目すべき論稿を発表してきている。そのうち、以下でとりあげる二論文は、労働組合の内部問題、とりわけ統制権をめぐる問題に焦点を当てた検討を行ったものである。まず、「労働組合の内部問題の法理論的構成」（本書第一部**3**）は、相対的には早い時期（一九七〇年）のものであり、労働組合の内部運営に関する基本的な原則につき検討を行ったうえで、統制権の根拠等について考察を加えている。

すなわち、本論文は、労働組合と組合員の法律関係につき、組合員間の契約とみる見解（契約説）と社団とみる見解（社団説）をそれぞれ検討したうえ、イギリス法を参照しつつ、民主主義（ユニオン・デモクラシー）、平等原則、自治（ボランタリズム）、自然的正義といった組合運営にあたっての法原則の内容を解明している。そして、内部統制の問題については、規約準拠説と団体固有権説に分けて批判的考察を行う。

上記の契約説は規約準拠説に、社団説は団体固有権説にそれぞれ結びつきそうであるが、秋田教授は、組合を社団として把握しつつ、内部統制の根拠は組合規約に求める見解を提唱される。この見解は、先に紹介した「労働組合の法的性格」においてみられた、労働組合の社団的性格を重視するとともに、自主的規範としての組合規約を重視する立場に基づくものといえよう。また、本論文は続いて、統制権の根拠に関しわが国において有力説であった団結権説についても検討を加え、団結権が統制権の根拠となるとの主張を法的にラフなものと批判しつつ、憲法上の団結権保障にかんがみて、組合規約を根拠とする統制権に対する法的制約は緩やかにならざるをえないと説く。

このように、労働組合の統制権を基本的に組合規約に基づくものと把握する見解は、その後の学説の展開の中で、むしろ通説的な立場となっていく(4)。本論文の示した見解は、こうした学説の流れの先鞭となり、その後に大きな影響を与えたものとして位置づけられる。しかも、秋田教授は、こうした見解を、労働組合の法的性格とは何かという、より基本的な問題についての自らの初期の見解を発展させる形で展開されており、この問題についての理論上の体系性・論理一貫性は比類のないものと評価することができる。

次に、本論文の一二年後（一九八二年）に書かれた、「組合内部の紛争と司法救済」（本書第一部**4**）は、組合の内部紛争につき、訴訟において問題になる事項ごとに検討したものである。ここでも、秋田教授の基本的立場は一貫しており、統制権の根拠を契約法的処理と団体法的処理に分けたうえ、自主規範としての組合規約を基本的根拠とする見解をとられている。

もっとも、本論文は、『新・実務民事訴訟講座』という、訴訟実務的色彩が強いシリーズの一巻の中に収録されたものであるため、実務的な検討が多く含まれている点にも特色がある。とくに注目すべきなのは、組合の内部紛争が法的に争われる問題について、訴訟の形態を詳細に整理分類し、それを踏まえて、判例理論の展開をフォローし、理論的な問題についての検討を行っている点である（こうしたプラクティカルなアプローチは、実は上記「労働組合の内部問題の法理論的構成」において既に現れていたものである）。

また、こうした特色を持つ本論文は、組合の内部紛争をめぐる具体的な論点についても、判例の分析を踏まえた数多くの検討を行っている。内部紛争については、「団結（自治）」と「組合民主主義」の調整の問題として議論されることが多いが[5]、本論文は、このような抽象的な基準だけでは決め手にならず、具体的な紛争解決のための裁判規範を示す必要があるとしたうえで、裁判所は、「団結強化の要請と組織内活動の自由のどちらに優越的価値を求めるかの態度をきめかねている」と指摘する（本書一〇二頁）。こうした状況は現在に至るまで変わっていないようであり、労働法学の課題として存在し続けているといえよう。

その他、本論文が提起した注目すべき論点は、組合の内部運営をめぐる紛争の法的救済の在り方いかん（たとえば、組合員が不当と考える組合役員選挙の差止めを請求できるか）という点である。本論文は、内部的自主規範に従った措置は、重大な手続上の瑕疵がない限り適法であるとの推定が働くと解すべきであるとし、裁判所の組合内部運営への介入には慎重な立場をとっている[6]。この点も、その後の裁判例・学説において大きな展開のみられないところであり、今後の検討課題としてなお残されている。

以上の他、労働組合と組合員間の問題として裁判例等でも争われることが多いチェック・オフについての論稿として、「チェック・オフ（組合費等の給与控除）制度について」（本書第一部**5**）がある。本論文は、まず、わが国におけるチェック・オフ制度の機能について実態調査を踏まえて分析を行うとともに、諸外国の状況を踏まえてわが国の法政策の理論的位置づけを行う。そのうえで本論文は、チェック・オフをめぐる諸種の紛争形態の整理を踏まえて（この点においては、上記「組合内部の紛争と司法救済」などと同様なプラクティカルなアプローチがみられる）、使用者が行ったチェック・オフの中止が不当労働行為に当たらないとした最高裁判決（済生会中央病院事件・最二小判平成元・一二・一一民集四三巻一二号一七八六頁）の検討を行っている。

同判決は、使用者がチェック・オフを実施するには労基法二四条一項但書の労使協定を要すると判断し、議論を巻き起こしたが、本論文は、このこと自体は是認する一方で、そのような協定がない場合でも、使用者が支配介入の意図をもってチェック・オフを中止したときには不当労働行為が成立することを肯定する。同判決は、労使協定が締結されていないことに加え、支配介入の意思がないことをも理由に挙げて不当労働行為の成立を否定したものであり、その射程距離につき秋田教授のような見解がとられうるかどうかについては、その後の学説においても必ずしも詰められておらず、裁判例の動向も明らかにはなっていない。この点は、現在もなお未解決の課題と言ってよいであろう。

（1）　吾妻光俊編『註解労働組合法』二八九頁以下（青林書院、一九六〇年）。

（2）　たとえば、労組法二条但書一号の「利益代表者」は相当に狭く解されている（セメダイン事件・東京高判平成一二・二・二九労判八〇七号七頁では、従業員の異動につき実際上決裁権を有している人事部長のみが「雇入解雇昇進又は異動について直接の権限を持つ監督的地位にある労働者」に該当するとされた）。また、労働委員会の不当労働行為救済手続における労働組合の資格審査（労組法五条一項）も、いわゆる並行審査で足りると解されている（東京光の家事件・最二小判昭和六二・三・二〇労判五〇〇号三二頁）。

（3）　西谷敏『労働法における個人と集団』一一三頁以下（有斐閣、一九九一年）など。

（4）　西谷敏『労働組合法（第二版）』（有斐閣、二〇〇六年）など。労働組合は組合員の任意的な結合に由来する統制権を持ち、それが団結権保障により通常の任意団体のものとは異なる内容のものとなりうるという見解（菅野和夫『労働法（第九版）』五四五頁〔二〇一〇年〕）も、組合員の任意的な結合は組合規約を承認して加入することにより実現するのであるから、基本的には共通する立場として位置づけられよう。

（5）　たとえば、日本労働法学会誌六〇号（一九八二年）は「団結自治と組合民主主義」という表題で本文に挙げたような問題を取り扱っている。

(6) 同様の視点は、国政選挙につき組合の推薦する候補者以外の者を支持する選挙活動を行った組合員への除名処分を無効とした中里鉱業所事件最高裁判決(最二小判昭四四・五・二裁判集民事九五号二五七頁)についての秋田教授の評釈「組合推薦以外の役員候補者支持のための組合員の政治活動の自由と組合の統制権」ジュリスト増刊・昭和四四年度重要判例解説一五一頁(一九七〇年)における、特定候補者の支援を義務づける決議自体は無効とする必要はなく、違反者への除名処分を無効とすれば足りるとするコメントにも現れている。

1　労働組合の法的性格

――労組法第一二条における民法第四三・四四条準用の意義に関連して――

一　問題の所在

労働組合は労働者がその目的を達成するための自主的組織であるという側面と、それが組合員の全一体として現実に行動する団体であるという両側面においてきわめて特殊の性格をもつ団体である。そこで国家法がこれに市民法上法的性格を付与しようとする場合には、いきおい、その法的規制になんらかの政策的立場が反映せざるをえない。その意味で、労働組合の法人化という問題は理論的にも事実的にも重要性をもっている。それでは、わが労組法の場合はどうであろうか。

労組法第一一条は同法の規定（第二条および第五条二項）に適合する労働組合が、所定の手続をへて登記することによって法人となりうることを定め、これを受けて、同第一二条一項は、法人となった労働組合に民法の法人に関する規定中、第四三条以下の若干の規定が準用されることを定めている。これら立法の意図は、労働組合に登記によって法人となる道をひらくことによって組合財産の保全をはかり、かつ、第三者との取引の便に供しようとするものであるから、組合の主たる目的活動に関しては、法人格に関する規定は特別の関連をもつものではない、と一般に解されている。そしてそう解する理由として、わが労組法のもとでは、外国と異なって（たとえばフランスでは労働組合が当然法人格をもつ）、前記の手続をして法人格を取得するかどうかは、まったく組合の自由であるから、そこに法人格付与に伴う国家の強行的ないし後見的立法政策の意図を見出だすことはできず、かつ、法人とならない組合でも、社団であるかぎり、いわゆる権利能力なき社団の理論によって法人とおなじ取扱いを期待することができるのだから、同条による組合の自主性についての制約的効果はとくに見出だしえないと解されているようである。

しかし私は、労働組合が立法によって法人となる道をひらかれ、しかも、その行為能力および不法行為能力上、民法上の法人と同一の地位が与えられたということは、法人格取得の有無にかかわらず、組合にとって単に財産取引上の便宜的措置にとどまるものではなく、組合活動の内外すべての側面において、それ自体、重要な法的意義を与えられたものと考えるので、労組法にもとづく民法準用による労働組合の法的性格の変更の意味を従来の権利能力なき社団の理論とも関連して考えてみたいとおもう。

二　労組法第一二条における民法準用の意味

一　労組法第一二条により法人である労働組合に準用される民法の規定は、社団法人に関する規定のうち、その権利能力（または行為能力）を定めた第四三条、不法行為能力を定めた第四四条、住所に関する第五〇条、法人の理事に関する第五二条ないし第五五条および第五七条と、法人の解散に関する第七二条ないし第八三条である。立法論上は、以上いずれも多少の問題があるが、当面ここで問題としてとりあげたいのは第四三、四四の両条である。

ところで、この両条の意味は、民法理論上も、擬制説および実在説を両極とする法人の本質論に関連して見解の対立を生じていることは周知のところである。

第一に、民法第四三条は、法人の権利能力を定めたものか、それとも行為能力を定めたものか、について争いがある。しかし、前者の立場に立つ通説も、法人が権利能力の範囲内において行為能力をもつことを認めるのが通例であるから、法人が一定の目的の範囲内（判例・学説ともにこれを拡大する傾向にある）でみずから行為の主体となりうること、すなわち、法人自身の法律行為を認めうることについてはまず異論がないとおもわれる。第二に、法人の不法行為能力についての第四四条の解釈については、擬制説か実在説かによってその結論に重要な差違をもたらす。すなわち、前説は法人独自の行為を否定するのであるから、不法行為能力もまた当然認められないとし、同条第一項が理事その他の代理人の不法行為について賠償責任を規定しているのは、あくまで、代理人自身の不法行為にもとづく責任を、相手方保護のため、法人が代わって負担する趣旨にほかならない、と解するのに対し、後説は、法人独自の行為を認める以上、理事その他の法人の代表機関のなす不法行為は当然、法人そのものの不法行為として、法人自身がその責任をまぬかれない、と解する。したがって、その責任の範囲もおのずから前説のそれよりひろくみるようである。そして、今日では、後説つまり実在説の立場がほとんどわが国の通説とみてさしつかえないであろう。

二　右のように、民法第四三・四四条が（社団）法人に独自の行為能力、したがって、その反面としての不法行為能力を認めたものだとすれば、労組法により法人格を与えられた労働組合（公益を目的とする社団法人ではなく一の特別法人となる）もまた、右二条の準用によって民法の法人とおなじ行為能力および不法行為能力をもつ法的主体（legal entity）となるわけである。ところで労働組合が行為能力の主体となるということは、組合をどのような法的関係に立たせることを意味するであろうか。それには三つの側面が考えられる。

その一は、組合の行動が「法令ノ規定ニ従ヒ定款又ハ寄附行為（組合規約）ニ因リテ定マリタル目的ノ範囲内」に限定されるということである。では、その法的効果として、右の目的の範囲外の行為は無効となり、これを理由に第三者または組合員からその執行差止めの訴を提起しうるであろうか。理論上はそのようなことも考えられるが、法令つまり労組法で定めた労働組合の目的の定義（二条）がかなりひろくかつ弾力的であり、また、「目的の範囲」についても、近時の法人の行為能力に関する判例の態度は「目的達成に必要な行為」を含む方向にすすんでいる（非営利法人について昭和一五・一二・二〇の大審院判例が参考になる）から、いわゆる「越権の法理」が適用される余地はほとんどないといってよいであろう。(2)

その二は、組合の行為とみなされるものが、代表機関（執行部）の職務執行行為にかぎられることである。組合の第三者との財産上の取引関係においては、民法上の法人とまったくおなじケースとして特別な問題はない。労働協約の締結についても、執行部と使用者とのあいだの締結行為について組織体としての組合が権利義務を負うという関係が成立する。ここにいう協約の締結行為とは経過的かつ総体的に考察すれば、そのための団体交渉および署名等の諸行為を含んでいるから、協約の締結について右の関係が成立するとすれば、一般に組合が当事者となる協定締結のための「団体交渉」もまた、（のちに述べるような反対論はあるが）このような法的カテゴリにはいると解すべきことになるであろう。しかし争議行為については、対外的意味においては執行部の代表行為というものがそもそも存在しないから、組合の行為能力との関連について以上のような法的関係を考慮する余地はまったくないのである。

その三は、組合が権利能力の主体となるということが、その内部的自主法に一の法的規範を付与するということである。この問題は重要なので、節をあらためて述べることにする。

つぎに、労働組合が不法行為能力を与えられるということは、それが組合活動に伴う行為の総合的責任帰属者としての法的地位に立たされることを意味する。民法第四四条によれば、その範囲は、代表機関が「其職務ヲ行フニ付キ」他人に加えた損害に限定されることになるが、実在説的考え方に立って、社団の不法行為能力なるものは、それが権利能力を認められたことの当然の帰結として負うべき義務として存在するのだとみれば、組合の責任の範囲は、およそ組合の行為とみなしうべき組合員の行為のすべてにおよぶということになるであろう。

かくして、労働組合が労組法によって法人格を取得する道をひらかれ、その法人について民法の法人に類する行為能力および不法行為能力を認められたということは、それによって得る利益と同時に、その反面としての市民法上の責任を負うべき地位に立たされたことを意味する。そしてこのことは、イギリスの労働組合が、まさに右に述べた理由のゆえに、その法的地位のあいまいさから生ずるいくたの不利にもかかわらず、終始、法人格の付与に反対してきたという歴史的事実を想起させる。そのイギリスにおいても法人格に代わる登録という制度が、おおくの法的論争をへて、次第に法的実体付与の同義語として機能しつつある点が注目を集めているのである。[3]また大陸諸国でも、法人化への道が同時に、国家法と団体自主法との間に横たわる障壁をとりのぞき、後者を国家法体制のなかに繰り込む作用をいとなむことについて、労働組合の側に、団体自治の擁護の立場から警戒の念がつよい[4]という事実を看過すべきでない。

（1）　我妻教授は従来民法四三条をもって法人の権利能力の範囲をしめすとともに、その行為能力の範囲に関するものと説かれていた（民法総則一三九頁）が、最近では行為能力を定めた規定だと解釈されている（「民法案内」一二四頁）。
（2）　その歴史的典型をなすものが、政治基金の賦課を労働組合の目的外の行為としてその差止めを命じたイギリスのオスボーン判決である。そこには団体の目的の範囲をできるだけせまく解そうとする擬制説的考え方と法人の定款の理論を法人でない労働組合に適用させることを通じて組合に対する国家の介入をつよめようとする意図を読みとることができる。
（3）　イギリスでは一八七一年法により法人の登記とはまったく意味のちがう登録制度を通じて組合財産保有の安全を図ると同時に、法人化による国家干渉の危険を未然に防止するという措置がとられた。そしてこの状態は三〇年つづいたが、代理人たる組合役員の不法行為の責任を組合自身にも認めたタフ・ベール判決によってその一画を崩され、最近のボンサー判決では、不当除名された組合員が組合を相手とする損害賠償の請求を認めらるるにいたって大きな動揺をみせている。その経過と理論の変遷については拙稿・イギリス労働組合の法的性格（「労働法講座」第七巻上）、除名という角度からのアプローチとして大野雅子・組合員除名に関する法的規制（季刊労働法三二号）参照。
（4）　ドイツでは、かつては労働組合に権利能力の取得を阻止していた民法の規定が、ワイマール憲法第一二四条二項により無効となったので、組合は自由に権利能力ある社団となりうるのであるが、ほとんどすべての組合が今日なお、権利能力なき社団にとどまっている（民法上の組合の法理にしたがう）。その主たる理由は権利能力をもつことによって民法の強行法規（三一、三三、七二、七五、七九条等）がはたらき、かつ代表者の責任が強化され、登記裁判所による監督を受けることを忌避する点にあるといわれる。Hueck-Nipperdey, Lehrbuch 邦訳第二巻第一分冊六七頁。

三 「準用」の範囲について

一 民法第四三・四四条の準用によって法人である労働組合が損害賠償の総合的責任主体となるということは、労働組合が違法争議行為の責任を問われる場合にもっとも重要な問題として登場する。そこで、組合の争議権を中心とする団体行動権の擁護・確立という見地から、従来の通説のように単純に組合の責任を民法第四四条一項の準用からみちびきだすという態度を疑問とし、その準用の範囲をできるかぎり制限することによって、本条の効果と組合の争議責任の問題を切りはなそうという考え方が出てきた。[1] すなわち、準用制限論は、民法の法人に関する規定の準用の機能は、もっぱらその財産取引関係の面にしぼらるべく、したがって、労働組合に一般に認められる本来の目的に関してはこれを準用すべきではない、[2] とみるのである。この考え方の意図そのものは納得できるものをもっているが、なにゆえにそうなのかという明確な論拠をしめしたものが少ない。吾妻編「註解労働組合法」の解説（筆者は蓼沼氏であることが明記されているので以下蓼沼説という）における蓼沼説は、この点について精緻な理論を展開しているので、これを代表的見解としてとりあげよう。

蓼沼論文によれば、いったい、近代私法上の法人という概念およびその法理は、全面的な商品交換に立脚する資本制社会において、現実に商品交換、商品所有の主体として活動する組織体に対して、この現実に即した法的規制を与えるための前提として措定されたすぐれて法技術的な、特殊近代法的概念である。したがってそれは、超歴史的な組織体一般をとらえるのでもなければ、資本主義社会内のすべての組織体のあらゆる種類の目的活動を対象とするものでもない。ところで、労働組合という独自の組織体ないし目的団体も、その目的活動上、他の商品交換主体とのあいだに、多かれ少なかれ、組織体としての独自の商品交換関係を取り結ばざるをえないから、この点において法人ないし——これとの関連においてひきだされた権利能力なき社団の法理にしたしむものといえる。しかし、労働組合の目的活動のうち、その基本的・第一次的目的活動の面においては、原則として、民法第四三条の準用による行為能力の法理を適用しうる余地はほとんどない。またおなじことは、民法第四四条一項の準用についてもいえる。同条は、法人の代表機関が商品交換活動を行なうに当り他人に損害を与えたときは、組織体自身にその責任を認めなければ権衡を失するばかりでなく、近代私法のめざす自然人および組織体のための自由な商品交換の場が実際上成り立ちえなくなるという観点から組織体としての法人自身に不法行為責任を認めたものである。しかして機関の行為がすなわち法人自身の行為と認められるのは、それが法律行為またはこれに準ずる適法行為である場合にかぎられるのであって、違法行為を目的とする組織体に、その違法目的の範囲内における権利能力が認められない以上、機関のなした違法行為を法人自身の行為とみなすことはできない。したがって団体交渉または争議行為が違法性をもち、ために組合に賠償責任が課される場合にも、それは同条一項の準用にもとづくものではなく、せいぜい使用者責任（民法七一五条による）の一適用にすぎない、というのである。

二　要するに、蓼沼説が、組合の第一次的目的に属する行為について民法第四三・四四条の準用による責任を排除する基本的論拠は、法人の行為能力および不法行為能力の概念が、商品取引を主目的とする団体の取引過程のみを規律する法技術的概念にすぎないこと、ならびにこれらの概念が機関のなした適法行為についてしか作用しないことの二点にあるといえよう。

従来の民法の法人論が、法人を「超歴史的な組織体一般」としてとらえてきた（その意味が私には正確に把握できないけれども）ものかどうかは、にわかに断定しえないが、いわゆる法人論が、哲学的本質論議を別として、少なくともその機能論においては、資本主義の質的展開に伴う団体の役割りの重要性に着眼し、その団体としての対外的および対内的行動の成果を、第三者および構成メンバーたる自然人との関係でどのように法的に評価するかという点に重点をおいて論争を展開してきたことは否定できないところである。つまり、そこでは、団体の活動が、なんらかの意味において関係当事者の経済的利害に結びつくがゆえに法的問題として考察の対象となったのであり、したがって、当事者の利害に直接関係しない問題（多くは団体内部の問題）は、団体の自治に放任されたのである。その場合、経済的利害関係が生ずるのは、事実上商品交換を中心とする財産上の取引に関連することが圧倒的に多いけれども、帰責主体としての団体がみずからの、または構成メンバーの違法行為の責任を負うべき行為の対象範囲を、そのゆえに右の範囲に限定しなければならないと考うべき理由はない。そして、この理は労働組合のような目的的団体についてもなんらの例外を構成するものではないのである。

つぎに団体自身が不法行為の責任を負うという場合に、機関の行為が法人自身の行為と認められるのは、法律行為またはこれに準ずる適法行為にかぎられる、とする蓼沼説は、法人擬制説の観点からいうと十分に納得できるが、法人の行為能力の反面として不法行為能力を考えようとする近代の実在説の立場からみると、必ずしもそういえないであろう。私はギールケ流の有機体説のいう意味での実在説には賛しないが、今日の団体の活動範囲の多面性からいってこのような擬制説的見解はとりえないのではないかと考える。

もちろん、組合の第一次的目的とする行為の多くが、事実行為に属することは否定できない。とりわけ、争議行為の本体は、これに参加した全組合員の労働力提供拒否という事実行為であって、代表機関としての執行部が「職務執行」としてなす法律行為ではない。そこでは組合の使用者との対外的関係はむしろ断絶するのである。けれども、違法な争議行為についてその責任を組合に負わせるかどうかが問題となる場合には、代表機関たる執行部や個々の違法行為者の個別的責任を組合が代わって負担するというのではなく、争議行為そのものの全体としての違法性のゆえにのみ責任を負うのである。したがって不法行為に関するかぎり、争議行為が事実行為なのかそれとも法律行為なのかという議論はその面ではとくに問題にならないというべきであろう。

民法の準用を組合の財産関係に限定する場合には、労働組合の目的活動の関連性という点でもう一つの問題点が生ずる。たとえば、組合と第三者との金銭授受等の財産的取引関係が、組合の第一次的目的活動としての争議行為と直接不可分の関係に立っている場合である。闘争資金の借入や資金獲得のための財産処分が組合規約に違反して執行部の独断で行なわれるケースを想定すればよい。この場合、おなじく労組法一二条により準用を認められる民法五四条によって、組合内部の手続を「理事ノ代理権ニ加ヘタル制限」と解するとしても、もし相手方たる第三者が「善意」でないかぎり、組合はその無効を主張しうるであろう(3)。このようなケースでは、民法の準用規定が財産関係にしかしたしみえないという論理をつらぬきえないのではないかとおもう。

以上述べたところから明らかなように、私は「準用」制限論が従来の単純な準用肯定論に対するすぐれた批判を展開した功績ならびにその意図するところは認めるけれども、その理論的根拠にはにわかに賛同することができない。すなわち、法人たる労働組合に民法第四三・四四条が準用されるということは、その行為能力および不法行為能力が民法上の法人なみに全面的に認められたことを意味するのであり、これを取引上の行為に制限すべき論拠はとくに見出だしえない、と私は考える。

三　準用制限説も、違法争議行為について、組合自身の責任をまったく否定するわけではない。ただしこの場合、「不法行為法の一般原則にしたがう」というだけでは説明にならない。そこでより具体的説明として、つぎのように説かれる。すなわち、組合幹部の指令が組合内部法上、手続的に適法であるときにかぎり、民法第七一五条を類推して組合幹部とともに組合自身が責任を負い、指令が内部法上適法でないときは違法行為の実行者または教唆ないし幇助者としての組合幹部は別として、組合自身は責任を負わないとされるのである。

私は、前述のように、争議行為というものの本体からいって、その責任を執行部の「其職務ヲ行フニ付キ」加えた損害と構想することはいかにも擬制的色彩がつよいとおもうけれども、さればといって、民法第七一五条の使用者責任論に立ったとしても、組合員または組合役員を組合の被傭者だとするその基本的考え方におなじく擬制的性格を認めざるをえない。ただ後者の立場に立てば、組合は、組合幹部の選任監督上相当の注意を払ったことを立証すれば免責される利点はあるが、それは民法第四四条を準用した場合にもいえることであり、結局、機関の行為と組織体の行為との相関関係についての法的評価の問題に帰し、いずれの立場に立っても大差ないであろう。また、労働組合に民法第七一五条による使用者責任の帰責主体を認めるという考え方のなかに、すでに組合の行為能力が前提されているとみられないであろうか。

以上、要するに、正当な争議行為についていては、権利説に立とうと違法性阻却説に立とうと、労働組合が完全な免責を受けることは明らかであり、そして違法争議行為について組合自身の責任を完全に否定しえない以上、その論拠および範囲については準用規定である民法第四三・四四条にこれを求めざるをえないと考える。

四　法人たる労働組合についての民法第四三・四四条の準用を右のように解する場合、法人でない労働組合についてはどのように解すべきであろうか。

通説によれば、民法は法人として公益法人と営利法人の二種類しか予定をしていないが、このいずれにも該当しない類型の団体もそれが社団たる性格を有するかぎり、民法の社団法人の規定のうち団体の社団性を前提にして設けられた規定を類推適用することができる（権利能力なき社団の理論）。しかして労働組合という団体も、労組法の規定によって法人とならなくても、一の社団たることには変わりがないから、権利能力なき社団の理論を適用し、総有として保有されている組合財産をもって賠償責任の担保とする、と考えるようである。

蓼沼説はこの考え方に対しても、それが労働組合という特有の性格をもつ団体を単に社団一般としてとらえ、これに社団法人中の社団性を前提とする規定（その選択のしかたにおいても労組法は立法としてずさんであるという）を適用ないし準用しようとする態度に疑問を呈している。それは私も同感である。ただし蓼沼説は民法第四三・四四条の両規定が取引関係に関する特殊市民法的規定だという観点から、組合の第一次的目的については法人格の有無を問わず準用の余地がないとされるが、私はこの両条こそは社団の根本的性格を規定する本質的規定だとみる立場から、その考えには賛しえない。その当否は別にして、国家法は法人たる労働組合をそのような本質的性格のものとしたのであるから、法人でない組合の法的性格もその影響を受けざるをえない。そもそも権利能力なき社団の理論を構想する場合には、社団一般ではなく、当該社団の特質、同種の社団が法人格をもちうるかどうか、もちえた場合の法的性格等につき民法の法人の規定との対照において具体的に決定すべきであって、無数の形態と特質をもつ社団群から抽象的な「権利能力なき社団」論をつくりあげることは誤りではないにしても、その実益が少ないとおもう。それでは、わが労組法は法人でない労働組合にいかなる特質を与えているであろうか。

わが国の労組法は、組合の法人格取得について任意選択制をとっている反面として、法人格のない組合の存在を予定しつつ、組合が法人格の有無を問わず行為能力または不法行為能力をもつことを前提にした規定をおいている。前者はすなわち組合の労働協約締結能力であり、その要件（労組法第一四条）が法人格の有無と無関係なことは明らかである。ただし、なにびとのいかなる行為が組合としての締結行為になるかは明らかでない（この点について民法第四三条の準用が必要となる）。また協約締結能力から不法行為能力（たとえば平和義務違反について）がひきだせるかどうかも明らかでないが、労働組合の主たる活動の一つである協約の締結について組合自身がその主体となるという意味での権利能力が与えられたことは事実である。不法行為能力については、労組法第八条の反対解釈から推して、労組法は法人格に無関係に、労働組合自身にこれを認めたものということができるであろう。

このようにして労組法は労働組合に対して、その活動の主要な部分について、法人格の有無にかかわらず権利能力および不法行為能力を認めたものといいうる。そこからただちに、労働組合はたとえ法人格を取得していなくても、対使用者の関係では、法人格をもった社団にひとしい(4)、といいきることはできないにしても、法人格のない労働組合が、実定法上なんらの規定もない社交クラブ等の社団とはちがって、すぐれて具体的な性格をもっていることは明らかである。そうだとすれば、法人格のない労働組合の法的性格も単なる権利能力なき社団一般の理論から措定するのではなく、法人である組合に準じて構想すべきである。そうすると、法人である組合の本質的性格を定めたといえる民法第四三・四四条の準用は、法人でない組合についても類推適用さるべきだということになるであろう。

（1）　違法な争議行為について何人がいかなる範囲の責任を負うかという問題は論争のあるところである。その場合、なんらかの程度で組合自身に責任を認める学説の多くは民法四四条一項の準用に依拠する。たとえば孫田「労働協約と争議の法理」一九四頁、高島良一「労働法講座」三巻五三五頁。両説ともに法人でない組合にも同条を類推適用しておなじ結論となす。沼田教授も同旨とおもわれるが、ただ民法四四条は必ずしも厳格には適用すべきでないとされる（「労働法」一一四頁）。平賀健太「労働組合法論」は労働組合が総合人格である点に責任の根拠を求めるが、労働組合は本来、利害を一にしない組合員が闘争団体としての共通の目的達成のためできるかぎり意思を統一して行動しようとするもので、そこに家族共同体との差違があるのだから、総合人格説にもとづく責任論には賛しえない。なお組合の争議行為責任を論じた判例はまだ少数だが、通説の立場をとるものとして国鉄労組事件（東京地判昭和二六・四・一四）がある。

（2）　吾妻「労働法概論」一二〇頁。菊池・林「労働組合法」はこの立場をとりつつなお違法争議行為責任については民法の一般原則によるとする（一二六頁）。

（3）　実際の事例としては旭硝子牧山労組徴収金事件（福岡高判昭和三二・七・一八）が参考になる。事案の判旨では第三者を善意と認定したのでここに論じた問題は生じなかった。

（4）　恒藤・組合の内部運営をめぐる法的問題（季刊労働法三二号）。

四　「準用」と団体自主法の効力

一　労働組合が法人格を取得し、民法の準用によって右にのべたような行為能力および不法行為能力を与えられたということは、組合の法的性格を民法上の法人とおなじ地位にまで引き上げ（あるいは引き下げ）たことを意味する。そうだとすれば、それは法的な意味で組合の対外関係にとどまらず、組合の内部的関係にも影響しないではおかないとおもわれる。では、組合は法人となることによって組合内部の規範としての組合規約の法的性格にはたしてどのような影響を受けると解すべきであろうか。

社団法人や営利法人のように、実定法によって定款の性格が定められている社団とちがって、労働組合のような任意団体の規約ないし定款がどのような法的性格をもつかということは、もっぱら当該国の立法政策の問題であって、一般論として論ずることは不可能である。とりわけ、労働組合のように団体自治を理想とする団体にあっては、規約の法的定義づけが、国家の対組合政策における政治的性格を反映しがちであるために、実定法としては慎重にこれにのぞみ、むしろ深入りをしないという傾向のあることは諸国共通の現象である。かつての弾圧非合法時代から合法化の過程をへて、労働組合が一の社会的地位を確立した今日でも、その内部的規範としての規約に国家がなんらかの実定法上の効力を明示的に与えるという例は多くない。

組合を団体として認め、その規約を法的規範として扱わない段階にあっては、規約は内部問題の法的処理上一の契約と解するほかなかった。この契約説によれば、組合規約は法理論上は、組織構成メンバー間の合意にもとづく契約とみなされる。そして国家法は契約の存在を足がかりとしてのみわずかに団体内部の問題に介入しえたにすぎなかった。しかし組合側からみればこの状態こそは、組合自治の原則の理想に近づくものとして全面的支持を受けたのである。

ところが、労働組合が法人格を与えられて権利能力ないし行為能力の主体となるにおよんでは、組合規約のもつ法的性格は一変する。というのは、組織体は行為能力や不法行為能力をもつといっても、自然人とちがってみずから行為するわけではなく、機関や構成員の行為の責任を負担するというだけのことであるから、なにびとの行為をもって組織の行為たらしめるか等の目的ないし行動の準則については、みずから規約においてこれを定めなければならない。そうなると、組合の具体的な行為能力や不法行為能力の判定あるいは組合自体を対象とする内部問題に関する争訟の判断基準として規約（または綱領）が一の国家法的性格を帯びざるをえないことになるからである。

二 もちろん、組合規約に国家法的効力が付与される、という命題には大きな反論が予想される。その第一は、それが団体（組合）自治の理想に反し、国家権力の不当な介入を招いて団結権擁護の趣旨に反するという点である。

もちろん、労働組合の組合規約は、対使用者との経済闘争を通じての組合員の地位向上という同一方向の目的のもとに、その効果を最大限に発動しうるよう運営の準則を定めたものである。そして、組合組織は、この規則を遵守していこうとする規範意識のうえにのみ成り立つ。しかし、いかなる規則も複数の解釈の生ずることをまぬかれえないから、その運用の責任はかかって組合員全体にある。ここに、組合運営の民主性が他の団体に比して比較にならないほどの重要性をもつゆえんがある。そこでもし、一組合員の恣意的行動ないし解釈を、国家（裁判所）が市民法におけると同一態度でとりあげ、独自の判断にもとづき結論をくだすとすれば、それはまさに団結権以前の結社の自由に対する介入行為となる。(1)

しかし、そうではなくて、組合（多くは執行部）の運営がいちじるしく組合の民主性を阻害する方法で行なわれ、その結果が組合員の権利をいちじるしく侵害したという場合には、国家がこれを救済することがかえって団結擁護の趣旨にそう場合があるであろう。その場合、組合の組織性を否定して組合規約を個別的契約の集合物だと解すれば、もはや団体内部の秩序の正常化という意味は失われてしまい、契約違反の有無だけが問題となる。国家権力の介入排除という意味ではそのほうが効果的であるが、すでに述べたように、労働組合がすでに行為能力をもつ団体としての性格を明瞭にした段階では、そのような法的構成をとることはできない。そこでは、組合規約は団体の秩序を定めた内部法となったのであり、そして裁判所が介入して判断を加える場合の準則としての

法的意義を付与されたのである。国家法的効力というもその意義以上に出るものではない。(2)

これを要するに、裁判所による組合の内部問題に対する介入が不当であるという理由だけでは、組合規約が法的作用をもつことを全面的に否定する論拠とはなしえない。そして、これを団体権から無媒介的にひきだしてくる態度も、団結権の発動の具体的多様性を無視するものといわねばならない。

第二の反対論は前説を一歩すすめる。すなわち、組合規約をはじめとする団結の合意は、本来、取引の制限を目的とするという理由により市民法上は違法であるものが、特別法によって合法的と認められたのであるが、労働組合の固有な活動に関するかぎりでは、法的性格としては、これを訴訟上強行しえないという意味において無効であり、組合員間にかぎって事実上の効力をもつ自治的規範にすぎない、というのである。(3) そして、このように考えた場合にはじめて、規約の国家法的機能を否定することができるであろう。

しかしながら、組合が法的実体たることを認められず、あるいは立法上積極的にこれを拒否している段階では、右のような論理構成による内部問題に対する国家介入の排除を期待することもできようが、わが国の労組法では、すでに述べたところから明らかなように、労働組合は行為能力と不法行為能力をそなえた社団としての実態を有するのであり、したがって、内部法としての組合規約は、統一体としての組合と組合員間の関係を規律する秩序法的規範として機能するのであるから、現実にそれをめぐって訴訟が提起されないかぎりは、いかように運営されたとしても単なる事実行為として法的機能をもつことはないのであるが、一度、自主法たる規約に反する態様において組合運営がなされ、その結果組合員の個人的権利の侵害があった場合には、それが真に訴訟利益としての意義を認められるかぎり、裁判所は、規約を一の裁判規範として、内部問題に対する司法的介入を認められるものと解さねばならない。その際、法益としての個人的権利の内容または訴訟利益の範囲をいかなる程度に認めるかということは、もっぱら事実問題にすぎない。

組合内部の問題が純粋に内部問題であるがゆえに、市民法上の訴訟になじまず、あえてこれを訴訟の対象とすることは組合の legal privacy をおかすことになる、という反論は、それ自体納得的ではあるが、組合員にとっての内部問題が必ずしも第三者との関係において内部問題にとどまらない場合が生ずる。たとえば、三であげた設例のように、内部的に瑕疵ある決議にしたがい、組合が第三者との債権・債務の関係に立った場合、規約の自主的規範性、これにもとづく内部問題の法的無効という主張はどこまでつらぬけるであろうか。債権・債務の発生原因の認定として内部問題にまでさかのぼって法的判断を加えざるをえないであろう。

三　労働組合の内部運営一般をめぐる裁判所の介入という問題(4)については、わが国では組合員の組合に対する損害賠償訴訟といったケース(5)がこれまであまりないので、もっぱら統制権の発動としての除名に関して争いが生じているところから、学説・判例もほぼこれをめぐってすすめられてきた。通説は、右に述べた少数説をとらず、一般に裁判所の介入を肯定するが、その論拠としては、組合の行為能力にもとづく法的性格との関係にはふれないで、除名が団体としての組合のもつ本質的根源的権限だということをそのよりどころとする(6)。

労働組合がその組合員に対して統制力を行使するだけの実力をもち、また団結力を維持するためにそれが絶対的に必要だということは、なにびとも否定できない。しかし、そのことは、組合の統制権の発動としての事実行為が、なんらかの法的効果をもちうることをいささかも意味しないのである。この事実行為が、組合の根本規範たる規約に照らして適法かどうかという意味において一の法的効果を認められるのは、実はその組合が法によって権利能力または行為能力を付与されているからにほかならない。団体にこのような能力が与えられてはじめて、代表機関の行為が団体そのものの行為となるという法的構想が可能となり、かつ規約が法的規範として機能し、この過程をへて、組合の事実行為としての統制行為が法的評価の対象となる、と私は考えたい。この法的評価に際しては、もちろん団体自治の原則によって司法介入の範囲をできるかぎりせばめることがのぞましいことはいうまでもない。しかし、法的効果とその発動の修正という問題は一応別のことで、混同されてはならないのである。

右のように解すると、組合の内部問題について、これを法的関係として裁判所が介入しうるのは法人格ある組合にかぎられるということになるが、三で述べた理由によって、わが国では、法人格のない組合も法人格のある組合に準じて権利能力を認められることになるから、ほぼ結論をおなじくすると考えられる。

（1）　わが労組法が組合規約記載事項として不必要なまでに詳細な規定を要求しているのは、組合の内部事項に対する不当な干渉的態度として立法論上批判の余地があるが、それは単に形式的な手続要件にすぎないから、その解釈を通じて裁判所の組合運営に対する介入が生ずるとは考えられない。

（2）　平野義太郎・団体規約に基く組織法とその効力（法学志林二八巻四、六、八号）は国家の法的規制を組合に有利なかぎりで肯定する。有利か不利かといった主観的価値判断によって法的効力に差違が生ずるという考え方には賛成できない。

（3）　大脇雅子・組織強制と団体自治の法理（名古屋大学法政論集一五号）がこの立場をとる。団体自主法という場合の自主性を理論的につきつめてゆけばこの結論に到達せざるをえないとおもうが、わが国の労働法のたてまえからいって、解釈論上の難点がある。

（4）　組合運営の内部的側面について、これを法的性格という角度から論じたきわめて数少ない論稿の一つとして、恒藤武二・前掲論文がある。そこでは組合大会の決議等組合と組合員間の関係が訴訟によって強行しうるかどうかというかたちでその法的効力が検討されており有益な示唆にとむ。ただ、規約中組合費に関してだけ契約理論を導入しなければならない理由が納得できない（同書九八頁）。

（5）　イギリスで最近起こったBonsor事件が参考となる。このようなケースでは必然的に組合の法的性格が論じられることになる。はたしてそこでは、裁判官のあいだに組合の法的性格につき大きな見解のひらきがみられた。拙稿・前掲書参照。

（6）　石井「労働法総論」一九八頁。沼田「団結権擁護論」二三頁等。従来、私もそのように解してきた（石井・有泉編「労働法演習」一〇頁）が本稿のように理解したい。

〔野村平爾先生還暦記念論文集『団結活動の法理』、一九六二年〕

2　労働組合

一　はじめに——労働組合と法の関係に関する問題点

わが国の広義における労使関係の中で労働組合の存在が占めている地位は今日きわめて高い。特に個別企業の中においてそうである。それは必ずしも組合が強力だという意味においてではない。組合が power として強力かどうかに関係なしに、それが企業内に存在し、職場の組織を独占し、従業員の加入を実質的に義務づけ、企業内で活動することを（使用者の承認と不当労働行為制度を通じて）認められ、従業員の広い生活条件について使用者と交渉する地位にあるという意味においてそうなのである。

わが国の組合の多くは、戦後二〇年を経た現在ではすでに右のような意味において定着した形態をとっており、そして、企業別に組織された単組が原組織を維持したまま上部団体としての産業別組合に加盟するというしかたで産業別統一組織を形成している。合同労組や海員組合のような例外もあるが、わが国の「労働組合」のプロトタイプは企業内組織である。わが国の組合が戦後、このような形態をとったことについては幾つかの理由が挙げられてその中には労組法のありかたを原因とするものがあるが、少なくとも戦後の労働組合法に直接その原因を求めることは正当ではない。戦後の（旧）労働組合法(1)は労働者がいかなる組織形態の労働組合を作るかについては自由な立場をとった（もっとも、山中教授によれば、法案審議の初期の段階における「意見書（幹事案）」は戦時の産報を内容とする「協調組合」なるものを団結権の基本規定の中に打ち出していたという[2]のであり、立法が企業内組織を誘導したわけではない。しかし、現実に成立した組合が企業内組織であり、そしてそれが対使用者関係における自主性において問題のあることが追々明らかになってきてからも、立法は積極的にその是正の途を講じなかった（組織を企業外組織に改めるというような措置が法律の力で果たして可能であったかどうかは疑問であるが）ばかりでなく、その運用過程を通じて企業内組織を強化、定着させる上で相当の影響力を及ぼしたことは確かである。この意味で立法の責任は究明さるべき重要なテーマである。

労働組合の独立性は、対使用者関係においてはもちろん、国家の政治的・公権的干渉からも確保されていなければならない。この点、わが国の組合が国家の不当な行政権から最終的に解放されるまでの過程はきわめて長かった。旧労組法まで残っていた行政権による取締規定は、昭和二四年の改正の時に漸く姿を消したのである。しかし、国家の行政権による組合運動の取締りへの誘惑は現在、諸外国の例[3]からも明らかなようにきわめて根強いものである。この点で戦前の労働組合法案時代からの歴史をかみしめることは重要な意味をもつといえよう。

組合の対使用者関係における自主・独立性を確保するために、現在の労組法は不当労働行為制度をとり入れ、使用者による不当な介入を法的に排除する途を講ずる一方、「労働組合」の定義中に使用者からの自主性という要件を定めた。これは、戦前の法案にはみられなかった新しい立法政策である。しかし、この自主性の要件は、わが国の組合の圧倒的部分が企業内組合であるところからその日常の運営においても、また組合運動のありかたについても企業と密着しやすいという点で貫徹することの難しいものである。しかも、他方で団結の「助成」上、一見、組合の自主性と矛盾する使用者側の便益供与を認めた。この関係が理論的にどのように説明されようと、それが実質上、組合の自主性を discount したことは否定できない。それはともかく、そもそも組合の「自主性」を法的手段によって確保しうるかどうかが問われねばならない課題である。

労働組合の内部運営における民主性の確保という問題も労組法の立法政策の一つであるが、これは戦後しばらく経って昭和二四年の改正法以後クローズ・アップした。組合の「民主性」が複雑な政治的意味をもって登場したからであるが、（改正）労組法は、これを「自主性」と並べて「資格」規定に含ませ、組合の民主性を実現させるための直接規制の途はとらなかった。しかし、組合民主主義の問題がそれで片づいたわけではない。諸外国では就労権との関係でむしろ直接規制の動きが強い。

その他の組合の内部運営（いわゆる内部問題）については、労組法は、若干の例外を除いて原則として任意主義をとり、立法にはなんら規定するところがない。そして、それは立法政策としては基本的に正当であろう。しかし、組合と組合員間の紛争が発生して、これが裁判所に持ちこまれると、わが国の裁判所は実定法に何の定めもないにもかかわらず、これを法的紛争として受理するという政策をとっており、そして、そこではしばしば他の法規の類推によって判例法が形成されている。そこには団結権、（少数）組合員権および「司法介入」の是非という相互にからみあった複雑な問題が介在する。

以下には、労働組合という労働者の自主的組織に対する法的規制として最も問題となる、国家からの自主性、使用者からの自主性、および組合内部の民主性という基本的問題を中心に、わが国の組合の運営と（国家）法の関係を必要なかぎり戦前における組合諸法案と対比しつつ[4]検討してみることにする。それは、わが国の労働組合と法との関係の現時点を把握しようとする筆者の試みの一つである。

（1）戦後の（旧）労組法の成立過程については、労務法制審議委員会のメンバーで戦前の労働組合法案の体系的研究者としてほとんど唯一の学者ともいうべき山中篤太郎教授が目下執筆されている「労働政策とわたし」（季刊労働法七七号以下）という回想記がきわめて興味深く、かつ、重要な歴史的証言を提示している。

（2）山中・前掲季刊労働法七九号一七五頁。

（3）今回成立したイギリスのIndustrial Relations Act 1971はその典型であり、同国の長い間の伝統であったlegal voluntarismに大きな変化が生じた。

（4）戦前の組合法案については山中篤太郎・日本労働組合法案研究および日本労働組合法研究。沼田稲次郎・労働基本権論三

七頁。同「労働法——法体制再編期」日本近代法発達史五巻二〇七頁。手塚和彰「戦前の労働組合法問題と旧労働組合法の形成と展開(一)」社会科学研究三二の二参照。佐川一信「労働基本権思想発達史二」季刊労働法七九号参照。

2 労働組合

二 労組法における労働組合の法的規制

(1) 労働組合の目的・定義と法

労働組合は労働者が一定の目的ないし意図をもって結集した自主的団体であるが、このような社会的実体としての組合が自ら定める「目的」と国家の法律が一定の目的からその中で定める「目的」ないし「定義」とは必ずしも一致するとは限らない。ここにまず、法律によって組合を規制することの第一の問題がある。法律が組合の（合法）目的ないし定義を定めるその仕方にはさまざまの類型があるが[1]、わが現行法も一定の立法政策に基づいてこれを定めている。ところで、戦前の労組法案を経て現行法に至る変遷の跡をふり返ってみると、それぞれの時代背景や要請が立法目的に反映していることがうかがわれはなはだ興味深い。

わが国の戦前においてはすでに明治の中期に活版工組合（明一七）があり、末期には労働組合期成会から鉄工組合（同三〇）、日本鉄道矯正会（同三一）など近代的組合が出現している。政府のこれに対する対応は明治三三年の治安警察法であった。帝国憲法の「結社の自由」（二九条）の下で組合結成は一応、その法的基礎をもってはいたが、現実の活動は治警法の下に禁圧された。したがって、団結権獲得の闘争は、まず治警法一七条の撤廃要求から始まらざるを得なかったし、労働組合法の論議もまずこれを課題にしてかかる必要があった。

わが国の労働運動にとって画期的な年であった大正八年から漸く労働組合法の問題が登場してくるが、それは主として上からの提案であり、組合運動自体は遙か後まで立法運動に消極的であった[2]。当局側の法案として大正九年に始めて農商務省案と内務省案が発表されたが、いずれも、組合の目的・定義ないし資格についての規定を含んでいた。農商務省案は、労働組合の目的を「組合員ノ労働条件ノ維持改善ソノ他業務上ノ利益ノ保護増進ヲ図リソノ相互協助ヲナスコト」とし（一条）（ただし「営利事業」は禁止される—三条）、「同種又ハ密接ノ関係アル職業ニ於ル労働者」は行政官庁の認可を受けて労働組合を設立することができる（二条・四条）が、原則としてその「区域ハ道府県ヲ超ユルコトヲ得ス」（四条）、設立に際しては、組合の構成から活動に及ぶ詳細な制限規定に依るべきことが罰則付きで定められていた（一条・二四条）。

取締法的色彩の強い農商務省案に対して、内務省案は、「労働条件ノ維持改善組合員ノ共済修養其他共同ノ利益ヲ保護増進スルヲ目的トスル労働者十五人以上ノ団体又ハ其聯合」を労働組合たることの要件とした（一条）。一五人という最低規模が何を根拠にしたものか定かでないが、組合員数に最低限度を定め小規模のものを排除しようという政策は後の法案にも引き継がれる。

その後、官側が提案する法案は、大正一四年発表の内務省社会局案であるが、その前の政党側の提案に成る大正九年の憲政会案および大正一一年の国民党案は、組合の目的ないし定義について興味ある規定を含んでいる。

まず、大正九年の憲政会案は、「同種若ハ類似ノ企業又ハ之ニ密接ノ関係ヲ有スル企業ニ従事スルコトヲ目的トスル労働者ハ相集リテ本法ニ依リ労働組合ヲ設立スルコトヲ得」る（一条一項）と定めた。しかして同条二項は、「前項ニ属セサル労働者ハ別ニ労働組合ヲ設立スルコトヲ得」るものとしている。これは、おそらく職種別または産業別の組織と企業内複数組合の原則を認めたものであろう。右にいう「同種若ハ類似ノ企業」の認定は「主務大臣之ヲ定ム」ることになっていた。同法案は、右の組合の種別の外に、「労働組合ハ組合員相互ノ扶助其ノ地位及利益ノ擁護並上進ヲ以テ目的トス」として組合の目的を掲げ、ついで「労働ノ条件又ハ報酬ニ関シ協同ノ行為ヲ為シ又ハ之カ為ニ組合員ノ行為ニ制限ヲ加フルハ前項目的ノ範囲内ノ行為ト看做ス」と定めた（二条）。二項の規定にはイギリスの労働組合法のそれを参考にした形跡が見える。

これに対して、大正一一年の国民党案は、労働組合を「労働条件ノ維持又ハ改善組合員相互ノ間ニ於ル共同利益ノ保護増進並共済扶助ノ目的ヲ以テ設立シタル労働者十人以上ノ団体」と定義づけたが（一条）、他面で、「労働者ニ非サル者ト雖組合ノ総会ニ於テ組合員三分ノ二以上ノ同意アル時ハ組合員タルコトヲ得」（二条）るものとした。右にいう「労働者」の定義は同法案中にないので、どういう目的で非労働者の組合員の存在を認めたのか起案者の真意は分からない。

戦前の法案中、最も進歩的と評された大正一四年の社会局案は「労働組合」を「労働条件の維持改善を目的とする労働者十人以上の団体またはその連合団体」と定義したが、他方、組合は「組合員の共済、修養その他共同利益の保護増進を目的となすこと」ができるものとし（一条）、いわゆる共済活動を組合の目的として新たに掲げた。

労働組合法の中に「労働組合」の定義をすることの法的意味については当局は必ずしもこれを明らかにしなかったが、当時、末弘教授はすでに、それが法の定義に適合しない組合組織を禁止し、違反者を処罰したり、定義に合致しない労働者団体が「労働組合」なる名称を使用することを禁止したものと解すべきではないことを正当にも指摘された(3)。

しかし社会局原案の示した組合の定義ないし目的については実業団体を始めとして種々の批判が出た。たとえば、日本工業倶楽部は、「労働条件の維持改善のみを以て組合の絶対的目的と為すは徒に階級闘争的組合の発生を促し産業の振興を妨ぐるの虞あり」という理由で、組合の目的に、労働条件の維持改善の外「技能の向上相互協働及び産業の発達を図る」ことを含め、組合の規模については「十人以上にてはその数少きに失し団体の通義に反す」という理由から五〇人以上とすること、また組合の範囲については「組合員の利害関係は一事業所に従事する者の間に於て最も緊密なるを以て、原則として一事業所に限定することとし、一事業所に限定し能はざる職業に付ては特に道府県以下の範囲に於て職業別組織を認むる」こと、さらに組合員の資格については、「左傾的外国人の来りて組合を過激化せしむることなきを保せず仍て組合員たるものは之を日本臣民に限ることを要す同一事業又は職業の範囲に於ても当該事業所又は職業に無経験なる煽動分子の介在するときは組合の不利益なるを以て組合員は尠くとも現に一箇年以上の在職者なるを要す……女子及び十六歳未満の幼年者は各方面に於て保護職工又は保護鉱夫として傭使せらるゝを以て組合加入の要なきものとす」との理由から、日本臣民たる男子にして同一事業もしくは職業に一箇年以上従事し、現に其の事業所又は職業に在る一六歳以上の者に加入資格を限定するよう要望した。そこには企業内組合のイメージが明確に見出されるのである。その他の使用者団体の意見もほぼこれに近いものであった。

これに対し、労働団体は挙げて、法案が組合の組織および行動に対して制限を加える傾向に対し反対の声明をしている。(4)

組合法案の制定そのものに反対であった実業団体の激しい批判を受けて、大正一四年一二月に発表された行政調査会の「労働組合法要綱」は、組合の設立については「組合の管理監督等に関し相当の規定を設けて届出主義に依るものとし認可主義は之を用ひざること」としながら、組合の組織について、「組合は同一又は類似の職業又は産業に従事する労働者を以て組織するものとなすこと」として、労働組合の種別に法的な制限を設けた。そして、「異種の」職業又は産業に従事する労働者が同一の組合を組織する場合、たとえば当時の日本労働総同盟のごとき「事実上の聯合」組織は、「之を認むるも之に付法律中に別段の規定を設けざること」とした。同時にすべての労働組合は「法人と為すこと」を義務づけられた。末弘教授が同要綱を「根本的に改悪せられたる労働組合法案」と評されたゆえんである。(5)

行政調査会の「要綱」に基づいて修正された政府の最終労働組合法案では、労働組合の定義規定はなくなり、「同一又ハ類似ノ職業又ハ産業ノ労働者ハ本法ニ依リ労働組合ヲ設立スルコトヲ得」（一条）、「労働組合ハ労働条件ノ維持又ハ改善ヲ以テ目的トス」（二条）るところに落ち着いた。

昭和四年の浜口内閣の下で設立された社会政策審議会の労働組合法案要綱は、「労働組合法は自然に生じたる一切の組合を法律上公認する」主旨（同理由書）だとして、職業別または産業別の組合に限らず、連合組織をも認めることを提議した。そして内務省社会局案を経て昭和六年第五九議会に提出された法案は、再び立法に組合の定義規定を織り込み、「本法ニ於テ労働組合ト称スルハ労働条件ノ維持改善及組合員ノ共済、修養其ノ他共同利益ノ保護増進ヲ目的トスル同一若ハ類似ノ職業若ハ産業ノ労働者ノ団体又ハ其ノ団体ノ同一若ハ類似ノ職業若ハ産業ニ依ル聯合団体ヲ謂フ」（一条）と定めた。ちなみに、第五九議会提出のため無産党側で作成したといわれる法案では、労働組合の定義は「労働条件ノ維持改善ソノ他被傭者ノ共同利益ヲ増進スルヲ目的トスル被傭者ノ団体マタハソノ聯合ヲ謂フ」（一条）とされている。

戦後、旧労組法が立法されるに当たっては、組合組織としていかなる形態のものをモデルと考えるかという点が当然、基本的課題の一つとなった。通常、労働組合法を作成する場合には、各国とも大体そうであるが、すでに現実に存在する支配的形態の組合をモデルとして（一定のワクを設けるかどうかは別として）これに法的サンクションを付与する、という形をとるのであるが、労務法制審議委員会が法案作りの仕事を始めた時点では、大日本産業報国会の解散（昭二〇・九・三〇）以後、全日本海員組合（昭二〇・一〇・五再建）外若干の戦前組合が再建復活を進めつつあったとはいえ、まだ新たにパターンとして想定すべき支配的組合組織が確立していなかった。結局、審議会答申による法案は西欧流の、そして戦前すでにわが国にも存在した職業別横断組合を含め、連合体を含むいかなる種類の組合をも認めうるような広範な定義をすることに落ち着いたようで（政府筋では産報型企業内組織の構想があったことについては既述の通り）、組合の定義として「労働者ガ主体トナツテ自主的ニ労働条件ノ維持改善ソノ他地位ノ向上ヲ図ルコトヲ主タル目的トシテ組織スル団体又ハソノ聯合ヲ謂フ」と定めた（三条）。「労働者」とは「職業ノ種類ヲ問ハズ広ク賃金其ノ他給料ニヨリ生活スル者」と定義された。この定義からは、「使用者又ハソノ利益ヲ代表スト認ムベキモノノ参加ヲ許スモノ」、「主タル経費ヲ使用者ノ補助ニ仰グモノ」、「主トシテ政治運動又ハ社会運動ヲ目的トスルモノ」および「共済修養其ノ他福利事業ノミヲ目的トスルモノ」

は除外された。そして「労働組合ト認ムベキヤ否ヤニ付疑アルトキハ命令ノ定ムルトコロニヨリ厚生大臣又ハ地方長官」が「労働委員会ノ決議ニヨリ之ヲ決定ス」ることとした。

労務法制審議委員会の右の考えかたは昭和二〇年の旧労組法に成文化された。ただし、同法は原案にはなかった警察官吏、消防職員および監獄勤務者の組合結成、加入の禁止を定め、かつ、官吏、待遇官吏、公吏その他国または公共団体の被傭者について（組合の結成・加入以外）の制限を命令によって課しうることとした（四条）。[6]官僚サイドからの修正であった。それはともかく、戦後の労組法は、労働組合の組織の形態については、一応、自由選択主義をもって出発したのである。それにもかかわらず、現実の組織は圧倒的に企業内組織の方向に進んでいった。

日本の労働運動および立法政策に深い関心を持っていた「極東委員会」が日本の戦後の労働組合のありかた、およびそれに関する立法政策にどのような関心を示したかは正確には分からないが、[7]昭和二一年一二月六日付の「日本の労働組合に関する十六原則」では、「日本人はその組合の組織に当つてはそれが職業・産業・会社・工場を基礎とすると乃至は地域を基礎とするとを問わず組織形態を選ぶは自由たるべきである。日本における将来の労働組合活動は鞏固な単位組合の基礎に重点がおかるべきである。ただし組合は例えば同一地域若くは関係産業において又は全国的基礎において聯合又はその他の結合体をつくることを許さるべきである」（九項）といっている。「鞏固な単位組合」とははたして何を指し、そして現実に日本の組合が滔々として企業内組織の方向に進んで行くのを見て、委員会のメンバーたる各国はどのように考えていたであろうか。

二　労組法における労働組合の法的規制

（1）たとえば、イギリス現行労働組合法の定義はコモン・ロー上違法とされることを目的とする労働者または使用者の団体という奇妙な古めかしいものである。最近の Donovan 報告書は新定義として「労働組合とは取引の制限をすると否とにかかわりなく、その主たる活動が被用者と使用者の関係を規律することにある被用者の団体であってレジスターに登録したもの」を提案している（Report Par. 766, p. 207）。

（2） 戦前の研究において山中教授のすでに指摘されたところである。山中篤太郎・日本労働組合法案研究二九八頁。沼田稲次郎・労働基本権論二七六頁。
（3） 末弘厳太郎・労働法研究一四八頁。
（4） たとえば、全大阪労働者大会労働立法対策協議会は、その声明（大一四・一〇・一八）で「労働組合の完全なる組織活動の自由とは現在せるがままの労働組合を公認することであり制限なき活動を保証し其の組織を自由に任すべきである」といっている。
（5） 末弘・前掲書二一一頁。
（6） この規定はやがて昭和二三年の国公法改正と公労法制定を通じて官公労働者一般の労働基本権の制限に発展する。
（7） 「極東委員会」の性格や機能についてはこれまで史実があまり明らかでなかったが、最近、竹前栄治・アメリカ対日労働政策の研究が重要な資料を提供した。

(2) 労働組合の設立・登記・法人化と法的規制

労働組合の資格や定義と並んで、組合の法的規制の内容としては、組合の設立についての国家のまたは行政機関の態度、ならびに、これに関連して登記（登録）または法人格付与の問題が重要である。諸外国では組合は組合の法人化を国家のサーヴィスとしてよりも、むしろ、国家による管理の手段と受けとり、一般に否定的である。(1)

大正九年の農商務省案は、組合設立については「定款ヲ作リ」行政官庁の認可を受くべきこと（四条）、定款の変更は組合員三分の二以上の同意の上に、さらに行政官庁の認可がなければその効力を生ぜず（五条）、そして組合は法人たるべきものとされた（三条）。これに対し、同内務省案は、設立の日から二週間内に地方長官に届け出るいわゆる届出主義をとり（二条）、届け出た組合は設立の登記を「ナスコトヲ得」るが、登記をした組合は法人となることとされた（四条）。

労働組合の設立についての認可主義と届出主義、登記または法人化の任意主義と強制主義は、その後の各組合法案における二大対立点となっていく。

大正一五年の政府確定法案では、労働組合の届出が行なわれると、行政官庁はその登記を登記所に「嘱託」すべきものとされた（七条）。届出によって組合は自動的に法人化された（三条）。法人化によって民法の法人に関する規定が適用されることになるが、同法案によれば、準用さるべき規定は民法五〇条・五二〜五五条・五七〜六一条であり、理事の行為につき団体に賠償責任を課す四四条が除外されていた。

この問題に対する労使の見解を見ると、使用者団体は組合の成立につき認可主義をとったうえ、認可した組合は強制的に法人となし、そして、これに民法四四条を準用するという主張であった。これに対して、労働団体側は、法人化が組合に対する国家の介入を招くとして反対の態度を表明した。

昭和四年の政府案では組合設立に届出主義をとり、法人格の取得は任意としたが、法人となった組合には民法四四条の準用を認めることとした。同時に、「組合の役員または組合員が労働条件の維持または改善に関し勧誘その他の方法により他人をして労務を停廃させ、または雇用条件を解除させ、もしくはこれを締結させなかつたことにより使用者に生じさせた損害については組合、役員、組合員は賠償の責を負わない」といういわゆる争議の民事免責を認めた。戦前の法案として画期的なこの規定も、強硬な使用者団体の反対の前に、同六年の法案では姿を消している。

戦後、労務法制審議委員会は組合の法人格について、組合は「規約中ニ法人タルコトヲ定メ且主タル事務所ノ所在地ニオイテ登記スルニヨリ」法人格を取得すること、民法四三条・四四条を始めとする若干の規定を準用すべきことを答申し、旧労組法はこれを採用した。旧法は、同時に争議行為の民事免責の規定を設けたので、法人格―責任という組合法理の歴史的大問題は一応、解決がつき、法人格の取得が国家による組合への干渉化する惧れはほぼ解消した。現在では、法人格の問題はむしろ、法人たることによって受ける便宜（通常の取引および免税における）として受けとられている。しかし、組合が法人として民法の規定の準用を受けることは組合にとってなお、予期しえない重要な問題を含んでいるようである。(2)

（1）　登録と法人化をあくまで峻別して、法人化による国家の直接介入を忌避してきたイギリスでも、タフベール判決によって組合の争議責任を免れることができなかったという史実は各国の組合運動に大きな教訓を与えた。最近イタリーで「労働者憲章法」といわれる新立法（一九七〇年五月二〇日「労働者の自由と尊厳および組合の自由と労働場所における組合活動に関する規定と職業紹介に関する規定」）においても組合の法人化は否定されている。

（2）　三宅正男「労働組合の法人格」労働法大系一巻、山中康雄「労働組合と法人格」新労働法講座二巻、秋田「労働組合の法的性格」野村平爾教授還暦論文集参照。

(3)　労働組合の自主性の担保と法

戦前の組合法案中にも、組合の使用者からの自主性を担保する規定がまったくなかったわけではない。すなわち、進歩的といわれた大正一五年の政府案（一二条）は「雇傭者又ハ其ノ利益ヲ代表スルモノハ此ノ限リニアラス（労働組合の組合員となることができないの意）」と定めている。[1]おそらく戦前の法案では唯一の規定と思われるが、しかし、この規定も罰則その他の効果規定による裏づけはなかった。この点に関しての論議もなされなかった。

旧労組法は「労働組合」の定義（二条）に「自主的ニ」の語を入れ（この形容詞が以下のどこの句にかかるのか明瞭でない。現行法でも同じ）、これに対応するものとして、同条但書一・二号に「使用者又ハ其ノ利益ヲ代表スト認ムベキ者ノ参加ヲ許スモノ」および「主タル経費ヲ使用者ノ補助ニ仰グモノ」をかかげて、このような組合は、本法上の「労働組合」と認めないようにした。

この本文と但書の関係はあまりロジカルではない。すなわち、この文脈からすれば、但書一・二号に該当する組合は、直ちに「自主性」のない組合として法上の「労働組合」であることを否定される反面、但書一・二号に該当しさえしなければ「自主的」に運営される組合として認められることとなる。立法趣旨としては、但書一・二号に該当する組合を労働組合の非自主性を立証する客観的基準として例示しようとしたものであろう。

末弘教授は、本文と但書の関係を「積極的基準」と「消極的基準」として分類され、但書一・二号の解釈についても柔軟な見解を示されている。(2) 教授は、「積極的基準」としての「自主的」の否定事例として、会社が天降り的に作った組合、その他物的または人的に会社が実質的に指導的作用を行なっている組合を挙げられた。(3) 教授のこれらの見解は、大体、当時の労組法の客観的な立法意思を示したものとみてよいであろう。

旧労組法は労働組合が設立の日から一週間以内に行政官庁に届出をすべき義務を罰則（三七条）付きで定めていた（五条）。この規定は二条所定の「労働組合」と認めらるべきものは、すべて届出義務を負うように解釈されるが、末弘教授は、二条がもっぱら御用組合排斥の目的に出るもので、自ら、本法の「労働組合」に該当せずと考えて届出をしない組合については届出を強要されないし、罰則も適用すべきでないとされた。(4) 届出があった場合に二条に該当しないときは労働委員会の決議により行政官庁「之ヲ決定ス」ることとなっていた（旧労組六条）。決定するとは本法の「労働組合」でないことを認定することであるが、決定取消の異議申立（施行令四条）手続を経て、決定と決まれば、組合はそれによって「解散ス」ることになっていた（旧労組一四条四号）。これは一五条の解散処分とは違うが、いずれにしても組織を「解散」しなければならないのであるから、非自主的組合は、論理的には、法外に存在することも認められないわけだし、そうなると、自主的に法外の組織として届出なしに存在することもできなかったと解される。とはいえ、しかし、これはあくまで解釈上のことで、実際の運用上は、労働委員会や行政官庁の補正指導によって匡正され、解散に追い込まれたケースはなかった。

結局、旧法は組合の自主性の評価の基準について、使用者の利益代表者の参加と主たる経費の援助という客観的指標（objective test）を採ったのであるが、その指標自体が「利益代表者」といい、「主タル」といい、いずれも絶対的基準とするにはあいまいにすぎた。実際には、戦後、旧法適用下のわが国の組合の多くが、部課長のような使用者の利益代表者を主体的に加入させ、組合役員の給与支給や事務所の貸与など「主タル」経費を使用者から引き出していたが、その反面、使用者の懐柔策により、自主性をほとんど喪失した法律上は「自主的」な組合も無数に存在した。要するに、組合が使用者に対するその自主性を維持できるかどうかは、もっぱらそのpowerにかかっており、このpowerを失えば、組織や運営上の客観的メルクマールがどうであれ、自主的組合ではなくなってしまう。企業内組合ではそれが特にきわ立って現われる。アメリカの専門家から成る労働諮問委員会は昭和二一年八月に、「日本の労働組合の多くは、労組法の規定にもかかわらず、事業主の支配から完全に脱しておらず、程度の差はあるがその影響下にある。……現行法は、使用者が労働者の自主的組織に対して厳格な無干渉政策をとるべきであるという原理を充分に満足させていない」と評し、企業内組合における自主性喪失の危険性を指摘していた。

昭和二四年の改正法は旧法の自主性に関する法制度の矛盾ないし欠陥を克服することなく、単に但書所定の基準を詳細・具体化するにとどまった（二条）。

すなわち、一号では、「使用者の利益を代表する者」が、「役員・雇入解雇昇進又は異動に関して直接の権限を持つ監督的地位にある労働者、使用者の労働関係についての計画と方針とに関する機密の事項に接し、そのためにその職務上の義務と責任とが当該労働組合の組合員としての誠意と責任とに直接にてい触する監督的地位にある労働者その他」として例示された。二号のほうは、旧法の「主タル経費」から「団体の運営のための経費の支出」にまで規制の範囲を全面的に拡張された。旧法の「主タル」が、質的または量的、いずれの意味にも解され、またいずれをとって見ても問題が残るところからみて、改正法の基本方針が組合に対する経費援助を全面的に禁止する方向にあるべきことは明らかであった。ところが、改正法はこの原則を貫徹させることなく、例外として（それは同時に不当労働行為の例外事由ともされた—七条三号但書）、「但し、労働者が労働時間中に時間又は賃金を失うことなく使用者と協議し、又は交渉することを使用者が許すことを妨げるものではなく、且つ、厚生資金又は経済上の不幸若しくは災厄を防止し、若しくは救済するための支出に実際に用いられる福祉その他の基金に対する使用者の寄附及び最小限の広さの事務所の供与を除くものとする」という規定を置いた。右の但書に列挙されている事由は、いずれも、使用者がこれを負担することによる組合の自主性を侵害する危険性がまったくない、という意味での原則に対する論理的《ロジカル》な例外とはいえない。たとえば、組合事務所は組合がこれをもし企業外において獲得・維持しようとすれば、かなり大きな経済的負担となるであろうし、今日のわが国の企業内組織の物・心両面における拠点を提供するものである。使用者の厚生・共済用寄付金もたしかに組合運営費そのものではないにせよ、組合がいったん、これを受けとれば組合財産となって、使途についての区分がそう明確であるわけはない。使用者の組合に対する任意の共済用寄付金が組合運動の稀釈化機能を果たしていることについて組合幹部からしばしば苦情の声がきかれるところである。団交または協議中の賃金の不控除については、確かに、使用者との「交渉」という行為が組合の自主的な使用者に対する対抗的行為であり、また、使用者側も時間内交渉によって自ら便宜を受けるという意味で利益相反的行為の性格をもつところから、使用者がその間の賃金を控除しなかったとしてもそれが直ちに組合に対する経費援助―自主性の侵害につながるわけではない。しかし、但書二号の「但書」に定める例外が組合の自主性を侵害するおそれのない経費援助であるという意味だとすれば、それはすべての経費援助――たとえば組合事務所――について妥当することであって、特に具体的に列挙する必要はない。げんに、改正法施行後も、専従者の給与負担や、争議中の賃金不控除でさえ、組合が自主交渉ないし実力で闘いとったものであれば、組合の自主性を侵害することにもならないし、不当労働行為にもならない、というもっともな議論が聴かれるのである。

昭和二四年の改正の立法(者)の意図が果たしてどこにあり、そしてそれは現実にどのような機能を果たしたかということは、今日、冷静な判断と客観的資料を通じて検討さるべき問題である。

但書一号の利益代表者の具体化は、果たしてそれによって組合員の範囲を拡げようとしたのか、それとも逆に組合に加入している利益代表者を排除することを目的としたのか。その後の行政指導などの側面からみると、かなり後者の色彩が強いことを否定できない。組合 loyalty からいえば、会社帰属意識の相対的に高い職制はなるべく排除することが望ましいが、そのことによる自主性の純化と全員一括加入企業内組織から会社側に対して実質的発言権の強い職制メンバー（彼ら自身 unionization の必要性を感じている）を排除することとは必ずしもパラレルに考えられる問題ではない。

但書二号のほうは、立法者の「自主性」確保の要請と「組合育成」のそれとが混合して立法の真意は図りがたい。例外として許容された経費援助の幅の広さが、組合と企業とのゆ着をいよいよ強化するおそれは十分にある。しかし、改正法が果たした機能を客観的にみれば、それが組合からとりあげた既得権の方が確かに大きかったように思われる。

以上、旧労組法以来、現行法まで一貫してとられている組合の自主性についての労組法の客観的指標について検討してみた。ところで、一体、組合の使用者からの「自主性」というのはどのような状態を指すものであろうか。法の掲げる右に述べた二基準が、非自主的な組合の客観的指標の一側面を表明していることは確かである。しかし、すでに述べたところから明らかなように、右の二つの基準に該当する組合が絶対的に自主性を喪失した「御用組合」であると断定することはいささか早計に過ぎるであろう。

そもそも組合の自主性とは、組合またはその構成員としての組合員が使用者に対して自由に組合活動としての言動をなしうる独立性 independence をもっている状態をいう。そうだとすれば、ある組合が自主性を保持しているかどうかは、むしろ組合（員）が、使用者の圧力でその言動に拘束を感じているかどうかという主観的指標（subjective test）によってみるべきものであろう。客観的にそう思われるからといって、当の組合（員）自体がそう意識していないものを「御用組合」ときめつけるのは不当である。また、逆に組合がその自主性を使用者に侵害されていると感じている時に、客観的指標に該当しないという理由でこの事実を否定してかかることもまた不当である。

組合にとって自主性の確保は基本的に重要なものであるから、自主性の侵害を不当労働行為として法的に排除することは、団結権の確保上、不可欠の制度である。そして、不当労働行為制度上、組合の自主性侵害の認定が、単に当事者の主観的指標だけでは不十分であり、そこになんらかの客観的指標を救済の要件とすべきことは法律制度としてやむを得ないであろう。

しかし、このことは、法がある基準をもって組合の自主性を評価し、組合にこのような自主性を保持するための方策を強制する必要性を認めることにはならない。法は、自主性が侵害されたことを自ら認識して、その救済を申し立てる組合に対してのみ不当労働行為制度を通じて保護を与えればそれで十分だと思われる。諸外国の立法にも、わが国のような制度がみられないのは、組合の自主性を法律で担保しようというような発想が存在しないためであろう。(5)

(1)　使用者の利益代表者の組合加入を認めないことによって組合の自主性を確保させようという発想がすでにこの時代に出ていることは注目される。当時の外国法にはこの種の規定はないので「進歩的」官僚の発想によるものであろうか。

(2)　末弘厳太郎・労働組合法解説一一頁。

(3)　末弘・前掲書一八頁。

(4)　末弘・前掲書二八頁。

(5)　企業内組合における使用者からの自主性という問題は西欧においても決して問題外 out of question なのではない。たとえば、イギリスでは一会社のスタッフだけで構成する staff association が銀行を典型とし幾つか存在する。ここでは会社側はそのような組合の結成にかなり大きな役割を果たし、組合が結成されると専従者に給与を支給するなど財政援助をしている。ただしこれらの組合は会社と団体交渉を行ない、自主的な仲裁協約を結ぶなど自主的活動をしているが、それが真に自主的といえるかどうか疑問とされている（Blackburn & Prandy, White-Collar Unionization, BJS, vol. XVI, No. 2, 1965, p. 111）。

(4)　組合運営における民主性の担保と法

労働組合の民主性についての法的要請の根拠は、組合の運営に組合員の意思を十分に反映させることによって、一は、少数幹部の独裁的運営に陥ることを抑制し、他は、そこから生ずる一般組合員の利益の侵害を防止しようということである。国家がそのような政策的意図をもって労働組合に望むことそれ自体はあえて異とするに足りないが、問題はこれをどのような手段を通じてその法的担保をはかるかということである。組合の運営の基本原則を直接、法律で定め、その違反に対してなんらかの制裁を加えるというやり方があるが、これでは団体自治の原則を正面から否定することになる。そこで、多くの立法例は、自主規範としての組合規約の中に、組合の民主的運営を担保しうるような規定を含ませることによって間接的にその効果を期待するという方策をとっている。この点、わが国の立法は以下のような経過をとって現行法に至っている。

大正九年の農商務省案は直接監督主義をとって「総会ニ於ル各組合員ノ表決権ハ平等トス」といった規定を置いていた。そこの意図は偽装された多数決の下で、組合が「安寧秩序ヲ紊ス」行動に出ることを予防しようとしたものであろう。表決を重視するの余り、同案はさらに、「定款ニ別段ノ定アル外総会ニ出席セサル組合員ハ書面ヲ以テ表決ヲナスコトヲ得」るものとし、「此ノ場合ニ於テハ其組合員ハ之ヲ出席者ト看做ス」とまで定めている。もっとも、同案によれば（一〇条）、総会は、同条に定める事項の決議については原則として組合員の過半数の出席を要件としているので、右の委任状の規定によって要件を緩和しようとしたのかもしれないが、いずれにしても、介入主義の著しい法案であった（ただし、これらの規定には罰則も効果規定も付いていない）。

同年の内務省案には、さすがにこのような規定はなく、組合の運営事項はすべて組合規約（この時始めて規約という言葉が使われた。農商務省案では「定款」と呼んでいた）の定めるところに任せた。

同案が規約に「記載スルコトヲ要ス」ると定めた（三条）事項は、㈠名称、㈡目的、㈢主タル事務所、㈣組織、㈤組合員ノ資格ニ関スル規定、㈥組合員ノ加入及脱退ニ関スル規定、㈦組合ノ総会其他ノ会議ニ関スル規定、㈧組合ノ代表者其他ノ役員ニ関スル規定、㈨組合費加入金及会計ニ関スル規定、㈩組合財産ノ管理ニ関スル規定、⑪組合ノ目的タル事業ニ関スル規定、⑫組合規約ノ変更ニ関スル規定、である。所定事項の数は多いが、これらの規定を組合が定めるについての原則ないし基準は別に示されていない。現行法の定めている規約の変更や同盟罷業の場合の最低表決数などの定めは同案をはじめ戦前の法案には登場しなかった。規約所定の事項が遵守されなかった場合の決議の効力については、同案は、主務大臣または地方長官がその取消を命ずることができると定め（一二条）、この処分に対して、訴願の途を開いていた（一四条）。

戦後、労務法制審議委員会の答申案を容れて、旧労組法は、規約所定事項については右内務省法案と大体同じ事項を掲げているが、組合決議が規約に反した場合の措置については何も定めていなかった。

昭和二四年の改正法は、組合規約に関する労組法の規定の意味を旧法とかなり違ったものとして表明した。旧法では、届出主義の下に、届出に必要な規約記載事項を法定したが、その場合、立法の主たるねらいは、それによって組合の活動状況を国家的立場から把握・監督する点にあった。かかる国家（行政官庁）の干渉をできる限り排除するという考え方を進めた改正法では、組合規約の規定を、組合が本法に定める手続に参与し、または不当労働行為の救済を受けるための資格審査における適格要件の一つにとどめた。つまり、組合規約に関する本法の規定は、組合の実情を対国家関係において表示させるデータとしてではなく（若干はその性格を残しているが）、その中に組合運営のための基準的指標を織りこませることによって組合民主主義を確保するための手段とされたのである。

このような事情から、改正法（五条）は従来の立法（案）が記載事項を列挙させたにとどまるのに対し、組合員の均等待遇の原則（同条二項三号・四号）、役員選出、同盟罷業、規約改正など重要決議事項における直接無記名投票主義や最低必要得票数（同五号・八号・九号）、財政公開の原則（同七号）を定めさせた。

このように改正法が組合の民主的運営の原則を強調したことについては、当時の複雑な政治・社会的背景を抜きにしては考えられないところである。組合運営における民主的運営が望ましいことはいうまでもないが、当時の企業内単組における組合の日常運営は、結成後日なお浅く、多くの点で未熟さをもっていたとはいえ、それほど非民主的に行なわれていたわけではなかった。ただ、戦後の諸般の事情から急速に昂揚して行く組合運動のリーダーシップがともすると組合幹部の独裁を招き、そして、それが指導理念としての政治的イデオロギーに関連して、いわゆる政治偏向型の組合運動を招来したというのでこれを抑制すべきものとして「民主化」が要請されたのである。二四年法改正を示唆した占領軍の母国アメリカでは、タフト・ハートレー法が成立して組合の「民主化」を進めており、これと符丁を合わせてわが国でも組合運動の「行過ぎ」是正としての民主性の理念が打ち出されたことは容易に首肯しうるところである。従って改正法の主たるねらいは組合役員の選出およびスト投票におけるマジョリティー原理の導入にあったように思われる。

改正法はこの「民主性」の規定を、五条において「自主性」の規定と巧妙にからませ、同条に主として不当労働行為からの救済という重要な法的効果を与えることによって、「民主性」の要件を組合の法的「資格」にまで高めた。そこには立法政策として「意識の低い後れた」組合運動を前向きに指導していくという意図があった。しかし、組合の自主性の担保におけると同様、ここでもまた、基本的には組合自体の意識のありかたに規定される組合の民主性を法的強制力によって達成することがはたして妥当かどうかという問題を提起している。

戦後二〇年余の組合運動の経験は、わが国の多くの労働者に組合の組織の運営のしかたについて民主的運営という基本原則を一応、習熟させたといってよい。今日、わが国の多くの組合の運営が西欧諸国に比してとりわけ後れているといえないことは、西欧諸国の組合分析に関する最近の諸研究の示すところである。企業別組合のために組織の規模が小さいことは必ずしも運営の民主性に影響するものではなく、むしろ、一定規模をこえる巨大組織のほうが民主的運営の度合いが低いことがいわれている。労組法五条二項に定める程度の民主性の担保のための規約は、別に法の規定がなくても（その指導的効果が大きいことは否定できないとしても）規約あるいは慣行として実行されることであろう。それ以上の高度の民主性ということになれば、それはもはやフィロソフィカルな問題である。

およそ、ユニオン・デモクラシーの真価は組合員が完全な自由意思によって積極的に組合の問題に関与し、もって最大多数の組合員の利益を実現させるところに存する。そこでは、多数意見と少数意見の対立、組合員のアパシーの克服、統制権と組合員権の調整など複雑な問題が含まれており、それらは、とうてい法的規制になじむ問題ではない。

組合の民主性の確保ということが右のように難しい問題を含んでいるがゆえに、そのような問題はすべて組合の自主的な規範に任せるべく、いっさいの法的関与を不要とする考え方がある。これは組合運動の側からも（組合運動の側が完全自治を主張するのは立場上当然であるが）、また、一種の「国家性悪説」に立つ非干渉論者からも主張されるところである。

しかし、国家が組合の内部問題にみだりに介入すべきでないという要請がそれ自体として支持すべきだとしても、それをめぐる紛争をすべて彼らの自主的解決に任せ、実質的にパワーをもつ組合（または組合指導者）の恣意的行使に放任してよいということにはならない。逆にいえば、組合の民主的運営が理想的に行なわれ、組合またはその一部の組合員によるパワーの恣意的行使が起こり得ない状況においてはじめて国家または法の干渉は不要となるのである。その保障がない限り、法は組合員の組合員権ないし適法利益の擁護の必要上、なお、最小限の介入を必要とするであろう。諸外国では、その条件を組合加入の自由の保障に求めているように思われるが[1]、わが国では、むしろ、組織を前提として、組織内における個々の組合員の基本的権利の自由（組織内民主主義の原則の下での発言、行動の自由）にこれを求むべきであろう。しかし、これらは現行の労組法とは別の観点から考察すべき問題である。

（1）　Kahn-Freund, Trade Unions, The Law and Society, M. L. R. Vol. 33-3, p. 241参照。

(5)　実在としての組合と法律上の組合

およそ、法律が労働組合についてなんらかの規制を加えるとすれば、その対象となる事項は、以上に挙げたように、目的、定義、法人格（または登録）、自主性および民主性の担保ということになるであろう。これらの事項は、労働組合の存立上、いずれも実質的に重要なことがらであるが、それが組合にとって重要であるということは、必ずしもこれを法律で規定する必要があることを意味するものではない。規定のしかたいかんにもよるが、一般的にいって、法律がこれらの組合内部問題に規制を加える度合いが強ければ強いほど、法に適合し、あるいは法的に資格のある「法上の組合」と、そこから排除される「実在としての組合」との距離は遠くなる。ここに組合立法の難しさがある。

わが国の現行労組法は、すでに見てきたような経過を経てある時点に達している。すなわち、目的、定義、法人化については、ほぼ任意主義に立っているとみてよく、自主性・民主性については啓蒙的介入主義の色彩を多分に残しているということができる。

組合の自主性および民主性の政策的意味についてはすでに述べたところであるが、労組法は、五条で「労働組合として設立されたものの取扱」（一般に資格規定とよばれる）としてその立法手続を定めている。専門家以外にはきわめて分かりにくい、との評を受けている同条は、結局、「法上の組合」が、一定の手続に参与し、または救済にあずかるための資格を定めたものということができる。この資格は、自主性（労組二条）および民主性（同五条二項）の担保のための法定要件を満たすことであるが、すでに述べたように、それは当事者たる組合（または組合員）の主観的認識によって判断されるのではなく、法律に定められた（具体的には労組二条但書一号・二号および五条二項）客観的指標により認定さるべきものとされている。

右の「客観的指標」は労働委員会が証拠に基づいて判定するのであるが、その認定は当該組合の自主性や民主性あるいはその侵害の度合いを「客観的」に判断するものではなく、単に形式的基準に照らして判定している。また実際上、純粋の「客観的」判断はきわめて難しいであろう。かくして、労組法の定める自主性や民主性の指標が形式的で必ずしも真実を表明しないという事実は、労組法五条の適用をきわめて限定的なものにしている。

まず、裁判所は、それが労働委員会のように不当労働行為の救済を直接目的としていないこともあって、一般に、五条の存在をほとんど無視し、訴訟に登場してくる労働組合についてその資格をいちいち認定しないで、事実上、すべてこれを「法上の組合」として扱っているように見える。(1)

つぎに、学説もまた、労組法上の「労働組合」に関する規定をすべて二～五条の「資格」規定にかからしめる厳格な解釈をほとんどとっていない。すなわち、労組法では、「労働組合」に対して争議行為の刑事免責（一条二項）、同民事免責（八条）、法人格取得（一一条）、協約締結能力および適用効果（一四～一八条）、不当労働行為からの救済（七条・二七条）、労働委員会の労働者委員の推薦権（五条・一九条）などの法的効果を定めているが、このすべての場合について、労働組合が二条および五条の定義、資格に適合することを主張する学説はきわめて少ない。考えかたとしては、①定義規定（労組二条）と資格規定（同五条二項）の適用のしかたを峻別し、かつ、一方で争議の免責・労働協約に関する規定（いわゆる「確認規定」）とその他の規定（創設規定）とに分けて、無資格組合（いわゆる非民主的組合）であっても労組法の定義に適う自主的組合である限り確認規定の適用があるとするもの、②定義規定の適用も法の形式的適合性を問題とせず、実質的に御用組合と認識しうるものについて救済を否定すべきだとする説、③労組法五条の文言からみて、同二条・五条の定義・資格規定は組合が労働委員会における救済を求めた場合にだけ適用の余地があり、したがって裁判所における争訟には無関係とする説、④裁判所における救済についても労組法二条の要件が必要だとする説などに分かれるが、最後の説はきわめて少数で、裁判所も採用していない。

以上の事実は、法律が労働組合という社会的実体に対して度を過ぎた規格を要求している結果、法上の組合と実在としての組合との間の開きが大きくなり、逆に法の機能が失われるに至っていることを物語っているように思える。

（1）　裁判所が訴訟の提起を受けた事件において、当事者たる組合の「自主性」または「民主性」を問題として、それらの欠如を理由に訴を却下したという例は一つもない。

三　組合の内部運営と法

現行労組法が組合の内部運営について法的規定を設けているそのしかたには二通りのものがある。その一は、組合の資格要件としての組合規約記載事項に組合運営の諸原則を定めさせることによって間接的にその実行を促すというやりかたで、五条二項は特に、組合員均等待遇の原則、役員の選出手続、総会の開催義務、財政公開の原則、スト投票手続、規約改正手続を挙げている。戦前の労組法案にあった「組合員ノ資格ニ関スル規定」または「組合員ノ加入及脱退ニ関スル規定」が戦後の旧労組法では消えているが、その理由は明らかでない。その二は、労組法が直接に定めるものである。現行法では、基金の流用（九条）と解散事由（一〇条）の二つである。

労組法は組合財政の運営について、組合の福利基金流用の方法を制限し、流用は総会の決議を経ることを要する旨の定めをしている。立法趣旨は必ずしも明確とはいえないが、組合財産および組合員の共済給付の利益を擁護する趣旨であろう(1)。

組合財政運用の公正を期するためのこの種の立法措置は、大正九年の農商務省案以来、行政官庁が組合財産の状況を検査・監督または報告させるという形体で戦前の法案のひとしく強調してきたところである。戦後の労組法は、規約を通じての組合員に対する会計報告公表の制度に変えたものである。他面、組合費の納入義務、その訴求の可否、政治寄金の可否(2)、組合分裂の場合の財産の帰属などの問題は立法上なんらの定めもせず、判例法に委されることとなった。

解散についての現行法の規定は、組合は①規約で定めた解散事由の発生、②組合員又は構成団体の四分の三以上の多数による総会の決議によって解散する、と定めている。旧法（労務法制審議会案も同じ）では、戦前の各法案の遺産を継承して、右の外に、破産、組合員資格の否認の決定および裁判所による解散命令が規定されていた。後の二者は、改正法が介入主義の排除として削除したのであるが、[3]「破産」を外したのは、組合の財政上の破産によって組合の存続までも否定するのは不当だというもっともな理由からである。残された二事由については、両事由のロジカルな関係が不明確で解釈上の混乱が生じている。[4]これを立法で規定する必要があるかどうかも疑問である。イギリス法は登録の時に規約に解散の方法を定めさせるだけであるが、この方法で十分であろう。実態面からみると、わが国の組合では四分の三を下回る表決率を定めるものが相当数あるといわれる。しかし、現実には、企業内の単組が組合員の決議によって解散するということは通常の事態ではあまり起こり得ないことで、その大部分は組合員間の対立による分裂の結果または（上部団体との関係における）組織変更の必要上、解散―新組織という形体をとるもののようである。分裂なる概念を法的に認むべきかどうかについては論議のあるところである。立法的解決を望む声もあるが、法技術的にも難しいであろう。

組合の解散と並べて、戦前の法案は組合の合併または分割にかなり詳細な規定を置いていた。これは組合そのものの変動ないし財産についての監督、介入主義からきているが、戦後の立法には組合の合併や合同についての規定はない。

組合の内部問題における組合と組合員の統制―服従の関係は以上の問題に比べるとより複雑であるが、立法のまったくタッチしない領域である。組合と組合員との関係については、戦前の法案に若干の規定があった。大正九年の内務省案では「労働組合ノ組合員ハ労働条件ニ関シ組合又ハ組合員ト締結シタル契約ニ付キ損害賠償違約金又ハ保証ノ責務ヲ負フコトナシ労働組合カ労働条件ニ関シ他ノ組合ト締結シタル契約ニ付キ亦同シ」（一〇条）と定めた。この条文を文字通りに解釈すれば、組合員が組合または他の組合員と結んだ契約は、これにつき違約罰を約定しても法的拘束力がないこと、また、労働組合が他の組合（おそらく使用者団体のことであろう）と結ぶ労働条件に関する契約（労働協約を意味するものであろう）も、同様に法的拘束力がなく、裁判上強行しえないこと、である。そしてこのように解すると、この条文が当時すでにわが国に紹介されていた一八七一年のイギリス労働組合法四条に倣おうとしたものであることが推察される。同法は、労働組合の法的性格を、組合と組合員または組合員相互間の契約として捉える立場に立ち、しかしそのような契約は従来多くコモン・ロー上違法とされるものであったため（違法であれば当然、裁判所は強行しえない）、同法は、「取引制限」という理由だけではそれが違法にならないものとして、組合活動を一般的に合法化した。と同時に、右契約中、当事者の自主的解決に一任すべき性質のものについては、その私法的効力（強行性）の面においてのみ、これを訴訟になじまないものとしたのである。すなわち、内務省法案の右規定は、イギリス法の四条二項・三項・四項に相当する。

ところが、イギリス法四条は、すでに述べたように同二条・三条の「労働組合およびその契約はその目的が単に取引の制限にあるという理由だけでは不法でない」という条文とコモン・ローの原則に対応しているのであるが、内務省案にはそれがない。そこで一体、法案の起草者は、同条の規定によって何を意図していたのかという疑問が生ずる。山中教授は、この規定をもって「一部組合又は組合員をして労働条件に関し組合の確立せる標準労働条件を裏切るに任す」と評された[6]。結果としてはそうなるかもしれないが、立法者の直接の意図はそうではなく、やはり、内部問題および協約を訴訟外に置こうとする voluntarism の立場であったとみるべきであろう。この規定は、大正一四年の社会局案で削除され、以後の法案には登場してこないが、もともと、内部問題については法的拘束力を否定するという原則が、受けとりかたによっては、組合員の組合による不当な圧力からの保護、逆に組合の組合員からの保護、あるいはさらにこれを拡張して組合活動の対使用者関係における免責、というように広く解釈しうるだけに、法案をめぐる論議はかなり多彩であった[7]。

なお、大正一四年の政府案には「労働組合ハ組合員ノ脱退ニ関シ不当ナル条件ヲ定ムルコトヲ得ス」としていわゆる組合加入自由の原則が定められている。これは、昭和四～六年の法案では姿を消しているが、規約の記載事項に「組合員ノ加入及脱退ニ関スル」規定があり、かつ、「規約法令ニ違反シ又ハ公益ヲ害スルトキ」は、行政官庁に変更命令権があった（一七条）ので、実質上はその法案に継続されたとみてよいであろう。

戦後の旧労組法には、組合と組合員の関係、組合の統制権、または組合員としての地位の保護に関する規定などまったく規定されることがなかった。立法としては、これらの問題をすべて当事者の自主的解決に委ねる意図であったのだろう。昭和二四年の改正前に、組合の統制権をチェックしようとする動きがあった[8]が、改正法はとりあげなかった。

組合の統制について実定法が存在しないことは、個人は組合の統制に服するか否かを選択するうえでどのような自由をもつか、組合員に対する組合の統制の範囲はどの程度であるか、組合員は組合の統治過程に対してどのような権利をもつか、といった課題[9]が現実の紛争として裁判所に持ちこまれた場合に、さし当たって裁判規範としての法原則が示されていないことを意味する。これは、組合の内部紛争についての実定法規を持っていない国家のひとしく遭遇する問題であるが、わが国の場合はどのような解決を示しているであろうか。

組合の統制問題が訴訟に登場してきたのはだいたい昭和二四年頃からであるが、それはわが国の組合運動の中にユニオン・ショップ制がようやく根を下し、組織強制との関係で組合員の除名処分が起こってからである。この経過は、昭和二二年の二・一スト事件を契機にいわゆる組合の「民主化」問題をめぐって、組合の運動理念についての多元主義の時代が登場してきたのと符合する。ところで、組合から統制処分を受け、その組合内部での解決の途を閉ざされた組合員は、統制処分としての除名よりむしろ、その結果としての解雇処分からの救済を裁判所に仰がざるを得なくなり、また裁判所も、立法の欠如という事実に困惑しつつも問題をとりあげざるを得なかったのである。つまり、戦後のわが国では組織統制というほんらいの組合内部問題をめぐる紛争はショップ制という組織強制との関係において登場してきたのである。また、それだけに、裁判所は下手をすると組合自治の原則を犯し、司法干渉の非難を負うことになりかねないこの問題に生存権の擁護という「錦の御旗」をもって立ち向かうことができたのであろう。

組合の統制をめぐる紛争は、具体的には、組合の分裂、組合からの除名または脱退に伴う地位の確保という形で裁判所に登場した。これらの基本的原因が、主として戦後のイデオロギー上の対立に起因していただけに、その内部的解決はとうてい期待しえず、終戦直後は裁判所に登場する労働事件の中でも（その大部分が仮処分事件）組合の内部関係（その大部分は除名事件）に関するものの比率はかなり高かった。(10)

これらの事件の中で裁判所が提示をせまられた問題は、統制権ないし除名権の意義、根拠、範囲または限界、除名事由の正当性、除名手続の正当性、司法審査の適否、限界といった点であった。また分裂に際しての組合財産の帰属が問題とされた。

組合の統制問題は法的な観点から見る場合、そもそもそれがいかなる意味において法的関係として裁判所で処理されるのかが問題である。(11)言葉を換えれば、それが法的問題として裁判所で論じられるためには、それらの関係が権利ないし法的利益の侵害として構成されねばならない。統制権、除名権あるいは組合員権という言葉がこうして出現する。しかし、それはあくまで「理論」の産物に過ぎないから、これに法的意味を付与するためにその法的根拠が示されねばならない。また訴える側でも、それを法的権利ないし利益の具体的侵害として主張する必要がある。

この点、戦後のわが国の裁判所は、別にたいして抵抗を感ずることもなくこの種の訴訟を受理した。そして除名の法的根拠について、「凡そ団体はその組織を維持するために内部的規制を必要とし、これなくしては到底その円滑正常な運営を期し難い、従つて、団体はその組織員に対して制裁をもつてその違反なきよう警告し、違反の甚だしい者に対してはこれを組織外に排除する措置を講じ得なくてはならない。このことは団体法理から必然に生ずる帰結であつて、特に法律の規定を要するものではない。労働組合も一の団体である以上、その統制に従わない組合員をその組合より排除するためこれを除名し得ることは当然」と判示した。(12)

昭和二六年のこの判決は、後に、組合の統制権の根拠をめぐる学説上の論争においていわゆる「団体固有権説」の判例法上の起源として引用されるところであるが、これは除名の法的性格についての裁判所の最初の見解ではなく、裁判所はそれ以前にもすでに「除名は被除名者の法律上の地位を奪うものであるとすれば、除名が有効であるや否やは法律上の争であり、除名の理由が正当であるやも亦法律上の争であつて、結局は裁判所の判断に依つて決定さるべき問題である」[13]という形で見解を表明している。

しかし、よく考えてみると、これらの判決は、組合の統制や除名が団結活動の必要上、一定範囲内で行なわれることが、社会学的に見て合法であることを宣言するものではあっても、それがはたしてどのような法的性格をもち、どのような法的関係として法廷で争われるのかその法的根拠ないし理論を説明したものとはいえない。これらの理論的問題は判例より大分遅れて学界でとりあげられるようになり、統制権の法的根拠をめぐる「団結権説」と「団体固有権説」との対立という形で展開された。[14] そして、後には、裁判所も判決の中で意識的にこれに触れざるを得なくなったのである。[15]

こうして裁判所は、折しもユニオン・ショップ制の普及とイデオロギー上の対立から続出する除名事件に対応して、統制権の法的性格といった抽象的次元の問題はひとまず棚上げにして、具体的解決の指針を示したのであるが、そこから多くの判例法上の法理が発展した。そこでは、政治活動、選挙活動、分派活動、幹部批判、違法争議指令、除名手続などさまざまの問題に当面して、裁判所はかなり緻密な法理を築き上げたことをわれわれは評価しなければならない。外国では団体法理の重要なファクターとされるナチュラル・ジャスティスの原則なども曲折の後、今日ではほぼ認められるようになった。

しかし、われわれは他面で、組合の統制ないし内部問題について判例法 judge-made-law がこのように発展したことの裏に、それがユニオン・ショップ制と結びつく解雇の問題についての解答として提示されていることに留意しなければならない。

（1）本条の立法趣旨を基金流用の禁止より、むしろ総会の決議を経れば基金の流用ができる点にあると解する立場がある。菊池勇夫＝林迪広・労働組合法一三〇頁。しかし労務法制審議委員会案が「……基金ヲ他ノ目的ニ流用スルコトヲ得ズ。但シ総会ノ決議ヲ経タルトキハ此ノ限リニアラズ」と定めているところからみても私見のように考える。その他、野村平爾＝青木宗也編・労組法コンメンタール（法学セミナー別冊）九条（秋田執筆）参照。

（2）イギリスでオスボーン判決を期として起こった組合が政治活動をなすことができるか、また組合はそのため政治寄金を賦課徴集することができるかは、組合立法として大きな問題である。戦前の法案では昭和六年の議会提出案にだけ登場する。もし戦前に組合の「目的」を明示した法案が実際に立法化されていたら、イギリスと同じ問題が生じたことであろう。戦後の判例は、現行法の下ではまったく自由と解している。

（3）ＩＬＯ八七号条約（わが国では昭和四〇年批准、翌年六月一四日発効）では禁止されている。

（4）労働省労政局昭和三七年の調査「労使関係法運用の実情及び問題点1」三八七頁。なお、野村＝青木編・前掲コンメンタール一〇条（秋田執筆）参照。

（5）大正一一年にはすでにJ. H. Greenwood, The Law relating to Trade Unions, 1911が大日方重隆、西沢憲政共訳で刊行されていた。

（6）山中篤太郎・日本労働組合法案研究四五頁。

（7）たとえば、大正一四年九月日本工業倶楽部は、同年発表の社会局原案が、「組合対組合及組合の内部的権利義務関係に付き規定する所なく極めて不用意」とし、「仍て多数労働者が少数煽動者の野心の犠牲たるを防護する為には尠くとも㈠組合員は労働条件に関し組合又は組合員と締結したる契約に付き損害賠償違約金又は保証の責を負はざること（大正九年農商務省案への復帰）、㈡組合は組合員に対しその負担すべき経常費の分担額のみを請求しうること、㈢組合員は何時にても自由に組合を脱退しうること」の三項の規定を設けることを要望した。

（8）昭和二四年二月発表の労働省試案は、規約に「規約に定められた資格を具える者に対して加入拒否をしないこと」と「組合員又は構成団体に対して過怠金を科し、権利を停止し、除名処分に附し、その他不利益な取扱をしようとするときは、正当且つ慎重な審問の手続を経ること」を定めることとしている。

（9）国際労働法学会における共通の関心課題である。前掲協会雑誌参照。わが国について山口浩一郎「労働組合における組合員の権利」東京大学社会科学研究所編・基本的人権五巻参照。

（10）昭和二三年一三・八％、二四年八・五％、二五年三・八％、二六年二・二％、二七年四・八％、最高裁事務局・労働関係民事裁判例概観昭和二八年度一八九頁。外尾健一「除名」総合判例研究叢書労働法(5)八〇頁による。
(11) 秋田「労働組合の内部統制に関する若干の法的考察」学会誌労働法二三号、および第二九回労働法学会におけるシンポジウム(同二六号)参照。
(12) 名古屋地判昭和二六・九・二九労民集二巻五号六〇〇頁。
(13) 福岡地小倉支判昭和二三・一二・二八労民行資三巻一二五頁。
(14) 秋田「労働組合の内部問題」ジュリスト四四一号。荒木誠之「団結忠誠と組合員の権利」季刊労働法七六号。その後、横井教授は「純粋団結権説」ともいうべき立場を宣明し、固有権説を却けられている(同七七号)。
(15) 昭和四三年一二月四日大法廷判決は、「統制権は、一般の組織的団結のそれと異なり、労働者の団結権保障の一環として憲法二八条の精神に由来する」と説いた。

四　組織強制と法

一定職場の組織率を一〇〇%にするための手段として諸国の組合運動は種々の方法を考えてきたが、現在のわが国ではユニオン・ショップ協定によるものが支配的である。もっとも、戦前のわが国が産業別横断組織の経験をもっていたのと同様に、pre-entry shop としてのクローズド・ショップの制度もすでに知られていた。他方、エィジェンシー・ショップのような形態は現在のところまだ現実の慣行となるまでに至っていない。クローズド・ショップ(程度の違いはあるがユニオン・ショップについても同じ)については、それが個人の組合加入の自由を侵害するという観点から、各国でその合法性が問題とされてきたのであるが、わが国では、企業内組合におけるユニオン・ショップが中心であるために、これをめぐる法的論議はいささか特殊な方向に進むに至った。[1]

わが国におけるショップ制の正確な起源はよく分からないが、明治四三(一九一〇)年に欧文植字工組合欧友会が秀英舎その他の会社とクローズド・ショップ協定を結んだことはよく知られている。その後、組合運動は政府の徹底的な抑圧政策によって思うように進展しないが、数少ない労働協約の中にショップ制を含むものの比率がかなり高かったことは注目される。例えば、昭和一一年現在、一二一協約中四二協約がクローズド・ショップ（実質はユニオン・ショップとの区別はそう明確でない）ないしユニオン・ショップ協定を含んでいたといわれる。(2)

この事実は、戦前のショップ制が組合のイニシァティブによる組織強制＝団結強化という目的ではなく、むしろ、使用者側と右派系組合幹部による左派系組合の排除という政策的目的の産物であった。(3) したがって、当局による左派系組合の弾圧排除が厳しくなるに従って、その意図は事実上達成され、それとともに制度自体が衰退してしまったのである。なお、戦前の組合法案にはショップ制に関する規定はなかった。

戦後に結成された企業内組合のほとんどは戦前の組織的経験と無縁であるにもかかわらず、当初から労働協約制度について相当な関心をもっていた。そして事実、多くの協約の中に「従業員はすべて組合員とする」という組織条項が挿入された。もっとも、当時、右の規定が、ショップ制という団結強制の手段であることを一般の組合員までが理解していたかどうか疑問であるが、少なくとも、職場（会社）の仲間をすべて「会社の」組合に加入させることが組織の力として必要だということは素朴に理解されていたようである。他方、使用者側においても、必ずしもユニオン・ショップをもって組織強制という観点からの組合の要求に対する譲歩と受けとっていたとは思えず、「従業員をすべて（会社の）組合の組合員とせよ」という組合の要請を、会社別組合である以上もっともなことと受けとめたようである。このようなショップ要求を「逆締めつけ」規定と引換えに認めるというような知恵は、もう少し後の、昭和二三年六月発表の日経連「改訂労働協約の根本方針」あたりから出てきたことである。

労務法制審議委員会の審議では、ショップ制の合法性について多少論じられているにもかかわらず、旧労組法の制定に際しては何の規定も置かれなかった。しかし、現実には労使間で普及し、かつ、それをめぐって争いが生じ、裁判所にもちこまれてみれば、裁判所としてもその法的効力を問題とせざるを得なかった。その最初のケースである東洋陶器除名事件で、(4)まずその判断が示された。判旨は、クローズド・ショップは、組合に加入しない自由という「かなり贅沢な自由」を侵害するに過ぎないからこれを無効とする理由はない、と述べ特にこれを認める法的根拠を問題とすることなく合法と判示した。最高裁もまた、大浜炭鉱刑事事件(5)において、クローズド・ショップ制の下では、別段の事情のないかぎり、使用者は被除名者を解雇すべき義務がある、と判示してその有効性を認めた。つまり、(クローズド)ショップ制は、昭和二四年の改正労組法が不当労働行為の規定の中にそれを盛り込む前に、すでに判例法によってその合法性が一応、承認されていたのである。

改正労組法のショップ制に関する規定のしかたは、立法としてまったく不手ぎわであり、すでに論争の多かったこの問題をますます混迷に陥れることになった。それは、組合に加入しないこと又は脱退することを雇用条件とするいわゆる黄犬契約を不当労働行為として禁止する規定（労組七条一号後段）の但書として、「労働組合が特定の工場事業場に雇用される労働者の過半数を代表する場合において、その労働者がその労働組合の組合員であることを雇用条件とする労働協約を締結することを妨げるものではない」と定めた。

右の本文と但書の関係はあまり明確でないために、学説は、但書に定める要件をそなえるショップ協定はそれ自体としても法的に有効であるが、これをそなえないものは本文に定める不当労働行為となるべき協定をしたものとしてこれを無効とみる考え方と、但書の規定自体は、単にこのような協定の締結を不当労働行為とはしないということを定めたものに過ぎず、ショップ協定の効力要件を定めたものではない（それは別の観点からの問題）、とみる考え方に分かれた。この見解の対立は基本的に今日まで続いている。(6)

ショップ制についての労組法七条一号における規定のしかたは、アメリカのワグナー法（一九三五年）八条(2)の定めかたを原型としたものと思われる。原案としての「労働省試案」では、「労働者が労働組合を組織し、若しくは組織せず、又はこれに加入し、若しくは加入しないことを理由として、労働者を解雇し、その他これに対し不利益な取扱をすること」を本文とし、但書として「但し、労働協約の定めるところにより労働組合に加入せず、又は労働組合から脱退し、若しくは除名された労働者を雇入れず、又は解雇することはこの限りでない」となっていた（労組一五条二項）のが、二四年（改正）法で、過半数支配の組合がショップ協定の協約を締結することを妨げない、という規定に変えられたものである。ワグナー法の但書は、交渉単位たる組合が、雇主と協定を締結してショップ制を「要求すること」を禁止するものではない、とする規定である。右の三つの条文を比較すると、日本の現行法のそれが最も意味不明瞭である。ところで、ワグナー法の右の規定は、従来、法的効力の点で不明確であったショップ制の有効性を定めたものとされている。ただし、それが併存組合の交渉権の単一化という立法政策に出たものであることもまた事実である。

こうした事情からみると、わが国の現行法がワグナー法におけると同様、ショップ制の効力を定めたものと解釈しうるかどうか疑問は残る。しかしながら、他方、実定法規がショップ制を一定の要件の下で認めているという事実、および、労組法の下では適法な労働協約の内容は一応、法的に有効なものと解すべきであることからいって、ショップ協定に私法的な効力を全く否定するという解釈は無理である。さきに述べたように、立法以前に判例法上すでにその有効性が認められていたこともその合法性を根拠づけるものといえる。

かくして、少なくとも昭和二四年の改正以後は、わが国の労働法上、ショップ協定は、一応、法的に有効なものとみなされていると解するのが自然である。しかし、そのことは、いかなる内容のショップ制もが、その協定通りの効果を法的にもちうることを意味するものでないことというまでもない。

ショップ制はこのようにしてわが国の法制上の制度として確立されていったが、その組織強制＝団結確保というほんらいの機能の面では、大分、違った方向に進んでいった。もともと横断組合では、労働移動の頻繁な職場で一〇〇％の組織化を達成することはかなり難しい仕事であるだけでなく、現組織率を維持するだけでも相当なエネルギーを必要とする。協定自体も力関係で何時使用者側から破棄されるか分からない。ところが、わが国のような企業内組合では、職場の組織化は容易であり、加えてユニオン・ショップをもってすれば、新規の被用者の組織化も組合員の維持もきわめて容易である。こうして戦後、ショップ制という制度が組合の成立しうるだけの規模をもつ企業の多くでいったん、普遍化し、定着するや[7]、それは組合にとってもはや運動上、大した問題でなくなってしまった。退職者あるいは職制への昇格者以外には、通常事態の下で、組合から脱落するケースはほとんど皆無に等しいからである。

使用者は使用者で、この企業内組織におけるショップ制をその労務管理にとって最も都合のよい制度に転化させるのに成功した。それは組合を従業員組織に純化し、外部者の混入や干渉から企業内の団体交渉を保護する障壁の役割を果した。クローズド・ショップと違い、ユニオン・ショップでは、使用者の新規従業員採用における選択権はなんらの影響も受けないから、使用者の人事権が狭められるといってもせいぜい被除名者に対する解雇義務を負うに過ぎず、これさえ「尻抜けユニオン」によって実質的に骨抜きにすることができた。また、他面、使用者はいわゆる「逆締めつけ」協定をショップ協定譲歩の代償として確保する途を考え出し、もって一〇〇%の「従業員」組織を作り上げることができた。

このような状態を、いささかでも自主性の矜持をもつ組合が積極的に支持したとは思えない[8]が、日本型のユニオン・ショップ制が、少なくとも論理的にはそうならざるを得ない必然性をもっていたことは否定できないことである。

四　組織強制と法

結局、わが国におけるショップ制は、職場における組合不加入者あるいは特別理由なき（たとえば組合費滞納者など）脱落者に対する組織強制として機能する余地をほとんどもたなかったといってよい。組合に加入しない自由、いわゆる消極的団結権とショップ制の関係という問題は学説の上でこそ論じられたが、現実には、わが国に信念としての組織加入拒否論者など、これまでのところは、ほとんどいなかったし、いったん、加入した者が組合の運動方針への批判という理由以外で脱退する例もまずなかった。

ところで、ショップ制の基礎そのものを揺がしたのは、組合（または組合幹部）の基本方針、政治的あるいはイデオロギー的立場、または運営方法をめぐる批判グループの脱退ないし分裂の問題であった。そして、わが国のショップ制は少なくとも組合側の意図においては、主としてこれを予防するための制度的保障という意味をもっていただけに、それが労使関係において惹き起こした波紋はきわめて大きかった。[9] ユニオン・ショップをめぐる学界の論争はかなり多彩であったが、その大部分は組合分裂の側面におけるユニオン・ショップの法的機能に関するものであった。

判例では、愛光堂事件[10]後、加藤製作所事件[11]が出て、ユニオン・ショップの第二組合への適用が問題となり、不適用の根拠としての「統一的基盤の喪失」という判例理論が打ち出された。そして、昭和三〇年には、四国電力事件[12]において、裁判所は旧労—新労—旧労というように組織を移転した渡り者に対する新労のショップ制適用を認めて解雇を有効と判示し、学説上、波紋を投じた。以後、これらの形態のヴァリエーションがしばしば判例に登場しているのである。

以上のように、わが国におけるユニオン・ショップ制は企業内の別の組織あるいは「分裂」に対しては、「基」組合の組織独占という意味における団結の強化に役立つことはほとんどできない。しかし、単一の組合が企業内で独占組織的地位を占めている限りでは、企業の新規採用者に加盟を強制し、理由なき脱退を阻止し、組合の組合員に対する統制権を担保し、もって分裂の策動に対して心理的圧迫を加える機能を果たしている、ということができる。その意味では、ショップ制をもつ組合は加入強制組織であるといってよい。それでは、外国でよく問題となり、それゆえにショップ制を違法とする法律や学説を支配的たらしめている組織加入強制と個人の自由の問題がわが国では一般的に、理念としての自由の問題としてそれほど深刻に提起されないのはどういうわけであろうか。筆者には今、この疑問に答える用意がない。

（1）　ショップ制が法的にまったく自由という意味で合法化されている数少ない国の一つであるイギリスでも世論の風当たりは強い（W. E. McCarthy, Closed Shop, Donovan 報告書でもこれをとりあげたが、法的に禁止する実効が少ないとして、これを違法とすることに反対を表明した)。しかし最近成立した「労使関係法」は、エイジェンシー・ショップを除き禁止している。

(2) 社会局編・本邦における労働協約の概況、協調会労働課・我国に於ける団体交渉及団体協約参照。
(3) 本多淳亮・ユニオン・ショップの研究二二二頁以下。
(4) 福岡地小倉支判昭和二三・一二・二八労民行資三巻一二五頁。
(5) 最判昭和二四・四・二三刑集三巻五号五九二頁。
(6) 中山和久「ユニオン・ショップ条項」新労働法講座五巻、花見忠「ユニオン制」労働法大系一巻。
(7) 労働省・協約に関する昭和二六年の調査によれば、一、〇七五協約中、クローズド・ショップが二%、ユニオン・ショップが八一%を占めている。労使関係法研究会編・労使関係法運用の実情及び問題点一巻三五二頁。
(8) 労使関係法研究会編・前掲書三五六頁。本多・前掲書二六〇頁。
(9) ユニオン・ショップのいわゆる両刃の剣としての機能の問題である。
(10) 東京地決昭和二四・六・四労判集六〇巻一七八頁。
(11) 千葉地決昭和二五・八・八労旬別冊三〇号。
(12) 高松地判昭和三〇・三・一四労民集六巻二号一二九頁。

五　結　　語

わが国の労使関係と法と題する統一テーマの下で、本稿はわが国の労組法が労働組合の基本的要素ともいうべき組織や運営のありかたに対して加えている法的規制についてその特質を究明しようと試みたものである。もちろん、「特質」というからには、比較の基準となるべき「原型」を示して、それとの対比においてこれを示す必要があろう。その原型は通常、多くの国が採っているパターンにこれを求める外ないが、これを確定することは容易な作業ではない。本稿ではその余裕がないままに、単に立法としてのあるべき姿を想定して基準としたに過ぎない。

現行の労組法の特質を把える場合、もう一つの方法がある。それは過去の立法（わが国では戦前の組合法案）とその考えかたとを現行法と比較するやりかたである。本稿では若干この方法を採ってみた。結論としては、戦前の法案が組合に対する国家統制・干渉型だとすれば、現行法は形態上はかなり任意主義型といえる。しかし、戦後の立法が団結擁護というより、むしろ団結育成という政策に立っていたために啓蒙・指導主義を色濃く残していることは否定できない。

この啓蒙主義は、組合に自主性と民主性を担保せしめる法的要請（実際には政治的考慮が強かったこと行論のごとくである）として具体化された。もちろん、労働組合という自主的組織体にとってこのオートノミーとデモクラシーの理念はそれ自体、もっともな要請であるが、これを法的に実現させようとすることは、そのこと自体が国家による組合のオートノミーの侵害となるおそれがあることは別としても、馬に水を飲ませる難しさをかかえている。とりわけ難しいのは、とかく主観的判断に陥りやすいこれらの要請にいかなる客観的基準をあてはめるかということであろう。

それではこれらの技術的困難性を理由として法による規制をすべて廃棄し、すべてこれを当事者の自主的規制に任せる legal voluntarism の立場はどうであろうか。それは理想には違いないが、これに近い立場をとってきたイギリスでさえ、最近の状況が示すような方向をとりつつあることは、問題がさほど単純でないことを物語っている。それは必ずしも警察国家的干渉の復元とばかりはいえない。労働組合というものの社会における機能が益々重要なものとなり、またそれが今日与えられている特権ないし免責権の大きさからみれば、少数者の私的権利を含む social interests の保護とのバランス上、power としての組合に対して一定の責任を課す意味での、ある程度の法的規制が避けられないのはやむを得ないところである。

しかし、このことはわが国の労組法のありかたに欠陥がないということをいささかも意味するものではない。本稿において論じた点は、おおかたすでに識者によって指摘されているところである。わが国の労組法が、労働組合およびそれを通じて労使関係に与えている影響にはかなり強いものがあるが、それがそれらの健全な展開を妨げている点も少なくないように思われる。昭和二四年の改正法からでも二〇年以上を経過しながら、その間、基本的には変わることがなかった労組法は今や再検討さるべき時期にきているようである。

〔有泉亨編『日本の労使関係と法』、一九七二年〕

3　労働組合の内部問題の法理論的構成

一　法律問題としての組合の内部問題

労組法は労働組合の法律上の定義として「労働者が主体となつて自主的に労働条件の維持改善その他経済的地位の向上を図ることを主たる目的として組織する団体又はその連合団体」とする（同法二条）。しかしこの定義からは、労働組合がどのような法的性格のものであり、その内部関係を法的に説明することができない。しかし他方、労組法は労働組合が法人となり得ることを定めている（同一一条）から、一定の要件を充たして法人格を取得した労働組合は法人たる社団であり、それを欲しない組合は「法人に非ざる社団」あるいは「権利能力なき社団」ということになる。それでは社団における内部関係すなわち構成員と組合との法的関係はどうかとなると、あまり明確でなく、一般に社団とその構成員の関係だと説かれる。[1]しかしこの理論構成の難しさは、独りわが国だけの問題でなく、諸外国でも種々の考え方がある。英国は、任意団体の歴史のもっとも古い国でありながら、労働組合を法的には、団体として把えず、営業活動《トレード》について制限的条件を課す、労働者間の（正確には雇主労働者間、雇主相互間も含まれる）合意として把握した。このような団体の契約説的把握は、組合を直ちに（届出だけで）、法人とするフランスや、組合の法人化を避けるが社団として構成する西ドイツの考え方と基本的に異なるのである。わが国では、通説は一般に大陸諸国の考え方をとっているものとみてよいであろう。[2]

ところで労働組合の内部問題は、法的な係争問題としてはどのような形態で現われるものであろうか。大別すれば、およそ次の五つの場合を挙げることができよう。

(イ) 組合における役員選出、機関構成、会議手続等の瑕疵の存否をめぐって組合員がその有効性を争う場合

(ロ) 同じく、組合の運動方針または政策の執行をめぐり、その有効性が争われる場合

(ハ) 組合費または組合財政の運営、支出をめぐり、決議の効力または組合員としての義務の存否が争われる場合

(ニ) 組合の組合員に対する統制処分、有効性が争われる場合

(ホ) 組合の分合に伴う組織の同一性、組合財産の帰属等が争われる場合

このような組合内部の争いが法廷に持ちこまれる場合は、通常、組合(またはそれを代表する機関)と組合員を訴訟当事者とするが、その根拠となる実定法規の欠如、訴訟の法的性格や現実の執行方法などかなり複雑な問題を含み、学説・判例ともにまだ検討の十分でない領域として今後の理論的究明が要請されるところである。ここではこれらの具体的問題(3)には立ち入らず、もっぱら組合の内部問題が法理論上どのような問題を含んでいるかを考察しようとするにとどめる。

労働組合の内部問題は最近、国際的にも関心を高めてきた(4)。これはかつて、アウト・ロー的な弱小組織としての労働組合が、やがて合法組織として市民権を得たのみでなく、今や国民人口の相当部分を構成員とし、対使用者関係において重要な特権《プリビレッジ》を与えられ、国民経済あるいは政治への影響において無視すべからざるパワーとなるに及んで、その運営方法、組織内の治者としての組合(執行部)と被治者としての組合員の支配関係、組合の統制、または組織強制における強制の合法性といった国家と国民との関係との対比において組織社会学的興味を起こさずには措かないからである。

わが国では、労働者の組合組織率は西欧諸国に比してそう低いとはいえないが、企業内組合を主体とする組合

が果たして社会におけるパワーとしての地位を占めているかどうか疑わしいところから、必ずしも西欧における意味でのアプローチではないが、ユニオン・ショップ制をめぐって、戦後、早くから組合の統制処分としての除名が問題となり、また組合員の政治活動をめぐって統制処分の限界が論じられるに至って組合の内部問題の法理がクローズ・アップしてきたところである。(5)

(1)　萩沢清彦「労働組合の運営」労働法大系1一九八頁および同書の脚注参照。
(2)　ただしわが国にも労働組合を取引制限の合意として把握しようとする学説がある。三宅正男「労働組合の法人格」労働法大系1一九頁以下。大脇雅子「組織強制と団体自治の法理」名古屋大学法政論集。
(3)　これらについては労働法大系1および新労働法講座2所収の論文および恒藤武二「労働組合の内部運営にともなう法的問題についての試論」季労三二号参照。
(4)　国際労働法学会では一九六三年のリヨン大会で組合内部問題がとり上げられた。その報告書は、Actes du cinquième congrès international de droit du travail et de la sécurité social (Lyon, 1963) として刊行され、これをもとにした比較法研究が日本労働協会雑誌一一三号以下に発表されている。
(5)　日本労働法学会で組合の内部問題がはじめてとり上げられたのは一九六四年の第二八回大会である。組合の内部問題を組合民主主義の法的側面として把え、全体にわたって問題点の的確な整理をしたものとして山口浩一郎「労働組合における組合員の権利」東大社研編・基本的人権5所収参照。

二　組合の内部運営を支配する基本原則

組合の内部運営が使用者に対抗するための団結体としての基本目的として通常、綱領または規約に定める目的に従ってなされることはいうまでもないが、この目的をどのような方針または手段によって達成するかという、より具体的な運営原則となると、同じ組合の組合員の中でも種々の考え方が出てくるし、その組合の置かれた客観的条件いかんによって流動・変化する。これがまた組織としての組合の特質でもある。これについて古来多くの考え方があったが、主要なものとして次の三つを挙げよう。

(a)　トレード・ユニオニズム（Trade unionism）　西欧型労働組合の基本理念とされる。簡単にいえば、職種（Trade）の利益を労働市場の独占を通じて確保するという行き方である。主要な手段は、組合承認と平和的集団交渉であるから、ラディカルな militant unionism を否定する。その合理主義・機能主義的性格をさらに徹底させるとビジネス・ユニオニズム（business unionism）となる。組合運動《トレードユニオン》がブルジョア・デモクラシーに対する否定的要素を含むにもかかわらず、トレード・ユニオニズム自体はしばしばブルジョア的イデオロギーとして批判を受けるゆえんである。しかし他方、トレード・ユニオニズムの原型が、もともと職能利益の擁護を目的とする craft unionism であったこと、そして現在の形態における産業別組合（industrial union）も、産業の近代化に伴う「職能」概念の拡大に対応するとはいえ、基本的には craft unionism に立っていることからいえば、組合運動の理念としてのトレード・ユニオニズムが常に「体制協調主義」となるとは限らない。たとえば、階級利益主義を基本理念とする、過激な闘争組合においても、職能利益の擁護という点でトレード・ユニオニズムは否定されていないのである。

(b)　闘争主義（militant unionism）　労働組合生成の初めからの古典的基本理念であり、協調主義的なトレード・ユニオニズムに対立し、collective bargain よりストライキの実力行使を、経済闘争より political action を重視する行き方である。ユニオン・デモクラシーの理念が支配的な西欧諸国の組合運動の中でなお、これが生き続けていることは、ともすれば組合幹部任せのビジネス・ユニオニズムに転落しがちな組合運動に原点復帰という反省を迫るからであろう。そうした役割は西欧の学者の間でも評価されている。[1] rank and file 運動はその一つの現われであり、その「圧殺」に成功した組合はあまりないばかりでなく、今日のイギリスの組合運動はこれを組合運営の一環にとりこもうとさえしている。興味あることは rank and file の組織が組合公認の下に職場レベルの代表性を獲得すると、またその中から小 rank and file 運動が出てくるという現象である。

(c)　Participation または企業内組合主義　組合の企業経営への参画を通じて組合員の実質的利益をはかろうという考え方である。わが国では、使用者に対する自主性はそれとして保ちつつ、組合運動と企業体制を両立させていこうという「企業内組合主義」の形をとる。企業内組合が戦後、多くの批判や脱皮論にもかかわらず消滅しないばかりか、定着しつつあるかに見えるのは、この考え方があるからである。

企業内組合主義が主として経営との癒着という点から自主性の確保に常に危険を包蔵していること、また横断的な闘争を組むことができず、自ら労働力の流動化を妨げ、年功賃金の強化に資しているなど、それとして正当な批判があることは確かであるが、他面、それが企業の内部すなわち職場において組織をもち、その単位で団体交渉をなし、企業の実情を把握して密度の高い組合活動をなし得る点に長所をもつこともまた事実である(2)。現に諸外国の企業外組合があらためて職場組織の再編に腐心し、独占経済体制に対応して経営参加による企業内浸透をはかりつつあるのは周知のところである。この点についてのわが国の労働者の一般的考え方についての実態調査が最近乏しいので正確な意識を把握することはできないが、組織運営の基本理念に企業内組合主義が牢固として存在し、しばしばミリタント・ユニオニズムと衝突して分裂の誘因になっている事実は否定できないところである。

以上述べた組合運営のプリンシプルは、いずれも一つの抽象的類型であり、現実に純粋な形で存在するわけではない。いずれの組合も、意識的あるいは無意識的に、それぞれの理念をもつにもかかわらず、最大公約数的な利益意識の下にその対立を止揚して統一的な組織を維持しているのが労働組合である。その統一は相対的・流動的で今日の多数意見が恒常化する保障はない。しかし労働組合の団結体としての強みは、むしろその pluralistic な柔軟性にあるのであり、労働市場における自由組織競争の可能な（わが国の企業内組合の場合、自由な組織競争の余地はほとんどない）西欧の組合においてこの柔軟性の高い組合ほど組織力が強いのはこれを証明している。

そうだとすれば、組織内における批判とそれに基づく対立は、団結と統一という至上目的の下でもある程度不可避の現象であり、これをいかにして克服していくかが運動としての課題となるのである。この事実を閑却した統制は、組織という権力による組合員に対する圧政《タイラニー》と化すおそれがある。

（1） 興味ある研究として、V. L. Allen, Militant Trade Unionism, 1966.
（2） この点を指摘する最近の論稿として、白井泰四郎・企業別組合（中央公論社昭和四三年）四四頁以下参照。

三　組合の内部問題の法的関係

(1)　基本的法関係

労働組合の内部関係すなわち組合と組合員の関係はこれを法的関係としてみると二つの基本的考え方に分かれる。一つは契約関係として（これを便宜上契約説と名づける）、他の一つは社団または制度関係（社団または制度説）としてみるものである。この相対立する（かに見える）二つの考え方は、一方が労働組合という社会学的には、まぎれもない組織体を、法的にも、最初から率直に団体そのものとして把え、これを団体一般の（あるいはそれがなければ）、他の類似の団体に適用される法原則に従って法律構成を考えようとするのに対し、他方は、社会学的に存在する団体を法的観点から一応、その基本的要素に分解して、各構成員の合意に遡り、そこからまた必要に応じて合意としての団体を構成して行こうとするところに基本的な差異をもっているとみることができる。

(a)　契約説　最も純粋の契約説によれば、労働組合は法的には実体として存在せず、あるのはただ組合員相互間の契約だけである。現にイギリスでは membership は基本的に組合員間の contract と考えられている。[1] しかしこの契約も、取引契約のような個々の単一契約ではなく、労働組合という団体を結成し、これを一定の目的の下に恒常的組織として運営して行こう、という内容の契約であり、そしてそれは多くの場合、既存の組合の組合規約に具体化されており、各組合員が加入に際してこれに拘束されることを合意するに過ぎない。従って組合員は加入に際して、他の一人一人の組合員との間に、組合員契約を締結し、これに基づき相互に一定の権利と義務を保有することになるのである。しかしイギリスでもこのような純粋の契約説を貫くことがいかに矛盾を含み、不便を伴うかが理解されるに及んで、法律も裁判所も、右のような基本的立場は崩さずに、実質上、次第にこれに団体としての属性を付与してきた。とくに制定法が途を開いた「登録」という制度は、裁判所によって、代表訴訟において組合そのものを名宛人とし、代位責任についても組合自体が負うこととされるに至ると、登録組合の所属組合員数からみて、組合員のほとんど（約九割以上に及ぶ）が登録組合に所属している現状では、労働組合は法的にも一種の法人に類似した集団と認めざるをえないであろう。とはいえ、イギリスでは、なお、組合を法人化することはもとより、これを大陸法的な意味で社団または制度として把えようとする考え方には反対が強く、そしてそれにはそれ相当の理由がある。それでは、イギリスの学説や判例が「契約説」といえるかといえば、組合の運営上、組合の基本目的が重視されて、これに違反する行為に ultra vires の原則（ほんらい団体の法理である）が適用される結果、機関（これも団体の法概念）の行為を無効とする法理がとられ、また近時の判例の考え方が、ますます組合の法的実体 legal entity を肯定するようになって[2]組合員としての地位が組合員間の契約というより、組合と組合員間の契約と考えたほうがよいという実情だとすれば、現在のイギリスの考え方はむしろ契約集合体説とでも名付けるのが適切かもしれない。

これを要するに、純粋の契約説ではなく、団体性を肯定する意味での契約説であり、その特質は、団体を基本的に Contractual body と考え、これを Statutory body と考える社団説を否定しようとするものといえる。

(b)　社団説（または制度説）　労働組合を個々の成員間の契約とは別個の一つの団体すなわち「社団」なる法的実体と考え、組合と組合員の法的関係は社団の一般的法原則が適用さるべきものとする考え方である。「社団」を「制度」と置き代えても同じことである。

労働組合が対外・対内両側面を総合していかなる団体として把えるべきかは別の問題として[3]、その内部関係についても、これを右のように社団として構成すれば、組合と組合員間の契約という要素は止揚されて、組合員は単に組合という組織体に服する関係になる。しかし組合員に対応する意味での「組合」なるものは実体のない抽象的概念に過ぎないから、社団説は、定款（組合規約）、機関（大会、執行委など）、代表（役員）など組織としての活動のための諸制度を法的概念として承認し、また組織運用の基本原則としての多数決の原則にも法的承認を与える。ここに法的概念とか承認という意味は、それが直ちに国家法規となるということではない。組合の内部運営に伴う諸問題は、通常は右のような事実上の諸機構または制度で解決されるが、一度、それが法律問題として訴訟に持ち出された時は法的に機能するという意味である。「定款」としての組合規約が、自主的法規範と説明されるのもこの意味においてである。

右のような機構なり制度は、契約説の立場に立っても、そのような内容の契約を組合員間の合意で定めればよいのだから説明できないわけではない。しかし、組合運営上の細かな問題をすべて規約に盛り込むことは難しいし、規約に定めがなければそのような組織体（または機関）の行為は権限踰越となる。社団説によれば、このような制度は、個別契約そのものではないから、一々組合員の意思に拘束されず、目的並びに自主規範たる規約の範囲内で自由に運用し得ることになる。

社団説の立場でも、組合員の利益が組合の行為に埋没・否定されてしまうわけではない。それは通常、社員権として構成され、その内容は規約に定められる。従って、組合員が組合の内部的決議、決定の有効性を訴訟で争う場合には、契約違反でなく、社員権の侵害（不法行為の構成となる）の救済ということになるであろう。

以上、社団説の法理を労働組合について考察したが、この理は、自然人の集合体としての団体を民法上の「組合」と区別した意味での「社団」として把える場合の一般原則に外ならず、そしてそれは社団法人という法人形態において立法化されるので、民法の社団法人の規定が、労働組合の本質的性格に矛盾しない限りで準用さるべきものと説かれるのである。

(2)　組織運営の法原則

組合の内部関係が契約説で説明されようと社団と説明されようと、そこで生ずる問題が組織上の問題であることに変わりはないから、訴訟法上、幾つかの法原則またはその基礎になる法理念が生み出されてきた。そして注目すべきことは、その多くが契約説に立って団体性に否定的なイギリスで発達したという事実である。

(a)　ユニオン・デモクラシー（Union democracy または Internal democracy）　デモクラシーが政治における理想像《イデアルティプス》だとすれば、これと同じ意味で組合運営を支配する基本理念がまずユニオン・デモクラシー（組合民主義）に求められるのは当然であろう。[4] 政治上のデモクラシーがそうであるように、ユニオン・デモクラシーもその中にさまざまの理念を含むが、その核心は、組合員大衆による運営参画、すなわち全組合員の意思を運営に直接反映させるべき要請ということである。そこでは、組合の効率的運営のために、「統治」と「代表」の原理がとりいれられ、全員一致に代わって多数決原理が支配する。決議に対しては少数派《マイノリティー》は多数派《マジョリティー》に従わざるを得ないが、政治におけるのと違って、少数派も単に投票《ボート》だけではなく、大会を通じて自由に発言することを保障されているので権限の濫用は阻止される。また、政治におけるデモクラシーが制度としての議会制民主主義の形で機能するのと同様、組合内でも憲法たる綱領・規約を定め、「立法」機関と「執行」機関を峻別（「司法」機関は通常、独立しないで他の機関が代行する）することによって相互の check and balance をはかるという制度がとられる。歴史的には、組合がこのような理念と制度を確立したことによって近代民主主義の政治体制に対応し、社会の支持を得て今日の発展を招いたことは明らかである。初期の形態に見られる不法なゲバルト的盟約や少数者の強制支配を否定したこのような合理的考え方は、国家をしてユニオン・デモクラシーをもって自主規範の理念として公序に合致するものと考えさせ、その内容たる綱領、機関、構成、代表性、多数決、統制、自治といった組織的概念を法規範としても妥当し得るものとさせたのである。

わが国では、ユニオン・デモクラシーを法原則として認める規定は、労組法に間接的な形で表明されている外、判例も多数決原理を中心としてこれを基本理念としている。(5)

(b)　平等の原理または anti-discrimination　　組合員が人種、宗教、性別あるいは信条によって差別的取扱を受けず、また組合運営に対する参加権を保障されるという意味での平等の原理が自然法的なものとして組合運営を支配する法原則の一つであることは明らかである。わが国ではこの法原則は憲法一四条の「法の下の平等」に由来するといえようが、この規定が、組合の内部運営に直律的に働くかどうかは一つの問題である。

この点は、わが国の労働組合の一般的性格を純粋の任意団体とみるか、それとも（ユ・シ協定や企業内組合の性格そのものから）一種の強制加入組織とみるかによって違ってくる。もし組合が強制加入組織だとするならば、組織内における不平等取扱の措置を組織からの離脱によって免れることができないから、法の下の平等の原則が直接組織内の行為に効果を及ぼさなければ基本的人権が保障されない結果となるであろう。私は、わが国の組合の多くが実質上かなり強制加入組織的性格をもっていることは否定できないが、企業内における複数組合（または団結）の存在が認められている以上、なお、任意団体とみるべきであり、憲法一四条が組織内部の問題に直律的に効力を及ぼすと解すべきではないと考える。従って、労組法五条二項三、四号のような規定は憲法一四条の具体化として強行法的効力をもつと解すべきではなく、これに反する自治法規範としての規約も制限が合理的理由をもつ限り、有効で、その法的効果はせいぜい資格審査の適格要件として間接的なものに過ぎないと考える。(6)

(c)　Voluntalism または自治の原則　　労働組合が労働者の自主的結合としてその内部運営を外部の何人の手も借りずに組合員自らの手でやって行こうとする意思が強いのは当然であり、また長い歴史の過程で国家の側から違法ないし違法性の強い団体として干渉を受けてきた由来からしても、組合自治、換言すれば国家の非干渉主義が、一つの法原則として要請されることは明らかである。voluntalism または groupements volontaires というのは、構成員が自由意思をもって加入、離脱し得る組織という意味と国家の監督、統制から自由な組織という二つの意味をもっているが、これが貫徹されるためには、一方で組織が self-govern の能力を持ち、組合員の対内的利益を保障する体制を備えていることが必要であり、他方で国家法の側に、組合に対する訴訟形態における不当な介入を抑制する理論がなければならない(7)。

後者についてみれば、近代諸国家の多くは、前者の態勢を前提として、一般的には、組合の内部運営に不介入の態度をとっていると見ることができる。例えば、組合の内部問題については、特に立法のない国が多く、設けていても、むしろ簡単である。しかし、立法が不備なことは必ずしも国家の介入が否定されることを意味するわけではなく、逆に行政権や裁判所の裁量の余地が大きくなることもあり得る。それでは、組合の法理的構成について社団説をとらず、契約説をもってすれば、裁判所の介入抑制をはかることができるであろうか。これは論理必然的にそうなるわけではないことは、イギリスの例がこれを証明している。

英法では、すでに述べたように、労働組合を法的には団結という形態における営業制限の合意とみる。営業制限の合意は、一般的にコモン・ロー上公序に反し無効である。しかし労働組合における組合員間の合意は、それが営業制限を目的とするがゆえに無効、という理由によって訴求し得ないのではない(8)。確かに、組合の合意は、今日でも営業制限を目的とするとみなされるが、それは一八七一年法（三条）によって不法行為としての違法性を免責されたのであり、その限りで法的に強行し得る余地ができたのである。しかし、かかる合意に法的強行を許すことによって生ずる裁判所＝国家の介入をあくまで回避しようとする労働者側の強い意向により、同法四条は、組合内部問題についての合意を、その有効、無効を問わず、直接強行する訴訟を裁判所が受理することを禁じた。前世紀以来、この国の組合内部の問題が原則として裁判所で争われなかったのは、このような特別立法によるのであり、必ずしも営業制限の法理や契約説的構成によるものとはいえない。

このように、組合の内部問題の自治的解決を貫くために裁判所の介入を絶対的に回避しようとするならば、イギリスのような特別立法を期待する以外にないであろう。しかし立法ほどの効果はなくとも、司法介入の抑制による組合自治の原則の確立は、逆説的であるが、裁判所自らが内部問題の「事実」部分になるべく立ち入らないという態度を示すことによっても達成される。裁判所は、当事者の訴求があり、そしてそれが訴権を構成するに足る訴訟利益を含む場合にも、それが当事者間の自主的解決に適する問題であれば、いわゆる「訴訟になじまない」領域の問題として判断を避けることができるはずである。この点わが国の裁判所の態度は、一般的に見て、抑制に欠けると評し得る。(9)

(d)　ナチュラル・ジャスティス（natural justice）の原則　ナチュラル・ジャスティスとは、ほんらい、その行為を不当と非難されている人は、その審判に際して自己の行為の弁明のための機会を与えられ、そしてその決定は公正かつ偏見なしになさるべきだという要請であり、アメリカで強調される due process や刑法上の罪刑法定主義の原則とは若干違って、もともと私的組織の中で自然法的に発達した原理である。わが国でも近時、除名の手続における原則として強調されるようになったが、その明確な法的根拠を実定法に求めることは難しい。(10)広義には組合員の正当な利益を擁護するものとしてユニオン・デモクラシーの一要素と考えることもできようが、むしろ、統制権の恣意的行使を防ぐための任意団体における内部運営の新たな基本的法原則として位置づけるべきであろう。

以上、組合の内部運営の根拠となっている幾つかの法原則をとりあげてみたが、これを全体としてみると、その何れもが何らかの形で現実に機能していることは否定できない、と同時に、これらの法原則相互の関係を体系的に位置づけることがかなり難しいことがわかる。そしてこのことはまさに組合の内部問題が国家法でなく、相異なる複数の自主法規範によって運営さるべきことを証明しているように思われる。

(3)　内部統制関係

内部統制とは、組合がその基本目的を達成するための諸活動をして行く場合に、組合規律に違反する組合員に対し規制を加え、場合によっては懲戒処分を課すことである。ところで、組合がこのような内部統制として、ある組合員を処分し、組合員がこれに服したという事実があるだけでは、その制裁手段として体罰のような人権侵害でもない限り、それ自体としては法律上の問題となり得ない。それが法的に問題となり得るのは、被処分者がその処分の有効性を争って出訴するか、あるいは処分者が処分決議の強制履行を求めて出訴するかした場合である。そしてこのような場合には、事実行為としての処分がどのような法律関係になるか、またそれはどのような法的根拠によるかがはじめて問題となる。

組合の内部関係一般について述べたと同様に、ここでもまた二つの考え方が対立する。その一つは規約準拠説ともいうべきもので、他の一つは、団体固有権説である。

「規約準拠説」によれば、組合における服務規律やその違反に対する制裁処分はもともと組合員の合意《コンセンサス》によって定めらるべきもので、通常、それは組合規約に抽象的あるいは具体的に明示される。合意がある以上、それは組合員契約に外ならないから、それに組合員が拘束されるのは当然で、その違反は契約違反を構成する。これをめぐる争いを組織内部の審査、決定機関のみならず、裁判所に持ちこめるかどうかも組合員間の合意の問題である。処分に関する規約がなければ、組合もその他の何人も処分はなし得ない。大体、こういった結論になるであろう。

「団体固有権説」では、これに対し、統制処分の態様は通常、規約に具体化されるが、労働組合のような目的的団体にとって統制処分は不可欠のものであるから、組合の組合員に対するそのような権限は団体固有のものであって、かりに規約にその旨の明示の定めがなくても、組合は権限としてこれを行使し得るし、組合員もこれに服しなければならない、ということになる。

わが国の組合の場合、統制処分について規約に全く規定がないという例は少ないであろうから、両説の差異は、処分について組合規約の定めが、抽象的またはあいまいである場合に、規定の解釈や当該組合員の統制違反についての被疑事実への適用について生ずるであろう。(11) 一般的な傾向としては、団体固有権論が、組合（執行部）側に比較的幅広い裁量権を認めるのに対し、規約準拠論では、組合員権の保護という側面から、処分側により厳しい解釈態度（例えばイギリスのように）をとることになるものと思われる。

なお、統制処分の根拠についての規約準拠論は、組合の内部関係の構成についての契約説に、同じく団体固有権論は社団説につながっていることは明らかであるが、統制処分上の右のような具体的ケースについて契約説あるいは社団説がそれぞれどのような解釈態度をとるかは、学説上の論議が必ずしも尽くされていない現在なお明確ではない。

内部統制の法律問題を考える場合、被処分者の法的救済としてどのような手段がとられるのかは一つの問題である。内部関係について純粋の契約説を貫くとすれば、それは、被処分者たる組合員の、組合の代理人としての組合役員個人に対する契約違反を理由とする損害賠償の訴しか成立しないことになるが、前記のように、イギリスの場合には、契約違反の執行部の行為は権限踰越の法理によって無効となり、そして無効の宣言判決は差止命令《インジャンクション》を通じて実行を担保される（違反は法廷侮辱罪に問われる）ので、組合員はこれを通じて決議の強行を阻止することができる。これはもはや純粋の「契約説」では説明のできない現象である。

では、社団説の場合はどうか。おそらく不法な処分と認定された行為は、社団の定款に違反するものとして無効との確認判決を得ることは確かであるが、判決の執行の直接実現は仮処分措置以外には困難であろう。そして社団説がもし組合と組合員間の契約関係を否定するのであれば、契約説の説くような損害賠償の訴は認められないという帰結になるであろうか。

以上、労働組合の内部問題の法的関係について、内外の諸説を論拠として大分類法により、敢えて仮設としての分類を試みたのであるが、そこから明らかなことは、第一に、内部関係を純粋の契約関係としてみることは法理論的に矛盾し、実際には契約集合体説となっていること、また他方、社団説または制度説にも、自主規範と法規範の区別があいまいになって、ともすると、国家干渉に対する歯どめの効果が乏しいという欠点のあることである。この点についての筆者の見解は、労働組合を、個々の契約関係という擬制を用いずに、それ自体、団体として把握すべきだという意味では、「契約説」をとらないが、他方、これを「社団」という既成概念（民法の社団法人に類する社団という意味で）にあてはめて、内部関係のもつ、すぐれて合意＝契約的性格を否定し去ることには反対である。組合規約は法規範としての定款というより、組合員の自主的事実規範であって、それが法的に問題になる場合は、一種の無名契約として作用する、というように考えたい。いわば社団説に契約説を加味するものである。そしてこのような団体としての組合の内部問題を法的に考察する場合のプリンシプルは、社団の基本原理としての民法の規定だけではなく、先に挙げた多くの法源に由来する諸原則を総合して判断すべきだと考える。特に、組合対組合員の規律統制に関する争いについては、組合の基本目的はもとより、さらに具体的な運営方針をめぐる見解の対立の問題であることに着目して性急な団体優先論としての団結説を戒むべきである。

第二に、内部統制処分の法的論拠については、法理論的に見る限り、規約準拠論かそれとも、団体固有権論、つまりは契約説か社団（制度）説かの何れかしか考えられず、いわゆる「団結権説」も結局は、団体固有権説の上に立っていると思えるということである。

しかし、統制処分の法的根拠を社団そのものの法的性格による固有権ではなく、特に団結権に求めようとする学説はかなり有力なので、さらに「団結権説」をとった場合に生ずる問題点について検討してみよう。

（1）　イギリスの労働法学の間では共通の見解である Cyril Grunteld, Trade Unions and the Individual in English Law, 1963. p. 21.; K. W. Wedderburn, The Worker and the Law, 1965. p. 315. ただし組合規約の性格を純粋の契約関係としてよりも byelaw の一種として把えようとする見解がある。例えば、Braithwaite v. EETU 3. 13, 1969.（Industrial Reports, June 1969）における

Denning判事。なお、イギリスの組合の内部問題につき前掲リポートの紹介、前田政宏（日本労働協会雑誌一一三号）参照。
（2）拙稿「イギリスの労働組合の法的性格」労働法講座第七巻（上）昭和三四年参照。
（3）新たな問題を提起するものとして、横井芳弘「労働組合の団体性」季労六九号。
（4）A. Flanders, Trade Unions, 7th ed. 1968. p. 41.; S. R. Parker, Industrial Interest Groups "The Sociology of Industry" p. 135.
（5）組合が統一組織としての実体を失った（分裂）かどうかの指標として「多数決原理」の崩壊が使われていることに注意。
（6）学説のひとしく主張するところであるが、判例には最近でも反対の立場に立つものがある。例えば、大阪地判昭和四〇・二・四例集一六巻一号。
（7）園部秀信「組合の統制」新労働法講座２二〇五頁以下参照。
（8）この点、三宅、大脇前掲説が、わが国で取引制限の合意をイギリス流に無効と解することにより、組合内部問題への裁判所の介入抑制をはかり得るとされる考え方には、論理的必然性を見出し得ないように思う。
（9）山口・前掲書。拙稿「労働組合の内部統制に関する若干の法的考察」労働法二三号。
（10）裁判例の中には実定法上の根拠がなく、「条理」とも考えられないとしてこの原則を否定するものがあるが、近時は肯定の傾向にある（最近の判例として東京地決昭和四三・一二・二六）。学説はこぞって肯定するが、その根拠には特に触れていない。
（11）蓼沼謙一「労働組合の統制力」労働法大系１参照。

四　統制権と団結権

従来、労働組合がその基本目的を達成するために団結力を強化する必要上、組合員の行動について組織としての規制（統制）を加える権限が「統制権」と呼ばれ、この統制権の法的根拠を何に求めるかについて、「団体固有権説」と「団結権説」の対立があるといわれてきた。[1]そして最近の三井美唄事件（昭和四三・一二・四）において最高裁大法廷は「団結権説」の立場に立つことを宣明したと評されている。[2]しかし、この判旨をよく検討してみると、判旨は、組合の統制権は「団結権保障の一環として憲法二八条の精神に由来するものであり、同条による団結権保障の効果」であるとしながら、他方で「労働組合は、その団体であることの性格上組合員に対しては統制権をもつことも当然」と判示した原審判決（札幌高判昭和三八・三・二六、従来このような考え方が一般に「団体固有権説」であるといわれてきた）をもって「憲法二八条に基づいて労働組合の団結権およびその帰結としての統制権を導き出した」ものとして支持するといっている。そうだとすれば、最高裁は組合の統制権の根拠について、いわゆる「団体固有権説」を誤りとして却け、これを「団結権説」によって説明することを判旨として確立したといえるかどうか疑問に思われる。

そもそも、「団体固有権説」と「団結権説」とはどのような観点からの対立なのであろうか。学説上、両者の差異を最も詳細に定義づけたのは蓼沼教授であるが、教授によれば「すべての人的団体は、当然に構成員に対して法律又は合意に根拠をおかない団体固有の、形成権としての懲戒権をもつ」と考える固有権説と、「憲法二八条は団結の本質的目的活動をそれとして法認したもので、労働組合を団体行動のためにする組合員に対する統制組織としての本質において承認し、……かくして組合員に対する懲戒権が当然に認められる」と考える団結権説との対立とされる。(3)

思うに、労働組合がその団結の目的を達成するために組合員に対して課する規律の法的根拠が、このような意味の対立概念とされたことは労働法の理論の展開の上で余り望ましいことではなかった。というのは、「団体固有権説」もその法的根拠としての「固有」の意味を明確にしていないし、一方、「団結権説」も団結権が、そのほんらいの対使用者概念としての外に、「統制権」といった派生的概念を含むことの根拠を説明せず、憲法二八条を漠然と援用しているからである。また、「団結権説」が、労働組合は、その団結という至上目的を達成するために、特に他の団体には見られない強度の統制権が認められるという「団結権説」の主張に対しては、「団体固有権説」がそのこと自体を否定しているわけではないし、第一、権限が強いか弱いかはその根拠が何であるかとは一応、別の問題なのである。

このように両説の対比はその根本的対立点が何であるかを明らかにしないままに登場したため、前記の最高裁判旨のような不明確な判断を引き出させたように思われる。このことについては、最初に、「労働組合の統制権は団体に固有の権利」だとする、大ざっぱな説明をした「団体固有権説」の側に主として責任があると思うが、「団結権説」も右の説が、市民法上の団体と労働組合を同列に置き、団結即統制という組合の本質的性格を否定するものとの批判を強調するの余り、統制権を労働組合という団体に特有の現象であるかのように考え、ほんらい対外的側面において保障さるべき「団結権」の意味を対内的側面にまで拡張するという法理論構成上の飛躍を犯したといえるのではないかと思う。

すべての人的団体（財産取引を目的とする営利団体や任意団体を含めて）が、法律にも合意にもよらない、固有の懲戒権をもっており、そしてこのことが労働組合の統制権の法的根拠である、という「団体固有権説」があるとすれば、それは甚だラフな議論という外はない。私見によれば、団体固有権説が、特に憲法二八条の団結権の保障をまつまでもなく、組織体ほんらいの法理として構成員をコントロールしていく権限がある、と論ずる場合、その類概念として考える団体は、純粋の営利団体や公法上の団体ではなく、主として任意団体《ボランタリー・アソシエーション》である。このような団体は、一定の目的の下に構成員が結集し、目的達成のために諸活動を行なうが、そのために団体の基本目的に反する構成員の行動を規制しなければならない場合があるのは組織体として当然のことで、そのために通常、構成員は自らそのような場合に備えての統制措置を規約に定め、あるいは、最初からこれを予定していなくても、随時必要に応じて実行してきたのである。任意団体はもともと加入、脱退が自由だといっても、目的達成を阻害するような構成員の行為に対する規律が全く無用になるわけではないから、このような規律としての統制権が組織体そのものの名において許されることについては、ほとんどすべての構成員は少しもこれを疑わないであろうし、その意味においてそれは原始的なコンセンサスに基づく固有権限（inherent power）なのである。労働組合もまたこのような意味の固有権をもっている点で他の任意団体と少しも差異はない。

しかし問題は、組合（あるいは任意団体）が組織体として事実上有する固有権としての統制権限が発動され、構成員に対して除名制裁といった効果を生じ、被処分者がその有効性を訴訟で争う場合には、この統制という事実行為や組合の権限をどのように法的に評価するかという点にある。そして私は前節に、その場合の考え方としては社団説と契約説に由来する固有権論と規約準拠論の二つがあることを指摘した。「団体固有権説」はもともとこのような意味において固有権という概念を使用したと思われる。

けれども、組織体における統制というものは、ほんらい統制違反の行為に対する何らかの制裁処分を前提としている以上[4]、構成員に対する不利益の賦課や組織外への追放（除名）といった強制措置を伴う。そして労働組合にあってはその要請が特に厳しい。従って市民社会においては一般的に許されないようなかかる私的制裁が特に認められる根拠は、単に市民法上、それが公序に反しない限り放任されるというだけでは足りず、より高次の憲法規範にこれを求むべきだとして、「団結権説」が主張されたとすれば、それは確かに一理があり、この点について団体固有権説も、その固有権が行使される憲法上の根拠を説明する必要があろう。

私は次のように考える。近代国家において不合理な私的制裁が禁じられるということは当然であり、それは団体の内部で、組織が構成員に加える私的制裁についても原則として妥当するのであるが、団体の存立目的を合法と認めるようになった段階では、もはや、目的達成に必要な限りでの組織による強制権の発動を認めざるを得なくなった。そこで近代国家の任意団体に対する態度は「結社の自由」（または結社権）の法認によってこの強制権を是認し、他方、その強制力の行使が不当に人権侵害にわたらないように公序の原則を通じてワクをはめるという行き方をとったのである。労働組合も任意団体の一つとしてこの法理に従うのであるが、労働組合という特殊な団体は、他の任意団体と比較にならぬほどの社会的評価が与えられ「結社権」プラスアルファとしての「団結権」が保障されているので、団結目的を達成するために組合員に加える統制権限についての公序のワクは当然、他の団体より緩やかにならざるを得ない。しかしその統制権自体は、プラスアルファとしての団結権によってはじめて法認されたのではなく、すでに任意団体としての性格において、結社権によって認められているのであり、ただ統制権の（不当な）行使が争われる場合に、団結権の保障という側面が考慮されるに過ぎないのである。

私は統制という側面における組合の内部関係の法源を以上のように考えるが、なお、補足的に、「統制権」を「団結権」の効果として把える場合の疑点について若干触れてみたい。

第一の問題は憲法の第三者的効力にかかわる問題である。勤労者の「団結権」を保障する憲法二八条が私人に対するいわゆる対第三者効力をもつものであることについては、わが国ではあまり異論を見ない通説といってよいようである。[5] とすれば、（理論上の仮説としては）団結権は統制の面についてみれば、組合対組合員という私的関係（内部問題）にもその直律的効力をもち、組合は理論上は、憲法二八条によって保障される統制権が組合員により不当な侵害を蒙っているという理由によりその強制履行を違憲として訴求できることになるであろう。

しかしこのように考えることには二つの疑問がある。その一つは、統制権を組合が組合員に対し決議の履行を訴求し得る権利だとすれば、それはいわゆる「服従請求権」ということになる。統制権がいかに団結権にとって必要不可欠であり、憲法二八条の効果として位置づけらるべきだとしても、このような積極的内容の権利として考えることができるであろうか。組合における統制というものは、もともと自主規範による事実行為であって、相手方たる組合員が合理性のある限りこれを受忍する義務を負う関係に過ぎないとみるべきである。統制権を団結権に基づく強制権と解する結果は、これに不当な法的効果を付与することにならないであろうか。

その二つとして、統制権が憲法二八条を根拠としここから直接に発生する、とする場合、いわゆる裁判所の司法介入との関係はどのように考えるべきであろうか。統制権が団結権という価値を実現するための積極的権利だとすれば、それは当然、右に述べたような訴権の問題を生じ、そこに内部問題に対する国家権力による不当な介入の危険が増大することになる。思うに、団結権の保障ということの中には、組合の自主性が（対使用者関係においてのみならず）、国家権力の不当な干渉からも擁護さるべきことがその重要な内容として含まれているのである。組合の内部問題をめぐる紛争は、当事者がこれを訴訟で争うにしてもせいぜい国家機関に仲裁者としての役割を期待する程度に留めることが必要で、最初から自主解決より、国家機関の判断のほうがより公平かつ妥当だと考えるようになっては裁判所は組織内の domestic tribunal に化することになる。対使用者関係におけるとは異なって、対内的に、団結権が裁判所の手で実現されるような理論的帰結は避けねばなるまい。内部問題に限ってみれば、ほんらい司法介入は右に述べた意味で憲法二八条の組合自治の理念に反するのであるが、団結権の実現方法をめぐって構成員の間に対立があり、不当な組織的強制を理由とする訴求があった場合に、構成員全体としての団結のバランスを図るという公序の立場から認められるに過ぎないのである。

以上の論理を、組合の統制権について最近、学説・判例上論議の盛んないわゆる「政治活動」について統制権が及ぶかどうかという問題について説明すると次のようなことになる。団結権説によれば、統制権は団結権に基づき団結強化を目的とする組織的権利であるから、当然団結活動としての政治活動に及び、統制に従わない組合員を規制する効力をもつ（理論上は服従の履行請求権ともなる）。これを制約するのは、市民としての政治的自由を保障した他の憲法規範ということになる。これに対して、団体固有権説では、統制の権限が合意に基づく目的の範囲においてのみ認められるから、まず、当該政治活動が目的の範囲外であれば権限踰越の行為となり、目的の範囲内であれば、組合員は一応、決議に服する義務、従って法的には決議違反に基づく処分を不服として法廷で争わない義務を生ずる。しかしかかる意味の統制権は別に団結権に基づく直接的権利ではないから、統制処分が基本的人権の侵害となるようなものであれば、組合員はその有効性を法廷で争い得る（その段階ではじめて労働組合という団結体の特性が考慮されることになる）。統制権の問題はこのような消極的側面において解決するほうが合理的ではあるまいか。

第二に、比較法的観点からの問題点がある。労働組合における統制権の根拠が憲法上の「団結権」の保障から導き出されるという考え方は、比較法的に見てわが国独特のものである。しかしほんらい労働組合という団体は、その形態・種類に差異があるとはいえ、機能的には国際的に普遍性のあるものであるから、組合の統制権の根拠といった法理論上の問題では共通の視点から考える余地がありそうに思える。とすれば、わが国のように憲法に団結権の保障の規定をもっていない国における統制権の根拠はどのように説明づけたらよいのであろうか。憲法はおろか、実定法に明示の規定のない国は数多いが、統制権が否定されているところもあまりきくことがないのである。そしてそれは結社の自由が統制権の概念を包摂しているからに外ならない。戦前のわが国についても同じことがいえる。憲法二八条のなかった戦前においても労働組合は存在したのであり、そしてそこでは組織を守るために統制権が行使されたのであり、それは訴訟を通じて確認される機会はなかったにせよ、法的に違法視されたようにも思われない。現行憲法によって初めて創設されたと考える場合にはこの点の説明ができないのではないであろうか。

最後に、以上のように組合の統制権の根拠を団結権に求むべきでないとすれば、組合が団結強化のために加える組織強制権は何処から生まれてくるのか、単なる結社権からそのような権利が生ずるのかという疑問が生ずるであろう。しかし私はこの点については、同じく組合の加える組織的強制であっても、それが組合員に加えられる「統制」と、それが当該組合員以外の第三者に加えられる「組織強制」（Organisationszwang）とを区別すべきだと考える。組織強制としてのユニオン・ショップは、除名という統制問題と非組合員への団結強制という二つの現象が密着しているため、法的にも両者を一つにして「団結権―強制」という一元的評価を受け易いが、裁判手続としてはともかく、法理論的にはそれぞれの法的根拠を峻別して考えるべきで、統制権としての除名が肯定されるからといって、組織強制が直ちに肯定されるわけではない。後者はまさに憲法二八条の問題であって、通説が説くように、その適法性は、同条が積極的団結権のみを肯定（消極的団結権を否定）したものと解すべきだからである。組合員に対する統制は、まさに組合の内部問題であって団結権の擁護や他の団結権侵害の問題は起こらないのである。

（1）　蓼沼・前掲書二一三頁、片岡曻「労働組合の統制権」別冊ジュリスト続学説展望一八六頁、昭和四〇年。外尾健一「労働組合の統制権」季労七〇号、昭和四三年。

（2）片岡曻「労働組合員の立候補の自由と統制権の限界」ジュリスト四一六号。山口＝加藤「同事件判例評釈」季労七二号。

（3）蓼沼・前掲書二一四頁。

（4）この点前掲三井美唄事件における最高裁判旨は、「統制」の概念に「勧告」および「説得」を包含させるという奇妙な論理をとった。およそ勧告や説得は、組合の統制行為としてなされるか否かにかかわらず言論の自由の問題であって「処分」としては問題になり得ないものである。判旨によれば、憲法二八条に基づく組合の統制権もこのような内容のものでしかないのである。この点は前記判例評釈のすでに指摘するところである。

（5）芦部信喜「私人間における基本的人権の保障」東大社研編・基本的人権1総論二七六頁、昭和四四年。

〔ジュリスト四四一号、一九七〇年〕

4　組合内部の紛争と司法救済

一　問題の所在

本稿でとりあげる問題は、労働訴訟のうち、労働組合の内部、つまり組織体としての組合[1]とその構成員である組合員（または組合員のグループ）との間に、あるいは一系列の組合において上下の組織間に生ずる紛争（以下略して「内部紛争」という）の法的処理[2]に関連するものである。

労働組合の内部紛争は、一般に市民間の争い、あるいは、労働訴訟の通常の形態である労働者対使用者間の紛争と質的に違うとされる。そこには、本来的に利害の相反する争いの当事者である市民間あるいは労働者使用者間と違って、使用者に対抗、闘争することを基本的目的ないし使命として労働組合に結集した労働者の間には基本的な対立はなく、あったとしてもそれは市民法的利益または権利の主張ではなく、組合内のいわば内輪の紛争調整の問題に過ぎない、という考えかたが基底にあるように思われる。この理論的前提の当否はしばらく措くとして、この種の紛争が、夫婦や家族間の争いと同じように、できる限り組織内部の、自主的解決手続により処理さるべきであって、したがって争いが裁判所に持ちこまれたとしても、裁判所による介入あるいは処理の仕方にも自ら限度があるべきことについては異論のないところであろう。組合の内部紛争は、組織自らの手で最終的に解決すべきだとする考えかたをいま、「組合自治の原則」と呼ぶとすれば、かかる自治の原則が組織にとっては外部の第三者である国家の司法機関としての裁判所による解決と相容れない概念であることは明らかである。したがって、裁判所が内部問題に関与することは、国家「権力」による自治介入になるから、この種の訴訟は一切許さるべきではないという絶対否定論も、議論としてはありうるであろう。

しかし、わが国の民事訴訟制度の下では、特に制定法規により出訴が禁止されていない以上、裁判所は何人かがその適法な権利や利益の侵害があったとして訴えを提起した場合、それが「内部」紛争だというだけの理由で訴えを拒否することは難しい。まして「内部」紛争が、果して純粋に利害同質的な「同志」間の争いに過ぎないかといえば、後に見るようにかなり疑問である。したがって、裁判所による内部紛争の解決が、理念的には団結自治の原則に抵触するとして望ましくないにしても、現実には、団結自治の原則と裁判所の「客観的」判断による社会的正義のための解決との「調整」という形で問題を処理せざるをえない。わが国における内部紛争の法的処理は、一般的に、このような状況にあるといってよいであろう。

ただ、内部紛争の性格が右のようなものであるだけに、わが実定労働法規は、そのようなケースを予定した積極的規定を何も用意しておらず、いわば法規の「空白」状態であり、そのことがまた、裁判所をして問題を処理するに当たっての裁判規範の発見を著しく困難ならしめている。これは、ひとりわが国だけの現象ではない。ともあれ、わが国の裁判所は、第二次大戦後約三〇年の試行錯誤を経て、ある程度の実務的ルールを形成するに至った。学説もまた少なからぬ関心をもって議論を展開しているが、本稿では、実務講座の性格上、前者に重点を置き、内部問題の訴訟形態、判例法または判例理論の形成過程を概観した後、実務上とりわけ問題となる若干の側面について検討を加えたい。

（1）　この種の訴訟でも労働組合自体の訴訟能力が問題となるが、本稿では除外する。園部秀信「労働組合の訴訟能力」（現代労働法講座(2)労働組合三二四頁）参照。

（2）　労働組合の内部紛争の訴訟は類型としては法人の内部紛争のそれに属する。しかし、法人一般の内部紛争はまことに多様であって（新・実務民事訴訟講座(1)福永有利「法人の内部紛争の当事者適格」参照）、統一的な法理を得るには遠い状況にあり、典型としての株式会社における株主総会の決議に関する訴訟理論のごときは、法人格の取得が実質上ほとんど意味を有せず、したがって、その一般的性格が「権利能力なき社団」として位置づけられる労働組合については、ほとんど参考にする余地がない。一方、権利能力なき社団の内部紛争に関する法理は、事例が乏しいこともあって、学説の岐れるところであるが、労働組合がその代表的事例となっているところから、むしろ労働組合関係の判例が前者の先鞭をつける状況にあるといえる。この種の紛争は internal relations of trade union の問題として各国の懸案課題となっているところである。

二　内部紛争の訴訟形態

内部紛争の訴訟当事者は、労働組合とその組合員、または上下の単位組織である。これまで判例に登場したケースの訴訟形式を紛争の種類別にみるとほぼ次のような形がみられる。

(1)　統制処分の適否をめぐるもの

①　（被処分者からの）処分無効確認請求

②　（同）組合員たる地位の確認請求

③　（同）制裁金債務不存在確認請求

④　（被解雇組合員からの）解雇無効・従業員たる地位の確認請求

(2)　再登録による組合員資格の剝奪をめぐるもの

①　（登録拒否者からの）組合員資格の確認請求

(3)　組合の内部運営をめぐるもの

①　組合決議の無効または決議不存在確認請求

②　組合決議の有効確認請求

③　組合から不利益な取扱を受けないことの確認請求
④　組合役職員または役職立候補者たる地位の確認請求
⑤　（脱退組合員からの）組合員でないこと、または組合を脱退したことの確認請求

(4)　組合費・組合財産をめぐるもの

①　（脱退者等から組合に対する）組合費徴収決議無効確認請求
②　（同）組合費の支払義務のないことの確認請求
③　（同）組合費返還請求
④　（脱退者等に対する組合からの）組合費徴収決議有効確認請求
⑤　（同）組合費支払請求
⑥　臨時組合費徴収の無効または有効確認請求
(イ)　闘争積立金
(ロ)　（他組合）支援カンパ
(ハ)　政治闘争資金
(ニ)　公職選挙活動資金
(ホ)　犠牲者救済資金
⑦　（脱退者等に対する組合からの）未・滞納臨時組合費の支払請求
⑧　（同）補償金等返還請求
⑨　（脱退者等から組合に対する）臨時組合費返還請求
⑩　（組合からの）組合財産所有権確認請求
⑪　（分裂グループから組合に対する）同引渡・分割・返還請求

(5)　右の事項の確認請求に基づく効力停止または地位保全を求める仮処分請求
(6)　右の事項に関連する損害賠償請求

三　判例法または判例理論の形成過程

二にみたように、現在までのところ内部紛争の民事訴訟の類型はそう多くはない。争いの内容も幾つかのタイプにしぼられるが、提訴の件数、判例の数はすでに相当数に達しているし、今後増加していくことが予想される。直接の実定法規が存在しない場合に、訴えに対して裁判所がどのような対応をするかは、立法政策論として興味のあるところである。しかし、わが国の裁判所は、第二次大戦後、特別の立法のないまま内部紛争の訴えを原則的に受理する政策をとり、その法理は「判例法」として形成されていった。その主要な軌跡は次のごとくである。

一　戦後、ユニオン・ショップ協定の普及がかなり急速に進んだこともあって、組合内部問題に関する判例法は、まず統制処分としての除名措置の有効・無効をめぐる民事訴訟の中で形成された。しかし、この訴訟の多くは、被除名者たる被解雇者が使用者を相手としてその解雇の効力を争うという形がとられたので、勢い解雇の有効・無効の方に重点が置かれ、内部問題としての除名処分をめぐる争いの法的性格や裁判規範の問題を深く検討することなく、むしろ「除名—解雇」の法理として出発した(3)。

二　労働組合の統制権の根拠や限界等に関する判例理論の展開を促進したのは、むしろ、組合の政治活動とりわけ支持政党をめぐる訴訟であった。多くの組合において、組合の統制違反に問われるような組合員の「反」組合活動＝分派活動はほとんど政党活動ないし政治イデオロギー的運動の対立から生じたものであったから、政治活動と組合統制に関連する係争事件は、戦後・比較的早い時期から除名処分の適否として登場していたが、町会議員の選挙に際し組合の推薦する統一候補に反対して立候補した組合員に対する統制処分が公選法違反に問われた三井美唄事件において最初の最高裁（大法廷）判決[4]が示され、その当否はともかく、判例理論の足場を提供した。

同事件は、公職立候補の自由に対する制約という公法的立場から提起された問題であって、政治活動の可否をめぐり組合と組合員とが四つに取り組む本格的な内部紛争事件ではなかったが、下級審の見解および判断が全く対立したこともあって、労働組合の統制権なるものの法的性格に関する最高裁としての判断が初めて示される機会を提供したわけである。同判決は、労働組合が、本来の目的達成のためにこれに付随して政治活動を行うことができること、そのために必要な統制権を行使しうること、その行使は立候補の自由のような基本的人権を不当に制約するし方で行われてはならないこと、（本件のように）統一候補に反して立候補する組合員に対する統制権の行使は「説得」「勧告」にとどめらるべく、「懲戒処分」にまで及んではならないことを説示した。

同判決はどの部分までが「判旨」として拘束力をもつのか必ずしも明らかではないが、その後、組合の特定候補支持の決議に違反して除名された組合員がその有効性を争った本来的な内部紛争事件である中里鉱業所労組事件[5]において、小法廷が右判旨をそのまま援用し、「この理は、労働組合の統制権と組合員の立候補の自由との関係についてのみならず、立候補した者のためにする組合員の政治活動の自由との関係についても妥当する」と判示したことにより、一の判例理論として定着を見ることになった[6]。

三　組合内部問題についての判例理論の形成を促したもう一つの大きな事件は、時代はやや下るが、組合費・組合財産をめぐる一連の訴訟である。この種の争いは、組織内の運動方針に関する見解の対立がエスカレートして組織的分裂状態に陥った組合において、離脱派と残留派との間に生じた。そこでは、組合が組合員から徴収した組合費の法的性格＝所有形態が初めて問題となるとともに、その所有権者の認定に関連して「分裂」か「集団脱退」かの分裂論議が生じた。

分裂概念を認めるかどうかで下級審の見解が完全に対立した国労大分地本事件において、最高裁は消極説に立ち[7]、そしてこの考え方が基本的に名古屋ダイハツ事件[8]、北洋相銀従組事件[9]等の民間労組事件についても踏襲されている。

四　一般組合費については、最高裁は品川白煉瓦岡山工場労組事件[10]において総有説に立ち、組合員の持分権を否定する立場を明らかにしていたが、闘争積立金については、全金大興電機支部事件[11]においてこれを組合員個人の積立預託金の性格をもつものとして争議中の脱退者にも払戻請求権のあることを認めた。

臨時組合費については、その目的上、強制的徴収の可否、脱退組合員からの返還請求権が問題となり、とりわけ争議行為の禁止された公企体労組の組織的分裂に伴う一連の訴訟における下級審の見解の対立にかんがみ、最高裁は、国労広島地本事件[12]において、臨時組合費の使途別に徴収強制の可否を説示する判決を下した。事例が、争議行為を禁止された公企体関係組合にかかわるので、普遍性があるとはいえないが、労働組合の目的と組合員の費用拠出の義務、または「闘争」目的と「共済」目的との関係について、下級審のよりどころとなる考え方を示した効果は小さくないといえる。

五　昭和四五年、全逓内部において地区本部支部間の運動路線の対立から生じた組織的混乱を契機に、全逓本部が支部組合員の組合員資格を一時停止し再登録制度を実施して審査に適合しない者の組合員資格を否認するに及び、再登録制を通じての組合統制の問題が裁判に登場した（全逓福岡中央支部事件・東京地判昭和五一・七・一四労判二五八号）。以後、全電通（福島支部事件・東京地決昭和五五・七・二一労判三四六号）、動労（組合事務所明渡請求事件・札幌地判昭和五五・一二・一一労判三四五号）においても同種事件が起きている。判例はいずれも、内部紛争におけるこの新たな統制方式について、これを除名あるいは除名と異ならないものとみて規約の定めによらない組合員資格の否認は認められない、とする見解を示した。この方式は、従来の除名や分裂とは若干違った問題点を含んでおり、判例理論が形成されるにはなお事例の集積が必要であろう。(13)

六

内部問題を損害賠償請求の形で争う訴訟はきわめて少なかったが、最近になって若干登場してきている。(14)損害が団結侵害という精神的なものであることもあって、判決で掘り下げた理論を示すものはまだ少ない。

（3）　一般的に、解雇権濫用の法理に立脚する「解雇正当事由説」の立場が支配的である戦後の判例法の下では、裁判所が除名をもって裁判になじまない組合の内部問題に過ぎないという理由によって、解雇の効力を争う訴えも却下するという不介入主義の立場を採る可能性は最初から乏しかった。この除名―解雇を一つの連鎖的法的現象として扱う考え方は、「除名の有効・無効は解雇の効力に影響を及ぼさない」とする「分離主義」に立った原判決を否定した最高裁判決（日本食塩事件・昭和五〇・四・二五民集二九巻四号四五六頁）により定着をみたところである。

（4）　最大判昭和四三・一二・四刑集二二巻一三号一四二五頁。

（5）　最判昭和四四・五・二裁判例民九五巻二五七頁。

（6）　ただし、本件事案は、組合が特定政党所属の全国候補を支持する旨の決議に加え、これに違反する行動をとった組合員を統制違反として処分することを決定しているので、前者すなわち特定政党の候補支持のみの場合の拘束力に疑問のあることが指摘されている。横井芳弘・労働判例百選（三版）一五四頁。同盟昭和ロック労組事件（大阪地判昭和五六・一・二六）は、右二つの最高裁判決を引用して特定政党支持の組合執行部を批判したビラを配布したことを理由とする除名処分を無効としている。

（7）　最判昭和四九・九・三〇民集二八巻六号一三八二頁。

（8）　最判昭和四九・九・三〇判時七六〇号九七頁。

（9）　最判昭和五二・一二・八労判二九四号五五頁。

(10) 最判昭和三二・一一・一四民集一一巻一二号一九四三頁。
(11) 最判昭和五〇・二・一八裁判集民一一四号一三九頁。
(12) 最判昭和五〇・一一・二八民集二九巻一〇号一六三四頁。
(13) 横井芳弘・労判二五八号、木内隆司・季労一〇四号、近藤昭雄・労旬一〇二一―二四号の各論評参照。
(14) 労働組合佐世保労愛会事件・長崎地佐世保支判昭和五二・三・二八労判二七四号四八頁、大阪市職員組合事件・大阪地判昭和五五・六・二五労判三四五号二四頁、対立組合間の事件として全逓九州郵政局支部・全郵政事件・熊本地判昭和五六・一・二一労判三六〇号七〇頁。

四　統制処分と法的根拠

一　労働組合における「統制処分」の意味を組合の組合員に対する「勧告」や「説得」といったほんらい強制的意味を有しない行為まで含めて解する立場[15]があるが、法的な履行enforcementまたは効果を論ずる場合には「処分」に伴う不利益という点に重点を置いて把えるべきである。私は、統制処分を、「労働組合が、組合規律に違反したことを理由として組合員（複数）に対し、組合員たる地位、資格その他組合員としての権利・利益を剥奪または停止する懲戒措置」をいうものと定義したうえで論を進めたい。

統制の主体は労働組合（訴訟当事者として組合を代表する執行委員会または執行委員でもよい）、客体は処分を受けた組合員であるが、下部組織（またはその執行部）自体である場合もある。規律違反とは、組合がその目的達成のため組合員に課した規律または忠誠（loyalty）に抵触する行動をとることである。その手続は、通常、組合規約の定めに従い、その旨の組合の決議が行われ、執行委員会がそれを履行する形で公示または本人に通告される。

統制処分における処分の法的性格は、私的（任意）団体内部における私的制裁行為の一つであるから、一般に「私法行為」（民法にいう「法律行為」になるかどうかは別問題）の領域に含まれるが、統制処分により組合員個人の公的利益が侵害される場合[16]には、その限りで「公法的性格」を含むことになる。

二　統制処分の「法的根拠」は何かを問うことは、私的制裁行為としての処分＝不利益の賦課が法的に争われた場合の裁判＝法規範は何かを問うことである。

この問題は、わが国では、統制権の法的根拠は団結権かそれとも団体固有の権利かという形で論じられる傾向にあるが[17]、具体的な裁判規範を求める実務の次元では、労働組合という一つの団体における組合員・組合間の関係の法的処理の形式を検討することから始めなければならない。考えかたとしては、大別して、契約法的処理と団体法的処理の二つの類型を挙げることができる。

前者は組合と組合員の関係を個々の組合（加入）契約の集合体とみて、争いを契約法一般の原則によって処理しようとする考えかたである。この考えかたに立って、訴えを組合員契約の違反として一般市民法の契約法の原則により処理することは不可能でも不当でもないが、そこでは、組合員の単なる集合体とは別の労働組合という実体が軽視され、組合員の地位（status）をめぐる争いという特性が稀薄化して実態にそぐわない解決となりやすい。イギリス法の場合がその例証である。

後者は、争いを労働組合という団体の内部運営から派生した組合員の苦情の問題として把え、団体の内部法の法理によって処理しようとする考えかたである。

わが国では、後者の考えかたが学説・判例上支配的であるが、この処理方式をとるについては、実定法が一般に、労働組合のようなほんらい法人でない任意団体の内部紛争について特別な定めをしていないところから、裁判規範としての法規範を何に求めるのかその説明を要する。

第一の説明は、裁判規範を直接、憲法二八条に求めるものである。これは通常、「労働組合は、憲法二八条の団結権保障の結果として、その組合員に対する統制権の行使を認められる」という形で表現される。最高裁判決もそのような表現を用いている[18]。それは、私的制裁としての統制処分が公的（または法的）に許容される憲法上の根拠として、使用者に対抗することを団結目的とする労働組合の必然的要求に求めるという観点からみて基本的に正しいと思う。

問題は、憲法二八条それ自体が統制処分をめぐる争いの裁判規範となりうるかである。訴訟は、主として被処分組合員が組合による処分を自らの団結権の侵害のゆえに違法、無効と主張する形で提起されるであろう。これに対し、被告としての組合側は、問題の組合員の規律違反行為を放置すれば、組合員全体の団結権の侵害・弱体化が生ずるがゆえに団結権の防衛のために統制処分を行ったと反論する（逆の場合も主張は同じである）。この場合、双方が援用する「団結権」とは、厳密にいえば、使用者に対する防衛権としての団結を保持する権利である。統制処分を行う側もこれを受ける側も団結権の保障をもって対抗するとすれば、裁判所が争いを決するための具体的裁判規範はさらに何であるかが問われねばならない。

第二に、憲法二八条に基づく労働組合法をもって具体的な裁判規範とする考えかた[19]である。労組法は、労働組合を一の社団として位置づけ、社団としてのありかたないし基準を設定し、団体交渉とか争議行為といった組合と組合員の特殊の行動形態を法認している。右の諸規定は、裁判所が内部紛争を法的に取り扱うに当たって考慮すべき当然の前提である。しかしながら、労組法も、組合の内部運営については、若干の規制を除いて、すべてこれを組合規約の定めるところに一任するという法政策にとどめており、組合規約それ自体に法的強行性を付与したとは解されない。したがって、労組法五条、一〇条、一二条等の規定をもって内部紛争処理の裁判規範とすることは無理であろう。

労働組合の内部紛争についての裁判規範が直接実定法規に求められず、契約法的処理にも問題があるとすれば、われわれは、結局、労働組合が団結権保障の趣旨に則り、その綱領、規約等の定めに従って保有している固有の規律権に着目し、その自主的規範に一定の法的機能が認められるもの[20]として、これを裁判規範の拠りどころとする考えかたに立つのが最も自然だと思われる。右の自主的規範には、適法になされた組合の決議や確立された慣行を含めて差し支えない。そして、組合の統制処分が、これらの自主規範に準拠して行われている限り、裁判所は、この規範の適法性に疑問がない限り、これを法規範に準ずるものとして裁判を行うことになるが、具体的には次のような形で進行することになろう。

まず、被処分者側は、組合の行為について責任を負うべき執行委員会が、準拠すべき規約の目的または手続に反し、その委託された権限に反して行動したがゆえに、その決議とそれに基づく措置は無効と主張することになる。この主張は、統制処分のみならず、他の内部紛争でも原則的に同じである。これに対し、処分者側は、被処分者の反組合的非行を挙げ、処分がその権限に基づく適法なものであると反論することになる。

右当事者の主張に対し、裁判所は、まず、組合の主張する規約等の自主法規範が裁判所の解釈を通じての下で裁判規範たりうることを確認した後、組合を代表する執行委員会の措置が組合の「目的」または権限の範囲内（intra vires）のものであるか、それとも権限外（ultra vires）であるかを判断し、もし後者であれば組合自体の行為としての有効性（効力）をもちえないことを法的に宣言するという形で判決をするのである。

この「権限踰越」の法理は、もともとイギリスの会社法の判例法として発展したものであるが、わが国でも公益法人における「目的ノ範囲内」の権利能力の定め（民法四三条）等からみて団体法理の一つとみて差し支えなく、また判例の採用しているところでもある。ただ、組合の「目的」といっても、規約上、抽象的で、執行委員会の権限ないしその範囲も必ずしも明確でないことが多いから、裁判所がその相当性を判断するについては、組合員の権利・義務の解釈について契約法の諸原則を援用することは許されるとみるべきである。

以上のように、裁判所が内部紛争の訴訟に当たって裁判規範を原則的に組合の自主法規範に求めるという考えかたをとることによってはじめて、この種の訴訟が一般民事訴訟と異なり、組合員の利益の均衡上、放置しえない程度に達した紛争のみをとりあげ、紛争の調整者としての役割りを果すという passive な性格にふさわしい対応が許され、かつまた司法「介入」の批判に答えることができると考える。

三　統制処分の有効性の争いは、処分の原因、程度および処分の手続の三つの面で問題となる。

(1)　処分の原因または対象となる行為

主要な先例を類型でみる。

(イ)　組合の政治活動と抵触する組合員の政治活動（または行為）

特に組合の支持政党につき、組合の組合員に対する拘束とこれに違反した組合員の統制処分の有効性をめぐる紛争が主要部分を占める。判例の形成過程で見たように、最高裁の基本的考えかたが示されて以後、裁判所の処理のパターンはほぼ定着したように見える。もっとも、前記最高裁判例において対象とされた事案の特殊性から見て、組合員の政治ないし信条に基づく活動がすべて無条件に組合の統制処分の対象から外されたとは必ずしもいえない。むしろ、今後、組合員の「政治」に対する対応のしかたが多極化するにつれてさまざまな紛争の生ずることが予想される。

(ロ)　組合の方針と抵触する組合員の組合活動

組合員が組合（執行部）の組合運営について公然と中傷、批判したり、あるいはグループを作って組織的な反執行部行動（分派活動）に出た場合に、組合側が、どの程度の反組合活動であればこれに統制処分を加えることができ、そしてそれが訴訟に持ち込まれた場合に法的な許容（sanction）を得るかということはなかなか困難な問題であり、事案に即して判断するほかないであろう。

ただ、ほんらい組織内部の問題であるから、裁判所としても一般市民の言論の自由ないし思想・信条の自由の保護とは若干異なった、ある意味では政策的なスクリーンにかけて判断することが必要であろう。この場合、「団結（権）の保持」とか「組合民主主義の理念」というような抽象的基準だけでは、争いの当事者双方がそれを主張する以上、決め手にはならず、争いの具体的解決のための裁判規範を示すことが必要である。

判例は、戦後初期には、特に政党関係文書等による執行部批判に対し統制処分の行使を認める傾向にあったが、(21)政党支持の自主性に関する前記最高裁判決の影響もあって、組織内の批判活動の自由をなるべく広く認める方向に動いてきた。もっとも、最近の判例からみるといちがいにそういえないものがある。例えば、統制処分の効力を否定したものとして、組合の方針に反し労災補償の上積みを求める従業員を支援する会の一員として活動したことを理由とする除名処分を無効とした東海カーボン事件（福岡地裁小倉支判昭和五〇・七・三から福岡高判昭和五五・一二・一六まで仮処分を含め五件）、および組合の同和運動方針に反する組合員の組合活動を理由とする権利停止処分を無効とした大阪市職員労組事件（大阪地判昭和五五・六・二五）、同じく、配転拒否による解雇者を支持しない旨の組合決議に違反して分派活動をしたとしてなされた権利停止処分を無効とした泉自動車労組事件（東京地決昭和五三・二・一三）がある。とりわけ注目を引くのは、春闘時のスト決議に反対する行動をとった組合員の除名を無効とした阪南港運事件(22)（大阪地判昭和五二・五・九）である。

これに対し、東京税関労組事件（東京地判昭和五五・五・七労判三四一号二三頁）では、組合青年部の役員が超勤費等の要求につき自組合の方針に反し競合関係にある全税関労組と共同行動をとったことを理由とする除名処分の有効性が争われたが、判旨は、超勤手当等の労働条件要求の問題は、まず組合内部で提起し、組合を通じて要求をすべく、一部の組合員が独自のやりかたを通し、組合の組織、規律、秩序を乱すときは、組合として統制を加えることができるとして、右除名処分を有効と認めた。(23)

結局、「思想」や「政治」にかかわる対立から生ずる紛争以外については、裁判所は、これまでのところ、「ユ・シ解雇」問題との関係もあって、団結強化の要請と組織内活動の自由のどちらに優越的価値を求めるかの態度をきめかねているという状況にあるといえそうである。

(ハ)　違法争議指令の拒否

会社のロックアウトに対抗して強制就労を実施すべき旨の組合の指令を違法と主張して、争議解決まで強制就労の指令に従わず不就労の態度をとった組合員が、組合から除名処分を受け、その無効確認の訴えを提起した大日本鉱業発盛労組事件（秋田地判昭和三五・九・二九労民集一一巻五号一〇八一頁）が典型的裁判例である。判旨は、指令あるいは指令に基づく行動が客観的に違法であれば組合員はこれに服する義務はない、として原告の請求を認めた。「違法」の意味は違うが、最高裁は、後述の公労法一七条に違反する争議行為遂行のための臨時組合費の納入義務に関連して、「組合員が一市民として法律遵守の立場をとることは是認されるべきであり、多数決によって違法行為の実行を強制されるべきいわれはない」と述べている。

これに対し、学説は、労働組合といえども、その内部運営について国家法の規範に従った公正さを要求されるとの立場からの肯定説と、団結のモラル維持の観点から統制処分を認める否定説とに分かれる。[24]私見では、組合指令が国家法に反してはならないことは当然としても、争議指令が「違法」という場合の、その違法性の意味、程度、および組合員の違法の認識の程度に従って結論を異にすべきものと考える。[25]

組合の指令が、国家法ではなく、組合規約の所定手続に違反するという場合にも、同種の問題が起こりうるはずであり、その場合、重大な手続瑕疵を不問に付して多数決に従うことが団結のモラルに資するとはいえないであろう。

右のいずれの場合についてもいえることであるが、組合員は「違法」争議指令に抵抗して「わが道を行く」前に、当該争議行為あるいは指令に従う行為が違法で無効であることの確認またはその差止め（仮処分）を求めて積極的に訴えを提起すべきかどうかがもう一つの問わるべきテーマである。私見では、これもやはり「違法」の重大性、緊急性いかんにかかり、そして、組合員はいずれの途を選ぶかの選択の自由を有する（すなわち、後者の訴えをしない以上、組合の統制処分が当然、肯定されることにはならない）と考える。

(2)　処分の程度

組合の統制処分としての制裁の種別には、主として譴責（戒告）、制裁金（罰金）、権利停止、除名がある。その意味については組合規約の定めるところに従い、規約に定めがない種類の処分をとることを必要とした場合[26]には、組合は大会等で規約を補正するか、補正に準じた手続を採択したうえで、その処分をなすことができる。その手続を経なければ、手続上瑕疵ある決定となる。

この制裁方法は、労働組合のみならず、何らかの意味で統制規律を必要とする他の団体においてもみられるところであり、また企業が従業員の非行に対し、服務規律違反を理由として科す懲戒処分としての譴責（戒告）、減給、出勤停止（休職処分）、解雇の法的取扱に共通した性格をもっている。

右のいずれの場合も、制裁方法の選択については、規約や就業規則の定めに羈束を受けつつも原則的に処分者側に裁量権があることは明らかである。ところで、なされた処分の当否をめぐる裁判所での争いにおいて、任意団体、労働組合、企業のそれぞれの場合につき、裁判所の介入の度合いに何らかの差異を認めるべきであろうか。[27]

私は、相対的にではあるが、任意団体、労働組合、企業の順に、司法介入の必要性（逆にいえば許容性）が高くなると考えてよいと思う。任意団体と労働組合とでは、前者も強力な内部統制を必要とする場合があるとはいえ、その利益保護の社会的価値は労働組合の場合より小さい。労働組合は、団体交渉とか争議行為のようにその統制力を集中して文字どおりその組織を挙げて使用者に対抗しなければならない団結体であること、他方、一般の任意団体に比べると、その目的達成上、法的保護、特権あるいは法的規制などを受け、ある意味では公法上の団体に類似した性格をもっていること、統制処分権の濫用の及ぼす社会的影響がより大きいことからみて、統制処分の適否をめぐる争いの社会的価値はより高いとみられる。[28]これに対し、企業における懲戒処分は、企業という一の組織体内の紛争とはいえ、不当な懲戒処分により従業員が蒙る不利益は各人の労働契約上のそれであるから、たとえその不利益の程度が些少であったとしても従業員は原則的に司法救済を求めうる地位にあると考えるべきである。これに比すれば、労働組合の場合は、統制処分の目的が職場の秩序維持ではなく、組合の統制力、すなわち組合の組織的「圧力」の保持という点にあるのだから、組合員としての地位や活動に大きな影響を与えない注意処分程度のものは、裁判所での争いになじまないとみるべきであろう。総じて組合の自主的判断の裁量の余地が企業の場合より大きくて当然である。

(3)　処分手続の瑕疵[29]

組合規約または細則に制裁機関、施行手続（ルール）等が明示されている場合には、これに準拠すべきことは当然であり、これが守られない場合には、被処分者は裁判所の確認と救済を求めうる。[30]

その場合、裁判所が組合規約それ自体の適法性または合理性を判断しうるかどうかが問題となるが、法違反（公序良俗違反を含む）の場合は別として、原則的に規約の合理的解釈の範囲にとどめるべきである。

ただ問題となるのは、規約が、被処分者の弁明・防御権を中心としたいわゆるナチュラル・ジャスティスの原則に関する具体的定めを欠いている場合に、裁判所がその違反（正確には不充足）を理由として処分の無効を判断できるかどうかである。初期の判例には消極例もみられたが、[31]最近の判例はむしろ積極説の傾向にある。[32]この原則は、任意団体の自然法として発達したもので、人権擁護の法理であるが、組合規約にその趣旨の規定がなく、また、慣行等からその存在を類推しえない以上、裁判所が当然、規約にその定めがあるものとして扱うことは無理である。せいぜい、統制処分権の濫用があるかどうかの判断に際して考慮すべき一ファクターにとどめるべきであろう。

(15)　前掲三井美唄炭鉱労組事件の最高裁判決の考えかたでは、組合が政党支持の決議をして、組合員にその遵守を説得するにとどまり、何らの強制をしない場合でも、「統制」を加えたことになる。

(16)　事例としては前掲三井美唄炭鉱労組事件が唯一の例である。本件では、組合が、その決議にもかかわらず、これに逆らって公職立候補者となろうとする組合員に断念するよう求め、また当選後一年間の権利停止処分をしたことが憲法一五条一項に違反し、公選法違反に該当するとされた。結局、組合の統制処分行為が、選挙の自由という「公的」利益を侵害したものとして、その執行委員の刑事責任が肯定されたことになる。公選法違反の刑事責任が問われない場合にも、被処分者が組合決議または統制処分の有効性を争うことができる。その典型が中里鉱業所労組事件である。これは私法関係事件であるが、「選挙の自由」の侵害という意味において公法的関係を含んでいる。

(17) 最も新しい文献として、注釈労働組合法(上)二〇九頁以下。現代労働法講座(2)労働組合所収の「労働組合の統制権」特に佐藤昭夫「統制権の根拠」および所収の文献参照。

(18) 前掲三井美唄炭鉱労組事件参照。

(19) この問題にはじめて深い理論的解明を試みた論文として、浜田冨士郎「労働組合内部問題法の基礎理論的考察」久保還暦記念・労働組合法の理論課題、および同「組合民主主義と団結自治」現代労働法講座(2)労働組合八二頁以下。

(20) 組合規約それ自体を法規範として認めるのと、これらの自主法規範を裁判所が法規範に準ずるものとして裁判規範と認めたうえで強行性を付与するのとでは、結論に違いがなくても、法と裁判とのかかわりの認識のうえで大きな差異があると考える。

(21) 外尾健一・除名（総合判例・労働法(1)一〇七頁以下参照。

(22) 判旨は、原告らの態度が組合の闘争態勢を崩し、その内部統制を乱すもので、組合が団結を維持するため何らかの制裁を加えようとしたのも無理からぬことしながら、「結局ストが決行されないで終ってしまった本件の場合」には、原告の言動、態度が「組合の決議に違反した」とはいえない、としている。判決は結局、解雇からの保護を団結保持の価値に優先させるという政策的立場をとったことになる。

(23) 近藤昭雄氏（労旬一〇二一―四号）は、東京税関労組事件に関し「労働組合は組合員の個人的な権利利益追求の組織体であるから、組合員の自己利益追求の運動が分会や支部の運動に高められたときは、本部や組合全体の多数意思との関係において同じく保障さるべき」だとする視点から、判決の結論に反対しているが、運動に「高められた」という状態をどのような法的事実として認定するかが問題となろう。

(24) 菅野和夫・労働判例百選（第四版）一二二頁参照。

(25) ロックアウトのように、その合法・違法の基準が裁判所の認定をまたなければ決しえないような事例については、特にそうである。

(26) 例えば、組合規約に戒告や権利停止のようなより軽い処分は定めてあるが、除名の定めがない場合、あるいは逆に除名の定めはあるが、より軽い処分についての定めがない場合などである。

(27) その設置が法律に基づいてなされる公法的組織においても、メンバーに対する組織の内部統制処分は起こりうる。これは、統制処分というより行政行為に近いが、例えば議会が議員に対して加える懲戒としての出席停止措置が司法審査の対象となるかどうかにつき、最高裁大法廷（最大判昭和三五・一〇・一九民集一四巻一二号二六三三頁）は消極に解している。

(28) もっとも、この点については、団体自治の原則はいかなる任意団体よりも労働組合において最も強く要請さるべきだとの立場から、逆の考えかたもありうる。

(29) 木内隆司「統制手続」現代労働法講座(2)と引用の文献参照。

(30) 秋北乗合自動車労組事件・秋田地大館支判昭和二八・一二・二四労民集四巻六号四九三頁、田中機械労組事件・大阪地決昭和四九・一二・二五労判二一七号三三頁。

(31) 旭川小型タクシー労組事件・旭川地判昭和三三・三・二八労民集九巻二号一一四頁。

(32) 古河目尾労組事件・福岡地飯塚支判昭和四〇・七・五労民集一六巻四号五六一頁、全金光洋電子工業支部事件・東京地八王子支判昭和五〇・八・一五労民集二六巻四号七一〇頁、日本液体運輸労組事件・東京地判昭和五四・一〇・一一労判三二九号二二頁。

五　組合内部運営をめぐる紛争の法的救済

組合の組合員に対する統制処分以外の組合内部紛争が訴訟に持ち込まれた場合、その法的処理関係は前者の場合と同一に考えらるべきか。それとも、この場合は、統制処分におけるように組合員たる地位身分に影響する不利益が直接生じないだけに法的処理として差異が認めらるべきか。そして、もしそこに差異を認めるとすれば、その区分、程度あるいは根拠が検討されねばならない。

例えば、組合運営についての組合の決定に関し、反対少数派の組合員が、もし組合決議のままに放置すれば組合または組合員の利益が毀損されるおそれがあるとして、訴訟によりその履行の阻止をはかる場合などが考慮の対象となる。組合決議が何らかの意味で違法である場合には[33]、違法性の程度にもよるが、決議自体が無効となる[34]ので、前記**四**の**三**の場合に準じた取り扱いになるが、問題は、違法とまではいいえない場合である。

消極説（訴えの提起を否定する考えかた）の論拠としては、かかる問題についての訴えを認めることは、①組合の団結権保障の趣旨に反し、団結侵害となること、または、②組合自治の原則に反し、「司法介入」となること、あるいは、③訴えの利益が認められないこと等が挙げられると思われる。

これに対し、積極説（訴えを肯定する考えかた）は、少数組合員の利益保護の観点から、右消極説の各論拠に対して、①少数派の団結権も保障さるべきこと、②自治の原則が必要であるとしても、訴えを全面的に排除する理由はないこと、③訴えの利益が具体的であれば訴訟になじまないとはいえないと反論することになるであろう。

私見を示そう。この種の訴えには、確かに少数派組合員の個人的または集団的財産権の侵害を含む不利益結果の防止という、それ自体、訴えの却下理由を見出しがたいケースが含まれている。団結権の保障や自治の原則も、少数派の利益を法的に無価値なものとみなしうるほどに絶対的優越的なものではありえない。

しかし、組合が適法な組合規約[35]およびそれが定める手続[36]のもとに決定した政策方針・措置について、反対少数派からの異議申立て（決議無効、効力の差止め、不拘束の確認の訴えなど）をいちいち裁判所がとりあげて司法審査を加えるとすれば、その結果はどうなるであろうか。内部問題の法的処理問題の特質はまさにこの点に現われる。明らかに、裁判所は、この種の訴えに対して、統制処分のケースと同様、またはそれ以上に介入抑制の立場に立つべきである。

介入抑制の原理は、次のように考えらるべきである。すなわち、労働組合（の多数派）を代表して行為する執行部（場合により大会その他）の行為は、その内部的自主規範に沿い、重大なる手続上の瑕疵がない限り、組合員の一般利益を適法に代表しているとみなさるべきである。この「適法の推定」は、それが、組合（執行部）としてさきに述べた「権限踰越」を犯しているとみなされる場合に限り破られ、したがって反対組合員からの訴えが許容さるべきである。もっとも、執行部の行為が目的外または権限外であるかどうかについての、規約等自主法規範や、場合により慣行等の解釈は、裁判所の裁量に属するから、最初から訴えそのものを封ずることは困難であろう。

(33) 組合が違法な争議指令を出した場合などがその典型である。

(34) かかる決議が違法、無効で公序良俗に反するような場合には、理論上は、当該争議行為の直接当事者でない第三者でも、自己の法的利益侵害の可能性を理由に決議の履行を差し止める仮処分を申請しうると考えられるから、組合員もその一人として、かかる措置をとりうることを否定できないであろう。

(35) 組合規約の「適法性」の裁判所による判断は、労組法五条二項に定める労委の資格基準との関係でまず問題となる。私見では、組合規約が同項の定める要件を充たしていない場合にも、全体的にも、部分的にも直ちに無効（無効としても同項の定めが直律的効力を有するとは解されない）とはいえず、無効かどうかは、裁判所が、当該規約が公序良俗に違反するかどうかのスクリーンにかけて判断するほかないと考える。

(36) ダイハツ労組事件（大阪地決昭和五六・七・九）で、裁判所は、「組合三役等に立候補する者は各支部ごとに一〇名以上の推薦を要する」と定めた改正選挙規定に基づく選挙の差止めを請求した組合員の仮処分申請を認容し、かかる改正は「組合員の機関運営への平等な参加権を侵害し、組合民主主義と相容れない」ものとして無効と判示した。この解釈は、改正前の組合規約の変更の合理的範囲（限度）を示すものとして首肯しうるが、もし規約が最初からそう定めている場合にはどうなるであろうか。

六　組織の継続性（脱退・分裂）の認否の問題

ある組合組織において一部の組合員が組合運営方針に不満をもち組織の改編を図って新組織を結成し、しかも基組織との組織的関連性を主張して、組合資産に対する所有ないし持分権を訴求した場合、訴訟法上、これを単なる組合員の基組織からの集団的離脱（脱退）として扱うか、それともこれによって基組織が解体して、離脱派と残留派の二つの組合組織に「分裂」したものとして組合資産の所有関係にも変動を認めるかどうかが問題となる。産業別ないし全国単位の「上部」組織たる組合から、一「下部」組合が組織的離脱を試みる場合にも、原理上は同一である。

この「分裂」なる現象を法的にも認めるかどうかで、議論は否定説と肯定説に分かれる。[37]

否定説は、およそ労働組合は、労働者の団結体として、一旦結成された以上、正式な解散手続をしたか、あるいはその組合員がすべて基組合組織の消滅を認める意思を表示したという事実が存しない限り、存続しているものとして扱うのが団結尊重に叶うところであり、単に基組織の残留派に対し離脱派が数的に優越していることだけで、そこに組織の本質が変更されたとする「支配的」意思を推定するのは誤りだとする。

これに対し、肯定説は、特に残留派の激減によって基組織の機能に重大な変化が生じ、基組織自体が離脱派の新組織と残留派の新たに結成しなおした組織とに実質上改体されたとみられる場合には、基組織は消滅し、新たに二つの組合が結成されたものとして扱うほうが、実態に即し、組合員全体の意思すなわち団結尊重に沿うゆえんだとする。ただ、肯定説も、組合資産の関係では、残留派がたとえ少数であっても、基組織名による組織の同一性を主張している限り、基組織を法的に消滅したものとして扱うのは無理であるところから、実際には、せいぜい離脱派組合の組合員数に応じた持分権を認めるにとどめることにならざるをえない。少なくとも、組合資産総有説の立場に立つ限りそうである。既述の国労大分地本事件最高裁判決[38]以来、判例の圧倒的多数が否定説の立場に立っているのはこのゆえと思われる。[39]

なお、分裂・脱退に関する裁判例は、ほとんど次に述べる組合費・組合財産の帰属をめぐる係争において扱われている。

脱退に関しては、さらに二つの問題が提起されている。その一つは、組合が規約等において組合員の脱退を組合の「許可」にかからしめる脱退の制約の可否の問題である。[40]通常、脱退は「形成権」だから規約にどのような定めがあっても拘束を受けないという説明がなされるが、何ゆえ、形成「権」なのかが問題である。ほんらい組織に加入するかしないかは結社の自由（憲二一）の問題であって、組織への加入強制は許されないのであるが、わが憲法は結社の自由の保障とは別に「団結権」を保障しており、そしてその保障は、団結しない自由（消極的団結権）を含まないと解するのが支配的見解である。とすると、組合員の組合からの脱退は全く自由といいうるかどうか疑問となる。団結を侵害するような時期または態様の脱退が権利の濫用として許されないとする考え方も学説では有力である。(41)

判例には、「脱退には組合の承認が必要」とする組合規約は、脱退の自由を不当に制限するもので無効としたものがあるが、(42) 右のような組合規約も、脱退の意思表示が明確でない場合の基準の意味を有するから、裁判所としては、右規約に基づく組合の脱退不許可の決定が拘束力を有しないことを判断するにとどめるべきである。

もう一つの問題は、企業内支部組合が「組織」加盟している産業別上部組織（いわゆる単産）から支部自体の脱退を決議した場合に脱退反対派組合員に対する拘束力をもちうるかどうかである。この単産からの支部単位の脱退が組合員に及ぼす脱退の連鎖的効果（いわゆるひきさらい効果）について、判例は、全損保からの支部離脱の二つのケースにおいて否定・肯定の相対立する見解を示している。(43) 私見としては、組合員の組織選択の自由を最大限に認めるという見地から判断すべきものと考える。

(37) 最も新しい文献として芦川豊彦「組合分裂と財産の帰属」および所収の文献（現代労働法講座(2)労働組合二九八頁以下）。

(38) 判例評釈として瀬元美知男・昭四三重判解説、下井隆史・判評一九二号、浜田冨士郎・季労九五号、山口浩一郎・判タ三一九号、高島良一・民商七三巻二号、三宅正男・昭四九重判解説、安枝英訷・労働判例百選（第四版）。同判決は国労の地方組織に関するものであるから、その拘束性に限定があるとみるべきであろう。

(39) 組合員の集団的離脱と新組合の結成という実質的分裂状態を肯定しながら、脱退組合員が「組合内部において統一的組織体としての機能を保持するように最大限の努力を尽くさなかった」ことを理由に「組合分裂の法理」を適用しえないとして組合財産分割請求を否定した事例（札幌地判昭和五三・一・一七判タ三六九号二八九頁）がある。

(40) 梅田武敏「加入・脱退」現代労働法講座(2)労働組合一二六頁。

(41) 有泉亨「組合員の加入・脱退・除名」労働法大系(1)二六五頁、外尾健一・労働団体法一三二頁。最近の判例として、全金協和精工支部事件・大阪地決昭和五五・六・二一。

(42) 国労大阪地本事件・大阪地判昭和四七・八・二三労民集二三巻四号四七八頁、日本鋼管事件・横浜地決昭和五五・三・三一労判三三九号一〇頁など。

(43) 否定判例として、住友海上火災保険会社事件・東京地決昭和四三・一一・一五判時五五五号四頁、全金プリンス事件・東京地決昭和四一・九・一七労民集一七巻五号一〇九三頁。肯定判例として、富士火災海上保険会社事件・名古屋地決昭和四三・六・二六労民集一九巻三号八〇一頁がある。

七 組合費・組合資産をめぐる問題

一 組合員が、組合を相手として組合費・組合資産の持分を主張する争いは、組合内部紛争であると同時に、財産法上の争いの性格をもっている。そのうえ、従来の係争の多くは、**六**で述べたように、統制処分あるいは分裂・脱退のそれに関連して起こっており、その点で、より複雑な性格をもつ問題となっている[44]。

二 組合資産は、使用者から貸与されている組合事務所を除き、主として、組合規約に基づき、組合員から拠出された組合費により創出されたものであるが、規約に特別の定めのない限り[45]、一旦、徴収され、組合資産として受け入れた以上は、組合自体の所有に帰すると解すべきである。労働組合の所有の形態は、法人であれば組合の単独所有であることにほとんど異論はない。法人格のない組合の場合も、権利能力なき社団としての団体それ自体の所有関係[46]であると解するのが通説である。前掲最高裁判決(昭和三二・一一・一四)も、権利能力なき社団たる組合における集団脱退ないし分裂の事案につき、「総社員の同意をもって、総有の廃止その他財産の処分に関する定めがなされない限り、現社員および元社員は、当然には右財産に関し共有の持分権又は分割請求権を有しない」と判示している[47]。

三　一般組合費とともに定期に徴収されるが、闘争積立金、共済基金、政治基金など徴収目的または支出目的を特定した組合費については、一般組合費と異なり、規約上、組合員資格を失った場合に払い戻しを定めている場合が多い。脱退者についても右の特約が適用され、払戻義務があるかどうかは、理論的にも微妙な問題を含む(48)が、前掲最高裁判決（昭和五〇・一一・二八）が肯定の立場をとってから下級審もほぼこれに従っている。

四　組合費のうち、特定の目的のためその都度、決議に基づいて徴収する臨時組合費については、法的には、労働組合が特定の目的のための費用の徴収の決議をすることができるかどうか、決議が有効だとしても、これに反対する組合員を拘束しうるか、が問題となる。実際の訴訟では、反対組合員が組合を相手として決議の無効、決議不存在の確認、決議の無効を前提として納入義務なきことの確認を求め、あるいは脱退組合員が既納分の返還を請求し、逆に組合が不払の組合員を相手として決議の有効、納入義務の存在を前提とする取立の請求、あるいは脱退・未納組合員に対する取立の請求をなすという形で争いになっている。

判例は、徴収目的の内容いかんに応じて右の係争に対応してきているが、これまでの事例では、組合員の側から徴収決議の無効、効力の停止、または納入義務の不存在を争ったケースよりも、組合の側から組合員に対し不払組合費の支払請求を求めたケースのほうが多い。

紛争は、広義の「政治」politics目的に関連するものが大部分である。そのうち、組合が特定の政党ないし候補者を支持するために徴収する臨時組合費については、既述の統制処分問題をめぐる最高裁判例の「間接効果」として組合員を拘束しないとする消極説の考えかたが有力であった。そしてさらに、国労広島地本事件を契機として「他労組共闘・支援資金」、「安保資金」、「犠牲者救済資金」、「政治意識昂揚資金」の臨時組合費としての拘束性（納入義務）が多岐に分かれた下級審見解の統括として最高裁により示されることにより定着するに至った(49)。右各資金は、国労など官公労組の置かれたかなり特殊の情況に由来するので、これに関する裁判所の解釈または判断が、どれほど一般私企業関係組合のそれに普遍性をもつか疑問であるが、考えかたのパターンを示すものとして検討しておこう。

(1)　他組合支援のための資金

本件で「炭労資金」と略称される臨時組合費は、国鉄志免炭坑の民間払下げ反対闘争のための支援および（犠牲者）救援資金として徴収されたもので、最高裁判所は、これを「上告組合自身の闘争のための資金ではなく、他組合の闘争に対する支援資金」と性格づけたうえ、「炭労の（国家の）石炭政策転換闘争の支援を直接目的としたものでなく、主としてその企業整備反対闘争を支援するための」資金であったという理由で組合の「目的達成に必要なものでなかった」との原判決の判断を覆し、「炭労の闘争目的から合理的に考えるならば」右二つの闘争は決して「無関係なもの」ではなく、「直接には企業整備反対闘争を支援するための資金であっても、これを拠出することが石炭政策転換闘争の支援につながり、ひいて上告組合自身の前記闘争の効果的な遂行に資するものとして、『その目的達成のために必要のないものであったとはいい難い』」という言い廻しで、その徴収の適法性と組合員の協力義務を肯定している。

ある組合が政策利害の共通認識のうえに立って他の組合と（組合用語でいう）「共闘を組み」、その支援を決定するという、ただそれだけのことに、果たしてこれだけの議論が必要かどうか疑わしいが、他方、わが国の組合が「共闘」の名の下にとめどなくその活動領域を拡げる傾向からすれば、そのような組合資金の支出や調達を「目的外」ないし「越権」として阻止をはかろうとする組合員が出てきてもおかしくはない。最高裁は、原判決に比し、より柔軟な解釈を採ったが、そこには多少チェックの意味もこめられているのであろう。

(2)　「安保資金」・「政治的意識昂揚資金」

「安保反対闘争」のような組合運動は、政治、とりわけ政府の政策に対する組合の対応という意味では、常に古くして新しい問題を提供しており、その意味で本件は、組合の「政治活動」を象徴的に表す事例である。「政治的意識昂揚資金」とは、公職選挙における特定の立候補者支援のために、その所属政党に寄付する、いわゆる政治献金である。

後者については、支持政党を異にする組合員に対する徴収の強制は、政治的信条の自由に対する侵害になるとして、一・二審で否定され、最高裁もこれを支持した。

前者「安保資金」は、反安保闘争に参加して処分を受けた組合員の救済のための資金であるが、その拠出を組合員に義務づけることが、自己の意に反して一定の政治的態度をとることを強制することになる点で、一、二審は前者と同様、消極説をとった。しかし、最高裁は、このような政治的要求の賛否について組合の多数決をもって組合員を拘束し、その協力を強制することは原則的に許されないとの立場に立ちながら、かかる政治的活動に参加して不利益処分を受けた組合員に対する救済資金の拠出の強制のほうは、「組合員個人の政治的思想等に関係する程度が極めて軽微」という理由から、組合の徴収決議に対する組合員の協力義務を肯定している。最高裁のこの二者峻別のロジックは、次の公労法違反の争議行為の救済資金についての判断と平仄を合わせたものであるが、この点につき、「救援資金の協力義務を肯定することは、ひっきょう組合員の意に反して一定の政治的立場に立つことを強要するに等しい」とする高辻裁判官および「安保反対闘争を実行するための資金と救済資金とを一括して拠出する旨の組合決定が事前に行われた場合は、その決定全体を無効」とすべきだとする天野裁判官の反対意見の批判を受けている。
(3)　公労法一七条違反の争議行為の資金および犠牲者救済資金
最高裁判決（多数意見）は、次のようにいう。

公労法一七条一項は「公共の福祉のために特に制限を加えた政策的規定」であるから、禁止違反の争議行為であるというだけで、直ちにそれが著しく反社会性、反道徳性を帯びるとはいえない。したがって、右闘争のための資金の徴収決議自体を公序良俗違反を目的とするものとすることはできない。とはいえ、労働組合の決定した活動が組合の目的と関連性を有するというだけで、直ちにこれに対する協力義務を無条件で肯定することはできず、協力義務の範囲に合理的な限定を加えることが必要である。以上の前提に立つと、①公労法違反の争議行為に対する直接の協力（争議行為への参加）を組合員に強制することはできない。②同法違反の争議行為の費用の負担の強制は原則として許されないが、その徴収を決議する時点で「単に将来の情況いかんによっては違法な争議行為の費用に充てられるかもしれないという程度の未必的可能性があるにとどまる場合」、また「闘争の一部に違法な争議行為が含まれていても、闘争全体として違法性のない行為を主体として計画、遂行されているときは、費用負担の限度で」組合員に納付義務がある。③同法違反の争議行為により処分を受けた組合員の救済費用は、共済作用の一つとして、その費用の拠出が直ちに違法な争議行為に積極的に協力することにならず法律違反との関連性が薄いから、組合員の協力義務を肯定しうる。

右の多数意見に対しては、「単に被処分者の救援資金の拠出を強制するにとどまる場合には、それ（違法行為）を実行すること自体に伴う不利益を受忍すべきことを組合員に強要することにならない」として、右②③の論旨を不要とする高辻裁判官の補足意見と、「スト禁止の実定法の存在するもとでその意味を極力微少視し、違法とされる争議行為を含むことを明らかに示した闘争費用の拠出決議や指令に法的拘束力があることを認めうるとする」多数意見は納得できない、とする天野裁判官の反対意見がある。

この判決は、現在では、公労法違反の争議行為の違法概念の相対性を認めようとする嘗ての最高裁判決の柔軟路線の痕跡をとどめる唯一の事例となっている。同法の禁止する争議行為の範囲が無条件、無限定的であることにかんがみ、せめて犠牲者救援基金の共済基金的性格に重点を置いてその相対的独自性を強調しようとする同判決の趣旨は理解しうるところであるが、組合員の協力義務を認めるについての右多数意見がいうような前提的条件は、これを裁判規範としてみた場合、あまりにも複雑すぎて適用に大きな困難のあることが予想される。もっとも、公労法一七条一項におけるような、法律上違法行為とされる行為の実施を前提とする共済救援基金の設置は、当面、一般私企業で行われる可能性は乏しいから、右判旨の適用範囲は自ら公企体関係労組に限定されることになろう。

「安保基金」のような政治基金や「政治的意識昂揚資金」のような政党支持基金は、私企業の組合にもあるし、組合員の「政治観」の多極化に従って訴訟に登場してくる可能性は大きいとみられる。その場合、最高裁判旨が、一般政治活動の救援資金の拠出は組合員の政治的自由に対する干渉の度合いが軽微であるのに対し、特定政党支持の場合はそうでないとする峻別の論理が果たして納得的といえるかどうか、立法問題もからんで今後問題になるであろう。

(44) 最も新しい文献として、鈴木芳明「組合財産の帰属」と所収の文献（現代労働法講座⑵労働組合二七六頁以下）参照。
(45) 一般組合費については、徴収後も組合員の持分権や返還請求権を認めるものはまずないと思われるが、闘争積立金や共済基金のような別建て基金を恒常的に徴収する場合、その保有形態につき定めがない場合が多いので、問題を生ずる。なお、月の途中で脱退した組合員の納付義務につき前掲最高判（昭和五〇・一一・二八）は、特別の定めのない限り月単位と解している。
(46) 鈴木・前掲論文は、総有・合有といった古典的表現を避けて「単独有」「社団有」という表現を用いている。
(47) 最判昭和三二・一一・一四民集一一巻一二号一九四三頁。
(48) 例えば丸善ミシン労組事件（大阪地判昭和四九・一二・九判時七七三号一三一頁）では、闘争積立金と組合員の団結力との関わりについて、「団結の強化とは、争議時の組合員の生活防衛を果たすことであり、組合からの脱退を制約することで団結強化を果たそうというものではない」として、「脱退者に積立金を返還すれば団結が弱くなる」とする被告組合の主張を却けている。同じく全金オリエンタルチェン工業支部事件（名古屋高金沢支判昭和五四・一二・五労判三三三号四九頁）は、闘争積立金を組合に対する預託金たる性質を有するものと解し、積立金返還請求をもって権利の濫用とする被告組合の主張を却けている。
(49) 最判昭和五〇・一一・二八（昭四八(オ)第四九八号、四九九号）。宮島尚史・労働判例百選（第四版）一一八頁参照。

八 司法救済と司法介入

組合の内部問題につき、組合員または組合のいずれかから訴えが提起された場合の裁判所の具体的対応については以上に述べたとおりである。以下には、司法「救済」ということと、司法「介入」との関係について、既述のところと若干重複するが、実務上の視点から要約しておこう。

内部紛争に裁判所の関与することを否定しない立場からも、裁判所の司法救済を前提とした内部紛争の司法審査については、司法介入（厳密には司法権力の不当介入）にならないよう一定の限界を画すべきだとする考え方が強い[50]。その論拠としては、組合の内部規律はほんらい法外的事実行為として裁判になじまないこと、内部問題には、内部特有の事情から司法審査の及ぶ能力的な限界があること、あるいは一定限度以上に裁判所が内部紛争に関与することは、組合運動に対する国家権力の干渉となること等が挙げられる。

実際の訴訟では、司法審査の問題は、次の形で問われることになるであろう。

① 統制処分の量刑の適否について裁判所はどの程度の審査権をもつか。

② 裁判所の審査権が及ぶとしても、争いの当否を審査・判断するに当たって組合自治の原則を優先させるかどうか。

③ 裁判所が訴えの法的正当性を認めた場合に、いかなる程度の救済方法を妥当とするか。

①について裁判例は、主として、統制処分における懲戒処分の軽重に応じて審査権の対象となるかどうかという形で対応している。そのうち、除名については肯定説が圧倒的であるが、その理由は、処罰権の濫用が「社会通念」に反することのほか、ユ・シ協定による解雇の生存権否定のおそれを付加するものが多い[51]。これに対し、権利停止処分については肯定[52]、否定両判決[53]がある。譴責（戒告）程度のものは、単なる「事実行為」であるとい

う理由で、これを審査権の範囲外とする見解をとるものもある。[54]

②については、判例も、これを明示するかどうかは別として、基本的に肯定していると思われる。統制処分や内部運営処理に手続上些細な手落ちがあるに過ぎない場合がその例である。裁判実務上は両当事者の利益の衡量という形で処理されることが多いであろう。[55] 訴えの当事者がまず争いを組合内部の紛争処理機構にかけるべきであるのに、それをせず直接に裁判を求める場合等もこのケースに含まれると思われるが、そういう理由で訴えを却けた実例はみあたらない。[56]

③については、内部紛争の裁判がどのような形で提起され、争われるかは、二でみたとおりである。求められる司法救済は、主として、地位の確認、そのための差止め、給付の請求、損害賠償等であるが、特に問題となるのは、保全措置としての差止めの仮処分命令である。[57] 英米法におけるインジャンクションのような決定的効果こそないが、保全訴訟による仮処分命令は、執行のしかたいかんで、常に流動的状況に置かれている組合運営上、たとえ後の本案判決で匡正されるとしても、相手方に回復しがたい既成事実的効果を及ぼす。したがって、司法「介入」の危険性の高い仮処分措置は、内部紛争についてはできる限り抑制さるべきである。

(50)　学説については園部秀信「組合の統制」新労働法講座(2)、大脇雅子「司法審査の限界」現代労働法講座(2)および両書掲記の文献参照。判例では、三井美唄炭鉱事件・札幌地岩見沢支判昭和二八・一・三一労民集四巻二号八八頁、全日本海員組合事件・東京地判昭和四三・九・二六判時五六一号七二頁等が比較的詳しく論及した例である。

(51)　前掲三井美唄炭鉱事件・札幌地岩見沢支判。荒木誠之「労働組合の内部統制」別冊法セ・基本法コンメンタール一〇六頁参照。

(52)　全電通京都支部事件・京都地決昭和五二・三・二二労判二七六号五一頁、大阪市職労組事件・大阪地判昭和五五・六・二五労判三四五号二四頁。ただし、後者は、期間経過後の無効確認の訴えは訴えの利益を欠くとして却下し、慰藉料の請求のみ認めた。

(53)　前掲全日本海員組合事件・東京地判昭和四三・九・二六。

(54)　労働組合佐世保労愛会事件・長崎地佐世保支判昭和五二・三・二八労判二七四号四八頁、最高裁事務総局「労働関係民事行政裁判資料」一四号五八頁以下。

(55) 日本液体運輸労組事件・東京地判昭和五四・一〇・一一労判三二九号三二頁。

(56) この点、司法審査は、第一次的に組合がなした具体的制裁処分を是認できるかの判断という点で行政処分取消訴訟における事後審査に似ており、そういう仕方で裁判がなされるべきことを説く小笠原昭夫「組合の統制と除名」別冊判タ五号労働争訟の課題と展望二五六頁は示唆に富む。

(57) 労働仮処分については別稿が予定されているので省略する。

〔鈴木忠一・三ヶ月章編『新・実務民事訴訟講座11』一九八二年〕

5　チェック・オフ（組合費等の給与控除）制度について
——済生会中央病院事件最高裁判決を契機に——

一　最高裁判決の提起した問題

昨年（一九八九年）一二月一一日、最高裁は、済生会中央病院事件についての労働委員会の救済命令の効力を争う行政訴訟の上告審において、病院側が組合の時間内職場集会につき「警告書」を交付したこと、および組合費のチェック・オフを中止したこと等を不当労働行為に当たると判断した地労委の救済命令（中労委の再審査の棄却命令）を支持した原審判決を破棄し、救済命令を取り消す判決を言い渡した[1]（本件では病院側の争議行為に対する警告書や文書の配布および婦長・医長による組合脱退の勧誘についても争われたがこれらの点については本判決も、これを不当労働行為と認めた労委命令および原判決の判断を支持した）。

本稿では、本判決のうち、組合費のチェック・オフに関する部分をとりあげる[2]。

本判決は、多数意見と少数意見に分れるが、両者は理論および判断の両面において正面から対立しているので、以下に判決の両意見をやや詳しく紹介しておこう。

多数意見の要旨

(1)　判決はまず、原審の確定した事実関係として本件病院と支部組合間の当時の労使関係、病院がチェック・

オフを中止したいきさつ、および当事者の主張等、をかなり詳細に述べる。そして、この事実関係に基づく原審の判断をつぎのように要約する。①チェック・オフは、労働組合の時間と労力を省き、その財政を確固たるものとするので、労働組合の団結に寄与し、ひいては労働者の保護に資することにもなるから、書面によらないチェック・オフ協定であったとしても、労基法（昭六二年改正前のもの、以下同じ）二四条一項の趣旨に反するところはない、②当時の病院の従業員数約五〇〇名に対し、支部組合員数が約一二〇名に過ぎないとしても、前記の事実関係の下では、その故をもって、病院が突然一方的にチェック・オフを中止し、再開を拒絶することが正当化されるものではない。病院が一五年余にわたるチェック・オフを一方的に中止するためには合理的な理由が必要であり、かつ、チェック・オフの中止について相手方の了解を得るか、相手方に財政的な混乱を生じさせない等の配慮をすべきである、③本件の場合、病院は、支部組合の混乱に乗じて、支部組合を財政的に弱体化させようとしたというべきである、④『労働委員会が病院のチェック・オフの中止をもって支部組合および全済労の運営に対する支配介入を認定判断したのは相当である』。

多数意見は以下の理由により原審の右判断を是認できない。

(2)　①　労基法二四条一項本文は、賃金を労働者に確実に受領させ、その生活に不安のないようにすることが労働政策のうえから極めて必要なこととして制定されている。そこで同項但書は賃金の控除が過半数組合等との書面による協定のある場合に限り労働者の保護に欠けるところはないとして同項本文に違反しないもの、とした。チェック・オフも労働者の賃金の一部を控除するものにほかならないから、同項但書の要件を具備しない限り、これをすることができないのは当然である。

②　本件では病院側がチェック・オフを中止した当時、支部組合員が従業員の過半数で組織されていたといえるかどうかは極めて疑わしい状況にあった。そこで、病院側のチェック・オフの中止は労基法二四条一項違反を解消するためであったことは明らかである。加えて、病院側は組合に対しチェック・オフをすべき組合員（従業

員）を特定することが困難であると主張し、組合員が特定されればチェック・オフすることにやぶさかではないとして協定案を提示したこと等を併せ考えると、本件チェック・オフの中止は、病院側の不当労働行為意思に基づくものとはいえない。

反対意見（奥野裁判官）の要旨

①　チェック・オフも、使用者が賃金の一部を控除して支払うのであるから、同項の適用を受けるといわなければならないことになりそうである。しかしながら、組合費は、当該組合の活動資金源となるので、これを確保するチェック・オフは、当該組合員すなわち労働者の利益に合致するから、これについて使用者の恣意を抑制し個々の労働者の保護を図るという必要性は存しない。

労働者の過半数で組織する労働組合の締結したチェック・オフ協定であっても、その効力は当該組合員以外の労働者には及ばないうえ、「過半数で組織する労働組合」という要件を厳格に適用するときは、少数組合が同協定を締結することができなくなる結果、団結権の実質的保障を損なうおそれがあり、かえって妥当性を欠く。

チェック・オフの場合は、毎月継続的に徴収される組合費について控除額がおおむね一定しており、臨時組合費についても自ら一定の限度があるはずであるから、通常の場合、「書面による協定」の必要性はない。従って、チェック・オフについては右の二要件を満たさないものであっても直ちに労基法二四条一項に違反するとはいえない。

②　本件において病院側のチェック・オフの中止は、支部組合を財政的に弱体化させることを目的としたもので支配介入行為である。

使用者のチェック・オフの中止という行為自体が、直ちに組合運営に対する支配介入の不当労働行為となるかどうかは労働委員会の審査においてもかなり判断の難しい問題である。それは、チェック・オフが法律の定めによるのではなく労使の合意によっているからである。合意が崩れればその継続も根拠を失う。しかし、わが国では、長年続いたチェック・オフを使用者が一方的に中止するというようなことはめったに起こらないし、起こるとすれば、労使関係に何か大きな変動が生じた場合である。そこで使用者側の支配介入の意思が問われるとすれば、それは、単にチェック・オフの中止という行為だけでなく、その他の組合に対する敵対的（antagonism）言動と併せて複合的に起こることが多い。労働委員会は、右のような諸事情を勘案したうえ、右の設問にケースバイケースで答えるのであり、その総合的判断によるという意味においても正に「裁量」が重要なのである。

後に見るように、従来の労働委員会の救済命令の大勢は、チェック・オフが一方的に中止されたという場合には、使用者側にそれを継続できない特段の理由のない限り中止による組合に対する組織的効果と使用者側の反組合的意図を総合的に判断して不当労働行為の成立を認めてきた。結果的に見れば労委命令の大部分は、本件最高裁判決の少数意見に近い判断枠組みに立ってきたということができるし、また労委命令の取消を争う行政訴訟の判決も、本件二審に見られるように、ほぼ右の考え方を支持してきた。

こうして労委命令の考え方は、労使の合意のもとに異議なく実施されてきたチェック・オフを当該労使間の一つの既成秩序として把え、もっぱら使用者によるその一方的秩序破壊が結果的に与える反組合的効果という側面に判定の焦点を合わせてきたのであって、既に労使合意のうえで実施されている労使協定の労基法上の適法性については（全くというわけではないが）あまり考慮を払わなかったといえる（労委の審査の過程では、通常その点はほとんど当事者間の争点にならない）。ところが、今回の最高裁判決の多数意見は、まず、右の後の点を争点の主題に据えた。その結果、チェック・オフ協定は労基法上の法定要件を充たさなければ適法といえないかどうかが正面から問題とされるに至った。そして多数意見は、これに肯定的見解を示したのである。判旨は、それに加えて、本件におけるチェック・オフの中止における使用者側の不当労働行為意思の存否をも判断の対象とし、結局、不当労働行為の成立を否定した。これに対し、少数意見は、前者の問題についてはチェック・オフ協定が労基法二四条但書の適用を受けないという消極説に立った。この考え方は多数意見によって否定されるところとなった。

多数意見が、右のように、チェック・オフ協定の一般的適法性の要件を厳密に解釈したことは、これまで比較的緩やかに解してきた監督行政及び労働委員会側に今後何らかの対応を必要とさせるであろうし、また労使間の協定手続の面においても一定の波及的効果を及ぼすことが予想される。

二　わが国のチェック・オフ制度の実態と機能――若干の資料から

わが国の企業と労働組合との間で行われているチェック・オフ制度には大体のパターンがあって、古くから行われているところでは、あまり形式にはとらわれず一定の慣行に従って問題なく実施されている、というのが実情のようであるが、細部にわたるやりかたや、この制度が労使関係に果している機能ないし効果については実態調査に基づくデータが乏しく断定的なことはいえない。組合側の調査もあまりないのは、おそらく企業内組合である以上、チェック・オフは当然と思われてきたからであろう。

チェック・オフがスムーズに行われてきた企業においても、激しい労働争議が起こったり、組合内で組織的対立が生じた場合には、チェック・オフの継続に何らかの影響が表われるようである（本件済生会中央病院事件もその一つである）。以下に若干の公的資料からその実態をうかがい、機能を推測してみよう。

(1)　チェック・オフ制度の実態

わが国のチェック・オフ制度に関する継続的な公的調査としては、労働省の「労働協約等実態調査」および「労働組合の実態調査」(3)がある。その他に中労委および東京都の調査(4)がある。

労働省の「労働協約等実態調査」（昭六一年六月現在）によると（別表参照）、次のようなデータが得られる。

5　チェック・オフ（組合費等の給与控除）制度について

①　労働協約にチェック・オフに関する規定のあるものは六五・〇％（包括協約によるもの四六・七％、個別協約によるもの一九・六％）、規定のないものが二九・一％である（表1）（ただし「規定がない」ことはチェック・オフが行われていないことを意味しないことに注意）。

②　協約の定めによりチェック・オフが実施されている期間は、協約の法定最高期間である三年以上の長期にわたるものが六二・九％に達しており、一旦この制度が導入されると継続して行われることを示している（表5）。

③　チェック・オフの協定の定めは産業別でみると、電気・ガス・水道等の公企業が高く（七九・二％）、サービス業が低い（四八・三％）（表2）。これを組合規模（組合員数）別でみると、五〇〇〇人以上では九五・一％、規模が小さくなるに従って低下するが、三〇～九九人の組合でも五四・六％に達している。これを企業規模（従業員数）別でみると、五〇〇〇人以上では八六・三％、規模が小さくなるに従って低下し、三〇～九九人では三九・二％である（表3）。

④　チェック・オフを定めた協約の有無を上部団体への加盟との関係でみると、加盟しているもの（六九・七％）と加盟していないもの（三九・八％）との対照が際立っている。前者を（旧）ナショナルセンター別でみると、中立労連八三・六％が最も高く、総評七二％、同盟六九・四％、その他六七・二％である（表4）。

⑤　（協約の定めの有無にかかわらず）単位労働組合がチェック・オフ制を受けているかどうかは表6の示すようにこれを受けているものが九一・八％、全く受けていないものが七・一％であり、受けている場合に、定期組合費以外についても行われているものが五〇・八％に達する。協約の規定があればチェック・オフは九九％に達するが、協約の規定がなくても七八・二％がチェック・オフ制度の適用を受けており、その場合、定期組合費以外についてもチェック・オフを受けているものが三一・二％ある。

⑥　過去三年間に労使間で紛糾した労働協約上の問題のうち、チェック・オフをめぐるものの比率は、わずか

表1　チェック・オフの根拠規定の有無

(%)

計	何らかの規定あり	労働協約あり	労働協約の種類		規定なし	不明
			包括協約	個別協約		
100.0	—	65.0	46.7	19.6	29.1	5.8

出所　労働省「最新労働協約等の実態」平成元年労務行政研究所刊より作成。以下同じ

表2　労働協約でチェック・オフの定めをしている組合の産業別比率

計	労働協約あり								
	産業計	鉱業	建設業	製造業	電気・ガス・熱供給,水道業	運輸・通信業	卸売・小売業,飲食店	金融・保険業,不動産業	サービス業
100.0	65.0	74.5	71.6	64.2	79.2	66.6	76.8	71.3	48.3

表3　労働協約でチェック・オフの定めをしている組合の組合員数規模別・企業規模別比率

計	労働協約あり						
	組合員数規模計	5,000人以上	1,000～4,999人	500～999人	300～499人	100～299人	30～99人
100.0	65.0	95.1	91.9	86.4	77.5	73.1	54.6

計	労働協約あり						
	企業規模計	5,000人以上	1,000～4,999人	500～999人	300～499人	100～299人	30～99人
100.0	65.0	86.3	82.8	74.3	65.5	53.1	39.2

表4　労働協約でチェック・オフの定めをしている組合の上部団体別比率

計	労働協約あり					
	加盟上部団体計	総評	同盟	中立労連	その他	無加盟
100.0	69.7	72.0	69.4	83.6	67.2	39.8

表5　チェック・オフの継続期間

労働協約の新規締結又は改定してからの期間				
小計	1年未満	1年以上3年未満	3年以上	不明
100.0	11.2	15.3	62.9	10.6

表6　組合費のチェック・オフの態様別労働組合の割合

（%）

産業 組合員数規模 企業規模 加盟上部団体 組織率 労働協約の規定の有無 （チェック・オフ）	計	チェック・オフを行っている	定期組合費のみについて行われている	定期組合費以外についても行われている	全く行われていない	不明
計	**100.0**	**91.8**	**41.0**	**50.8**	**7.1**	**1.1**
〔産業〕						
鉱業	100.0	96.8	32.7	64.1	3.3	—
建設業	100.0	91.5	44.3	48.2	6.3	1.3
製造業	100.0	93.1	40.3	52.8	6.1	0.7
電気・ガス・熱供給，水道業	100.0	92.3	37.4	54.9	6.8	0.8
運輸・通信業	100.0	98.3	25.2	73.1	1.7	—
卸売・小売業，飲食店	100.0	94.3	45.9	48.4	2.9	2.8
金融・保険業，不動産業	100.0	88.4	52.1	36.3	10.4	1.1
サービス業	100.0	81.7	48.0	33.7	16.6	1.8
〔組合員数規模〕						
5,000人以上	100.0	97.6	42.5	55.1	1.2	1.2
1,000～4,999人	100.0	98.9	34.7	64.2	0.9	0.2
500～999人	100.0	98.3	30.5	67.8	1.3	0.3
300～499人	100.0	97.4	35.0	62.4	2.5	0.2
100～299人	100.0	94.6	38.1	56.5	4.3	1.0
30～99人	100.0	88.2	45.0	43.2	10.4	1.4
〔企業規模〕						
5,000人以上	100.0	95.0	36.8	58.2	4.4	0.6
1,000～4,999人	100.0	94.5	32.3	62.2	4.7	0.7
500～999人	100.0	93.6	39.7	53.9	3.7	2.7
300～499人	100.0	91.6	29.6	62.0	8.4	—
100～299人	100.0	91.5	44.0	47.5	7.2	1.2
30～99人	100.0	85.9	53.3	32.6	12.4	1.6
〔加盟上部団体〕						
加盟上部団体計	100.0	93.0	36.7	56.3	6.0	1.0
総評	100.0	92.9	23.4	69.5	6.8	0.3
同盟	100.0	95.1	39.5	55.6	4.4	0.5
中立労連	100.0	95.3	41.7	53.6	3.7	1.0
その他	100.0	91.8	39.3	52.5	6.6	1.6
無加盟	100.0	81.8	64.1	20.8	13.2	1.9
〔組織率〕						
10%未満	100.0	93.7	36.6	57.1	6.2	—
10～30%未満	100.0	88.5	45.0	43.5	11.5	0.1
30～50%未満	100.0	86.1	53.5	32.6	13.9	—
50～70%未満	100.0	92.8	45.0	47.8	6.6	0.6
70～90%未満	100.0	89.6	42.0	47.6	8.3	2.1
90%以上	100.0	93.9	36.7	57.2	5.1	0.9
〔協約の規定あり〕	100.0	99.0	37.7	61.3	0.8	0.1
〔協約の規定なし〕	100.0	78.2	47.0	31.2	18.8	2.9

出所　労務省「最新労働協約等の実態」平成元年　労務行政研究所刊

一％程度にとどまる。

⑦　使用者からの便宜供与の主要な形態である組合事務所の供与とチェック・オフを比較すると、組合事務所の供与の比率は、組合員一〇〇人以上のところでは八〇％、一〇〇人以下のところでは五九・九％に下る。企業規模別でも同じ傾向が出ているが、平均して七一・〇％の企業が組合事務所の便宜を与えている。それに比するとチェック・オフを実施している企業は平均九一・八％と遙かに高い。使用者側の負担度の違いもあるが、チェック・オフの方がより普遍的であることが分る。

右の調査結果を要約すると、わが国で労働協約を締結している組合（締結率は約八〇％）のうちチェック・オフ制を定めているものは六五％に達する。そして労働協約の定めによりチェック・オフ制を実施しているところでは長期にわたり継続し、それをめぐって労使間にトラブルが生ずることはきわめて少ない。チェック・オフで給与からの控除の対象となるのは主として定期の組合費であるが、臨時の組合費を含める協定ができているところが少なくない。

労働協約の定めによることなく実際上チェック・オフ制度の適用を受けている組合がかなりある。その場合、手続上、労基法二四条但書の労使協定方式によるのか、それとも全く協定なしに事実上、労使間の合意で実施されているのかは分らないが、ともかく、実施率は組合員一〇〇人以下の小規模企業を含めて九一・八％という高率に達している。

右に見たように、チェック・オフ制度の実態に関する公的調査といってもその有無に関する数量データだけであり、当事者である企業、組合または組合員がチェック・オフをどういうものとして認識しているのか、協約の包括的規定の外に、労基法上の要件を充たす控除協定が結ばれているのか、結ばれていないとすれば、その点を労使の当事者はどう考えているのか、とくに企業サイドでは組合員数が従業員の過半数を占めるという労基法上の要件をどの程度に重く見ているのか、労働協約の期限が切れたり、無協約状態になったときはどういう取扱をしているのか、過半数に充たない組合あるいは併存少数組合のチェック・オフはどうなっているのか、といった内容にまで立ち入った実態はそこからは全く分らない。

チェック・オフを実施している企業がどういう賃金控除をしているかについての公的統計はない。労働省は、一貫してチェック・オフも労基法二四条の全額払いの原則の例外として同一項但書の控除の場合に当るものとし、その適用を受けるためには労使間に過半数組合との書面による協定が必要であるとしてきた。しかし、労使間では必ずしもこの手続によっていないことは前記の調査が示している。とすれば、労働基準監督署は法所定の手続によらない組合費の賃金控除に対してどのような規則措置をとってきたのであろうか。この点についての公的統計は公表されていない。推測では、企業がチェック・オフをするについて法所定の協定によらないで組合と合意の上、実施している場合にも、監督行政上は、法違反として厳しく対応していなかったのではないかと思われる。この点行政当局の見解を知りたいところである。

(2)　チェック・オフ制度の機能

このように普及したチェック・オフ制度が労使間にどのような機能を果しているかは、さきにも述べたように明らかでない。ただ組合にとっては組合費のチェック・オフを受けることが、組合事務所の供与とともに組合活動のための不可欠の制度として重視されていることは統計からでも読みとれる。その際組合側には使用者から「経費援助を受けている」という自主性への被侵害意識はほとんどないようである。そこには、企業内組合の団結の論理が働いている。

一方、使用者にとっても、チェック・オフは労使関係の安定を担保するものとして、必ずしも「経費援助」とはみなしておらず、要求があればたいした抵抗感なしに受け入れ、あるいは、一定のメリットをもつものとして積極的に評価されている。かなりの企業が、定期の組合費だけでなく、臨時組合費や、時には「闘争」積立金の控除まで受け入れているのもこれを証明している。企業にとってはこうした労使関係の安定が得られるのであれば法が定める要件として従業員の過半数を占めている組合であるかどうかはさして問題としていない。企業に併存組合がある場合にも過半数の要件に関係なく両組合に対しチェック・オフ制度を実施しているところさえある。

とはいえ、チェック・オフ制度が一定の労使関係の安定の上に成り立っている以上、両者の力関係とまではいえないにしても労使で関係が不安定化した場合にチェック・オフ制度に影響が及ぶことがある。そのような場合に、チェック・オフ制度は使用者側の組合に対するプレッシャーの大きな武器として機能する。その際にそれが「便宜供与」としての性格をあらわにするのでありその意味において組合の自主性と無関係とはいえないのである。

労働委員会は、これまで、以上に述べたわが国の労使関係におけるチェック・オフの実態や機能をかなり考慮し、これを労使関係の安定に資するものとして位置づけたうえ判断を下してきたように思われる。今回の最高裁判決ははたしてこのような点をどの程度考慮に入れたであろうか？

三　チェック・オフの理論

(1)　諸外国の例から

チェック・オフという制度は、今日、西欧諸国でも普遍的に見られるところである。そこでは、（横断）労働組合が使用者（団体）との間に締結する労働協約の定めにより企業が組合費分（エイジェンシー・ショップの場合には非組合員から組合費相当分）を週給または月給から控除し、組合役員または職場委員に一括して引き渡す形式をとっているようである。労働協約では、「組合保障」（union security）条項の一つとして、「組合の承認」、「ショップ・スチュワード等企業内活動の承認」、「ショップ制」などと同列のものとして位置付けられている。

ただし、チェック・オフには組合員の使用者に対する個別の承諾があることを前提条件としているところが多い。立法との関係ではチェック・オフを使用者に義務付けたり、法による推進を定めた立法例は見当たらない。(5) チェック・オフは労使間の協定の産物であり、たとえば現在、スウェーデンやフィンランド(6)ではほとんどの全国協約にチェック・オフ協定が含まれているといわれる。しかしこのような状況は主として第二次大戦以後の現象であり、おそらく労使関係の一般的安定化を背景とした労使の一般協力（co-partnership）関係の進展によると思われる。

イギリスでは七〇年代以降、サッチャー政権による労使関係法のドラスティックな改革が進められてきたが、一九八四年「労働組合法」は組合費からの政治寄金のチェック・オフへの法的規制を定め、さらに一九八八年「雇用法」はチェック・オフ一般についての規制を定めた。同法によれば、被用者が組合を脱退したこと、またはその意思があることを使用者に通告した場合には使用者は控除を停止することを義務づけられ、これに違反する控除は、一九八六年「賃金（支払）法」に抵触するものとして扱われることになった。(7)

わが国と同じような企業内組合組織をとっている韓国その他東南アジア諸国においてチェック・オフ制度がどうなっているかは、今のところ、確たる資料がないので、紹介を差し控える。

一方、不当労働行為制度のある国では、チェック・オフについて組合の自主性確保という観点から立法による一定の規制をしている。アメリカでは、タフトハートレー法により、わが国と同様、「労働組合の結成・運営に対する支配介入および組合に対する資金その他の援助」が不当労働行為として違法とされる。使用者がチェック・オフにより組合の援助をすることもこれに含まれる。ただし、個々の組合員が書面により同意する限り、不当労働行為とはみなされない。しかし、使用者が個々の組合員に同意するよう働きかけることは不当労働行為となる。何故、使用者がそのような働きかけをするかといえば、アメリカ特有の交渉代表制のゆえである。ある企業において排他的交渉権を得るかどうかは組合の死活に影響するから組合も組合員の獲得に懸命になるが、企業にとっても「好ましい」組合が代表権を得るよう被用者に働きかけ、さまざまの策略を用いる。代表権を獲得した組合が使用者にとって好ましければ、労働協約を通じて、組合保障やチェック・オフをはじめとする便宜供与を与える。そこで便宜供与が支配介入と結びつくわけである。立法は、この点を考慮してチェック・オフに対し右の規制をしている。組合員が使用者と明示の個別的合意をしている限り、支配介入にはならないが、右承諾の拘束期間は限定され、組合員は、少なくとも毎年、一回右承諾を撤回する権利が認められている。

このような一定の法的規制はあるが、今日、アメリカにおけるチェック・オフの普及率はきわめて高く、私企業の労働協約の約八六%がこれを含んでいるといわれる(8)。

同じくカナダでもチェック・オフ制度が不当労働行為制度と関連づけられている。多くの労働協約において、使用者は排他的交渉代表となった組合との間にチェック・オフを含む「組合保障条項」を定めている。使用者の組合に対する経費援助は一般的に禁止されているが、チェック・オフは、組合の自主性が失われない限りにおいて認められる(9)。

(2)　わが国の立法政策と法理論

わが国では、チェック・オフは、法的には、組合が組合費その他組合の諸経費を個々の労働者の賃金から控除して組合に引き渡すことを使用者に委嘱する契約関係として構成される。組合の内部では個々の組合員が組合に右手続を委任するのであるが、ほとんどは黙示の委任によっている。いずれにしても、組合内部、つまり組合と組合員との間では事実上も、法的にも問題は生じていない。問題は使用者との関係である。

わが国は、アメリカと同様、不当労働行為制度の下で、組合の自主性保障のため使用者による組合運営への介入を禁ずるという法制度をとっているので、組合が組合活動としての組合費の徴収手続を使用者に委託するチェック・オフが、使用者の組合に対する「経理上の援助」となるのであれば、その支配介入性が問題となる。

労組法は組合の運営のための経費援助に該当しない例外としての「便宜供与」の中にチェック・オフを含めていないので、それをどう扱うかが一つの問題である。チェック・オフのもう一つの法的問題は労基法に関連する。チェック・オフを使用者による労働者の個別賃金からの控除と解する限り、全額払いの原則を定めた労基法二四条との関係が問題となる。両者はもともと法的次元を異にするが、ある点で交差し、抵触問題を生ずる。

(1)　チェック・オフの「便宜供与」としての側面

「便宜供与」という言葉は労組法にはないが、使用者の組合運営に対する経費援助の一般的禁止の原則との関係で、組合事務所、組合費のチェック・オフ制、組合活動のための企業施設の利用、時間内組合活動の（離席）承認など、組合がほんらい負担すべきものを使用者が肩代りする形の援助をそう呼んでいる。労組法上は、経理上の援助として禁止されるものと、例外として認められるもののいずれかに分れる。

(i)　労組法は、使用者が労働組合の運営に支配介入すること、または組合運営のための経費の支払につき経理上の援助を与えることを不当労働行為と定める（七条三号）が、「労働者が労働時間中に時間又は賃金を失うことなく使用者と協議し、又は交渉することを使用者が許すこと」つまり時間内離席と、「厚生資金又は経済上の不幸、もしくは災厄を防止し、若しくは救済するための支出に実際に用いられる福利その他の基金に対する使用者の寄付」、及び「最小限の広さ」の組合事務所の供与を除外している（同条但書）。法文上は、「経費援助」と「支配・介入」が別の概念のように読めるが、前者は、財政的援助を通じての使用者の組合運営に対する「支配・介入」を禁止しようとする趣旨であって、支配・介入の例示の一つとみるべきであろう。

(ii)　右但書に定める、①使用者との協議交渉中の不就労分賃金の不控除、②福利厚生用の寄付、③組合事務所の供与という三つの類型の使用者の措置が、なぜ、組合に対する「経費援助」に該当しないのか、理論的には必ずしもはっきりしていない。恐らく、①は、時間内の交渉は使用者にとっても便宜であり、そうすることが団体交渉の促進に役立つという相互利益を考慮した、②は、福利、厚生用の寄付の目的は組合運営上の資金援助とは違い、使用者に支配介入の意図がないとみなされた、③は、額からいえば多大の経費援助に当たるが、立法当初、組合の拠点としての組合事務所を使用者側に認めさせることが組合の育成上、必要と判断されたのが主たる理由と思われる。

(iii)　右但書の三項目以外の使用者の便宜供与についてはどう解するかは論議の多いところである。理論的には、立法の規定が限定列挙である以上、厳格に解すべきものとされたが、実際の適用上はやや拡張され、大目にみられてきた。とくに戦後の興隆期の組合は、使用者との団体交渉を通じて企業内における組合活動につきさまざまの企業側の譲歩（形式上は便宜供与）を「勝ち取っ」ており、組合が企業内組合であることもあって慣行化した。これらは、少なくとも創設の当初は、使用者側の組合に対する経費の「援助」と意識されることはなかったようである。チェック・オフもその一つである。

(iv)　チェック・オフについては、立法府は当初、念頭に置いていなかったようであるが、多くの組合は結成と同時に組合事務所とともに組合費のチェック・オフを使用者に求めた。組合費が定額制でなく、組合員の賃金（基本給額）に応じて逓増する複雑な方式であったこともその一因であった。使用者側も、組合事務所が立法によって認められる以上、企業内組合である組合にチェック・オフの便宜をはかることが法違反になるとは考えなかったし、使用者から見れば、チェック・オフ制度をとることにより誰が組合員であり、組合の資金がどれほどであるかを容易に知りうる。天引徴収に多少の煩わしさが伴なっても、それから得られるプラスがあり、そうでなくてもその労使関係の安定に果す機能が大きいことを承知して積極的に受け入れたふしがある。法的要件を充たさない少数組合からのチェック・オフの要求に対してさえ使用者が応じてきたのは、右の理由によるものと思われる。

総じて使用者サイドからは、今日までチェック・オフに対する法的規制を求める声はほとんどきかれなかった。行政サイドもこのような状況から、チェック・オフを「経費援助に当たらない」という対応を示してきた。学説もおおむねそのように考えてきたようである。

チェック・オフは、こういう経過によりわが国の組合の大部分が使用者との協約、協定その他の合意により長年にわたり適用を受ける制度となっており、組合にとっては使用者による団結権の保障の制度的象徴の一つとみられている。

とはいえ、チェック・オフの法的性質がどのようなものであるか、についての論議は、これまでのところそう密度の高いものとはいえない。もともと立法上の位置が不明確であるからやむをえないが、不当労働行為との関係では、自主的な労使の合意に基づく限り法にいう「経費援助」には該当しない「組合保障条項」の一つと解するのが妥当であろう。そこから私法上の請求権が発生するという考え方があるが、ごく少数説である。

(2)　チェック・オフの賃金の控除の側面

(i)　チェック・オフと労基法二四条との関係については、同条の全額払いの原則と協定による例外措置に関する現行制度の立法化に際し、どの程度、チェック・オフ制度のことが念頭に置かれていたのか明らかではない。労基法上の全額払いの原則は、厳格に適用すると生活物資の購入とか、給与の前借りなど当時、労働者側にとっても必要な控除ができなくなるという事情もあって「過半数協定」という一種の集団主義的発想に立つ除外規定が設けられた。この発想は、従業員の過半数の意思に基づくかぎり例外措置としての賃金の一部控除も労働者の不利益になるはずがないというものであり、組合費のチェック・オフを含めて一切の控除措置が同じ手続の下で認められるようになっている。労基法上は労使間で個別の「協定」を締結することになっているが、多くの包括労働協約には、給与からの控除の対象となる費目として購買品売掛金、保険掛金、住宅関係控除費等として定められ、組合費のチェック・オフもその一つとして列挙されていることが多い。そのような一括的な控除協定の下では、例えば組合費のチェック・オフだけ中止するということは実際上難しいから、一旦、成立したチェック・オフの慣行は余程のことがない限り恒久化する。チェック・オフの労基法上の手続の側面において、立法が要求する控除協定の「過半数」および「書面」という要件について当事者があまり考慮を払わないできたのは右のような事情によるといえよう。

(ii)　労働協約による包括的な定めを含めて労使間のチェック・オフ協定と、労基法二四条但書の法定要件の関係については、学説上、必ずしも大きな関心が払われなかったが、考え方は三つに分れている。

その一つは、組合費等のチェック・オフは、性格上、労基法二四条の適用を受けないとする説である。(10) チェック・オフに関する労使間の協定は労基法二四条但書の定める要件に適合していなくても差し支えないとみる考え方もこれに含まれるとみてよいであろう。本判決の少数意見もこれに属する。

その二つは、右の説に反対し、組合費等のチェック・オフも賃金の一部控除であることに変わりはないから、労基法二四条の適用を受け、第一項但書の要件に適合することが必要とする説(11)である。この説では、この要件に適合しない協定の下での使用者の控除が労基法違反に問われ、また、私法上の効力が否定されることになる。

右両説の中間に、チェック・オフは当該組合の組合員についてのみ実施されるから、法所定の(過半数)労使協定の要件は不要であるが、書面の要件は必要と解する説がある。(12)

なお、組合費のチェック・オフを、法所定の手続によらないで実施している使用者が労基法違反に問われたケースは、これまでのところ一つも見当らない。また、組合員の側からチェック・オフ協定が労基法に違反するがゆえに控除を無効であるとしてその差止めを求めたケースもあまりない。

四　チェック・オフをめぐる紛争と労委命令

チェック・オフをめぐる労使間の紛争は、これまでほとんど労働委員会を舞台としてきた。民事訴訟では数件にとどまる。(13)

チェック・オフに関するこれまでの労委命令は、地・中労委を併せて延べ七〇件近くになる。不当労働行為の全体からみればそれほどの件数ではないが、チェック・オフ制度のきわめて高い普及率からみると意外に多いという感じである。地労委命令のうち何件かは、再審査―行政訴訟に発展し[14]、本件までにすでに最高裁判決が一件出ている[15]。

チェック・オフをめぐる労委の申立事件[16]の圧倒的部分は、使用者がこれまで実施してきたチェック・オフを中止（廃止）したことが組合の組織弱体化を意図した支配介入に当たるとして救済を求めたものである。これらの事件は、労使協定（協約）の解約、失効の側面で争われたものと、協定の効力あるいは有無にかかわらず、長年慣行として行われてきたチェック・オフを中止することの当否が争われたものに分れる。後者は、チェック・オフの成立には労使間の協定（協約）が不可欠の法的要件であるかという本判決のテーマに結び付く。

これに関してかなり多数のケースがあるが、命令の趨勢[17]は、協定の有効期間という点にあまり重きを置かず、たとえ協約が失効していてもチェック・オフが行われている慣行ないし実態があれば、使用者はこれを実施する義務があり、少なくともその中止に正当な理由が必要としている[18]。そしてさらに一歩を進めて、労使間に全く明文の協定がないか、その存否が不明確な場合でも、実質的にチェック・オフが行われているという実態があれば、その一方的拒否は正当な理由のない限り不当労働行為になるとの見解を示しているものが多い[19]。逆に、明示の協定がない限り使用者のチェック・オフの一方的中止の不当労働行為性は問題となりえない、との消極的見解を示したものはこれまで見当らない。

使用者のチェック・オフ中止（協定打切りを含む）の理由ないし動機の正当性の認定は、労委命令がその不当労働行為性を判定するうえで、最も重要なファクターとされている。これまでの事例からみると、次のような類例がある。

① 組合がチェック・オフ協定と時間外協定の同時締結を求めたため、チェック・オフを中止した場合にも、中止は組合の弱体化を企図した報復的行為とされた[20]。

② 組合が被解雇者の措置について使用者側の主張に応じないこと、被解雇組合員の除名をしないことを理由にユ・シ協定を破棄、チェック・オフを中止する旨通告したことは組合の内部問題への介入とされ[21]、また組合が解雇処分を受けた組合員を書記長に選出した直後、猶予期間も置かずチェック・オフを中止したことは組合に財政的打撃を与える意図に基づくものとされた[22]。

③ 給与の振込制など事務の煩雑さ等は口実に過ぎず、協約締結以前から慣行化されたチェック・オフが協約の期限切れ後も当然には失効しないとされた[23]。

④ 従来から協定に基づき定期組合費と同様控除されている臨時組合費を、長期スト後、組織が動揺している時期に拒否することは、組合の弱体化を図ったものと認められた。同労委命令は行政訴訟で最高裁まで支持された[24]。同じく協定に基づき六年間問題なく実施されてきた臨時組合費のチェック・オフを「いかなる組合機関が、いかなる規約に基づいて徴収決定をしているのか不明」という理由で一方的に中止したのは組合の自主的運営に任すべき問題への介入として支配介入の成立が認められた[25]。

⑤ 併存組合とのトラブルを避けるためなど、組合組織との関係がチェック・オフの理由とされているケースで命令は、組合側に対しても「トラブル防止の対策を講ずることなく無為に過ごしながら使用者に対して便宜供与を求めるのは信義にもとる態度」と戒めつつ、「組合側の具体的提案と相まって労使が誠意をもって話し合えば防止策を見出すことはさほど困難と考えられない」状況の下では、チェック・オフを廃止しなければならないほどの合理的理由とはいえず、チェック・オフ制度のもつ意義を不当に軽視し、ひいて組合運営に少なからざる打撃を与えたもの、と判断している[26]。

相対立する併存組合のうち、一方の組合に対してのみチェック・オフを中止することには正当理由を認め難いとしているものが多い。(27) 多数の組合脱退者からの中止要求がある場合にも、組合と協議することなく残留組合員について一方的にチェック・オフを中止することは正当な理由とならないとされている。(28) しかし、併存組合の双方にチェック・オフの扱いを認める場合に、一方の組合が組合員の氏名を明示しなければ中止もやむを得ないとされる。(29)

⑥　採用と同時に組合に加入する慣行の下でチェック・オフをしてきたにもかかわらず、使用者が新たに組合員本人からの申出がある場合に限るとの条件をつけ控除を中止したことは、組合脱退または不加入を慫慂するものと認められた。(30) また脱退者について組合に通知することなくチェック・オフを中止することは組合を軽視するものとして継続を命じられている。(31)

⑦　これまで実施してチェック・オフをその後、組合員数が減少したこと、また書面による協定手続がなされていないため労基法に違反することを理由に中止したケースについて、ある命令は、労基法二四条一項但書とチェック・オフの関係に関しては「説が分れるところであるが」、少なくとも不当労働行為制度の観点からは、たとえ少数組合であってもチェック・オフを一方的に破棄することは支配介入に当たる、としている。(32)

なお、チェック・オフ中止のケースではないが、使用者が分裂によって別組合員になった従業員に対しチェック・オフを行い、元組合に渡し続けたことが問題となった事例がネッスル三事件をはじめ幾つかあるが、いずれも支配介入と認められている。

五　本件最高裁判決の論旨について

本件最高裁判決の多数意見の判旨①は、「チェック・オフは、労働組合の時間と労力とを省き、その財政を確固たるものとするもので、労働組合の団結に寄与し、ひいては労働者の保護に資することにもなる」から書面にようないチェック・オフ協定も、労基法二四条一項の趣旨に反しない、とする原審の解釈を誤りとし、「チェック・オフも労働者の賃金の一部を控除するものにほかならない」から、同項但書の定める使用者と過半数組合との書面による協定の二要件を具備する必要があるとの厳格な解釈を示し、これをみたさないチェック・オフ協定は違法とする。

原審は、チェック・オフが「団結に寄与する」ことで「結果的に」労働者の保護に資するし、労基法二四条の全額払いの例外も労働者保護のためであるからという理由で労使協定に厳格な要件を課す必要はない、として「労働者の保護」という理念を結節点とした合法説を樹てている。

少数意見は、微妙な言い回しでチェック・オフ協定が労基法二四条の適用を全く受けないといっているのかどうか判然としないが、少なくとも、同法を厳格に適用すると、結果として団結を侵害することになるから許されない、と消極的に解しているようである。

しかし、労基法二四条が強行法規である以上、その適用の有無については二者択一しかなく、「厳格に」適用しないというような弾力的運用が許されるとは考えられない。

確かに、すでに述べたように、チェック・オフ協定と労基法二四条との関係については、これまで労使の当事者も、また基準監督行政の側面においてもこれを「緩やかに」解釈してきたし、労働委員会命令もそのことを考慮に入れて、チェック・オフが労基法二四条但書の定める「過半数」や「書面」の要件を満たしているかどうかをとくに詮索しなかった。判例も同じである。[34] しかし、労基法二四条の定める全額払いの原則及び同条一項但書は、使用者の支払うべきすべての賃金支払に適用されるものであり、もし、適用を除外されるものがあるとすれば、それは立法で定められていなくてはならない。チェック・オフが団結にとっていかに重要だとしても、それは「組合」と使用者の協定であるから、労働者の保護に資するということだけで全面的に同法の適用外に置くことはできない。とはいえ、多数意見のように労基法二四条の（厳格な）適用説に立つと企業の従業員の過半数以上を占める組合だけが「組合保障」としてのチェック・オフを認められる不合理が生ずる、少数組合も組合員の意思に基づいて使用者と交渉した結果、労使合意に達したのであれば、ことさら労基法の定める法的要件の拘束を受ける必要はないのではないか、という少数意見の考え方は、それとしてかなり説得性がある。しかし、労基法二四条の解釈からすれば、多数意見の判旨をそれ自体としては否定することはできないであろう。その矛盾は、要するに、立法の不備からきている、と私は考える。後に述べるように、本件最高裁判決がでた以上、早急に両者を調整する立法化を考えるべきである。

結論として、チェック・オフは労基法二四条一項但書に定める要件を具備することが必要であるとする判旨①は、正当と考えるほかない(35)。

判旨②は、本件の判断として協定こそないが、病院が一五年余にわたって実施してきたチェック・オフを一方的に中止するにはそれ相当の理由が必要であるところ、その主張する理由は相当でなく、結局、それは組合内部の混乱に乗じて組合を財政的に弱体化させる意図の下になされた、との原審の判断を却け、当時、支部組合が従業員の過半数で組織されていたかどうかは極めて疑わしいこと、また病院が当時、チェック・オフをすべき組合員を特定することが困難と判断したこと、もし特定できればチェック・オフをすることにやぶさかでないとしてその協定案を示していること等の事実からみて、本件チェック・オフの中止に理由があり、不当労働行為意思に基づくとはいえないと判断した。

この部分は事実の認定に関するものである以上、その当否については評釈の限りではない。結論の当否はともかく、ここで指摘したいことは、多数意見が、労基法二四条に関する右の解釈から直ちに本件救済申立に理由がないとの結論を導き出したのではなく、あらためて本件における使用者のチェック・オフの中止が不当労働行為の意思によるかどうかを検討し、それがなかったと認定したうえで結論を出していることである(36)。このことは、チェック・オフ協定が労基法二四条一項但書の要件を充たさない点で違法とみなされる場合にも、なお、当該チェック・オフを中止することが不当労働行為に問われる可能性があることを最高裁自ら示したものということができる。もし、本件最高裁判決が後者の点について逆の判断をしたと仮定すれば、判旨①の解釈にもかかわらず、結論は逆になったかもしれない。これは、本件最高裁判決を、先例として扱う場合の重要な点、といわねばならない。

むすびにかえて

今回の最高裁判決については、その論旨の是非とともに本判決の拘束力をめぐって、論議が展開されることであろう。ところで、さし当たり実務上の影響を最も大きく受けるのは労働委員会である。チェック・オフの中止のケースについては、従来、命令、判例ともに本件判旨①の部分は、少なくとも不当労働行為の判定に不可欠とは考えてこなかっただけに労働委員会としては今後、どのように対応すべきかが問題であるか、私見を述べよう。

使用者のチェック・オフの中止が支配介入の意思をもってなされた場合にそれが不当労働行為となることは今や明瞭である。チェック・オフが外形的に使用者の組合に対する「経費援助」に当たる、としても変わらない、ということが本判決で確認された。これは労組法二条および七条に関する新たな判例法の形成といってよい。

一方、チェック・オフが労基法二四条の適用を受け、同条一項但書所定の形式要件を備えるべきであることも確立した。労働委員会といえどもこれを無視ないし回避することはできない（少数意見が否定されただけにとくにそうである）。

しかし、労働委員会が、適法要件に適合しているにせよ、単なる労使間の合意であるにせよ、一旦、継続して実施されてきたチェック・オフの中止という使用者の措置を不当労働行為として審査する場合に、当該チェック・オフが右の法的要件を充たしていないからといって当該申立組合の申立適格性が否定されることにはならない。

また、チェック・オフの中止が不当労働行為となるかどうかを判断するにあたって、まず、労使間協定の労基法上の適合性を審議し、その要件が充たされない場合に「不当労働行為の意思の存否を判断するまでもなく」申立を棄却すべきだということにもならない。さきに述べたように、本判決は二元的判断構造に立っており、形式上違法である協定に基づく本件の場合でも不当労働行為になるかどうかの側面から扱っているからである。本判決の結果、このパターンは先例として確立したといってよい。

適法要件を欠く協定にもかかわらず、その中止が不当労働行為と判定された場合の救済措置には一考を要する。協定が適法要件を欠く場合には、使用者側はその控除継続について労基法違反の刑事責任を負うことになるから、労働委員会として直ちにチェック・オフの継続を命ずることは問題である。

そこで救済措置の一つとして考えられるのは、ポスト・ノーティスの救済にとどめるものである。ポスト・ノーティスは使用者の措置に対する一種の「公的」批判であるから、効果がないとはいえない。ポスト・ノーティスの救済を得た申立人側はこれを盾に、中止の「理由」とされた事実の解消のために団体交渉によりチェック・オフの復活に努めることになる。「中止の理由」が正当と認められない以上、団交拒否の「正当理由」ともみなされないであろう。

もう一つは、救済命令として当事者間で「適法な手続を協定したうえ」チェック・オフの再開を命ずることである。これは一種の「条件付」救済命令であるが、前者よりは効果的である。過半数を得ない組合にとっては多難な途であるが、従業員の過半数を代表する者の協力を得るなどして控除協定の成立に努力すべきである。企業内に併存組合がある場合にも、この方法により双方の組合が、単一の協定の下でチェック・オフを受けることが可能である。

当面の対応としては右のように考えるしかないが、本判決を生ずるに至った責任の一端は、これまでチェック・オフについてあいまいな立法政策に終始してきた立法の側にある。立法措置としては種々の案が考えられるが、少なくとも労組法上は労使の協定によるチェック・オフを使用者の「経費援助」から明文をもって除外し、これに「市民権」を与えることである。私としては、その際、諸外国の例を参考にして組合員本人の控除に対する明示の同意を要件にすべきだと考える。

労基法についても、二四条但書において他の事項とは本質的に性格を異にするチェック・オフ協定を別建てとし、従業員の過半数要件に代え、組合との協定及び組合員本人の書面による控除の同意を要件とするのが妥当と思う。

（1）最二小判平成元・一二・一一労働判例五五二号一〇頁、二審＝東京高判昭和六三・七・二七労判五二五号、一審＝東京地判昭和六一・一・二九労判四七六号、中労委昭和五四・一二・五労判三三五号、東京地労委昭和五二・三・一別冊中時九一〇号。

（2）本判決の評釈として現在までに安枝英訷・法学教室一一五号九六頁、道幸哲也・ジュリスト九五三号五〇頁、増井和男・同八七頁がある。

（3）「労働協約等実態調査」は昭和三七年以後、五年毎に行われ、昭和五四年と平成元年に「最新労働協約等の実態」として刊行されている（労務行政研究所）。「労働組合の実態調査」は、三年毎（最も新しいものは昭和六三年の調査）に行われているが、チェック・オフに関するデータについては両調査の間に若干のギャップがある。

（4）中労委事務局「労働協約調査」（昭和五六年労委協会）、東京都経済局「労働協約等実態調査結果」（昭和五七年）。

（5）Encyclopaedia Labour and Labour Law（ELL）Sweden, Suppl. 46, 1987による。

（6）ELL Finland Suppl. 75, 1987による。

（7）Employment Act 1988 Chap. 19 Sec. 7　イギリスでは伝統的に組合費は金曜の夜に開かれる支部の会合で徴収されてきたが、最近、その出席率が低下したためチェック・オフ制度に移行したといわれる。立法の趣旨は、控除を拒否することを使用者に要求する組合員の権利の保護を図るところにあるとされる。

（8）ELL USA Suppl. 31, 1983

（9）ELL CANADA Suppl. 89, 1888

(10) 中山和久・労働法大系1一六九頁。本多淳亮「チェック・オフをめぐる法律問題」峯村還暦記念二九一頁。

(11) 菅野和夫「労働法」（第二版）三九七頁。安枝英訷「労働基準法における労使協定」同志社法学三九巻三・四号二八八頁。

(12) 山口浩一郎・労働組合法二七五頁。

(13) 民訴事件として、協約失効後のチェック・オフの継続を求めた三菱重工事件・長崎地判昭和五四・三・二六労判三三一号（棄却）、右中止による損害賠償を求めた三菱重工事件・東京地判昭和五八・四・二八労判四一〇号（棄却）、ネッスル事件・水戸地土浦支決昭和六一・一・二七労判四七八号（認容）、東京高決昭和六一・一二・一労判四八七号（認容）、上部団体の脱退派と残留派の対立の中で会社がチェック・オフ組合費の全額を脱退派に引渡したため残留派組合から組合費相当額を訴求した東洋シート事件・広島地判昭和五九・二・二九労判四三八号（認容）、広島高判昭和六三・六・二八労判五二九号（認容）。組合を脱退して別組合を結成、会社に通告した者に対するチェック・オフの継続による損害賠償請求事件エッソ石油事件・大阪地判平成元・一〇・一九労判五五一号（認容）等がある。

(14) 大映事件・大阪高判昭和四五・三・三一労判一〇〇号（労委命令支持）。プリマハム事件・東京地判昭和五一・五・二一、東京高判昭和五六・九・二八労経速一一三四号（労委命令支持）。東京流機事件・東京地判昭和五八・一・二〇労判四〇四号（労委命令支持）。済生会中央病院事件・東京地判昭和六一・二・一労判四七六号、東京高判昭和六三・七・二七労判五二五号（いずれも労委命令支持）。ネッスル事件・東京地判平成元・一二・七労判五五三号。

(15) プリマハム事件・上告審最二小判昭和五七・九・一〇労経速一一三四号（原審支持）。

(16) 使用者が組合のチェック・オフの要求に応じないことそれ自体を、不当労働行為として救済を求めたケースはないが、チェック・オフを求める団体交渉を拒否したことを二号違反と申し立てたケースは少なくない。また調整事件として申請され、あっ旋で解決した事件が相当多い。

(17) 塚本重頼「不当労働行為の認定基準」総合労働研究所（平成元年）三〇二頁以下参照。

(18) 富島産業運輸事件・中労委昭和四二・三・一五命令集三六号三七三頁。

(19) 東京流機事件・神奈川地労委昭和五一・六・一八命令集五八号五九九頁、中労委昭和五四・一二・一九命令集六六集八六八頁。東京医大事件・東京地労委昭和五五・一二・二別冊中時九五号。奈良新聞事件・奈良地労委昭和五九・一・一三別冊中時九九九号。大阪暁明館事件・大阪地労委昭和五七・九・一一別冊中時九七九号二〇頁、中労委昭和六一・二・一九別冊中時一〇二九号。大空交通事件・北海道地労委昭和五九・三・二三別冊中時一〇〇一号。

(20) 前掲大空交通事件。

(21) 東京医療生協事件・東京地労委昭和五九・一〇・二別冊中時一〇〇八号。
(22) さかいタクシー事件・新潟地労委昭和六三・八・二五別冊中時一〇六一号。
(23) 前掲奈良新聞事件。
(24) プリマハム事件・東京地労委昭和四八・六・五、中労委昭和四九・七・三命令集五四集六八〇頁。最小判昭和五七・九・一〇(前掲)。
(25) 日本シェーリング事件・大阪地労委昭和五五・六・一別冊中時九五一号、中労委昭和五八・八・三別冊中時九九一号。
(26) 前掲東京医大事件。
(27) 滋賀相互銀行事件・中労委昭和四三・一〇・二命令集三九集五一三頁。富里産業運輸事件・中労委昭和四二・三・一五命令集三六集三七三頁。東京新聞事件・東京地労委昭和四二・九・二六命令集三七集二〇九頁。コシナ事件・長野地労委昭和五四・三・二〇別冊中時九二九号。日本硝子事件・神奈川地労委昭和五一・一一・一九別冊中時九〇七号。三栄興業事件・神奈川地労委昭和五九・四・五別冊中時一〇〇二号等。
(28) マックスファクター事件・東京地労委昭和五〇・一二・二命令集五七集二七七頁。
(29) 住友重機事件・東京地労委昭和五〇・一〇・二一命令集五七集一〇七頁。
(30) 社会保険鳴和総合病院事件・石川地労委昭和六〇・七・一二別冊中時一〇八号。
(31) 久留米大学事件・福岡地労委昭和六三・八・二四。
(32) いそのさわ事件・福岡地労委昭和五六・九・一〇別冊中時九六八号、同旨前掲東京流機事件。
(33) ネッスル三事件・東京地労委昭和五九・七・三別冊中時一〇〇四号、茨城地労委昭和五九・一一・二二別冊中時一〇一〇号、静岡地労委昭和六〇・三・三〇別冊中時一〇一二号、いずれも中労委支持(昭和六〇・一二・一八別冊中時一〇二三号外)。宝幸製作所事件・神奈川地労委昭和五四・七・二四(命令集六六集)。東洋シート事件・広島地労委昭和五五・八・二九別冊中時九五四号。
(34) 例えば、東洋シート事件・広島高判(前掲)は、「チェック・オフ協定を締結した当時多数派であった組合が少数派となっても組合として存続している限り、その協定の効力が失われたとはいえないとしている。
(35) 同旨前掲安枝評釈。反対前掲道幸評釈。
(36) 前掲道幸評釈は、この点において本件の多数意見は理論的に矛盾した、あるいは一貫性のないものと批判している。行訴判決の形としては私もその妥当性に疑問を感ずるが、上告審で最終的に立法の解釈が求められている以上、判決として一定の判断を下すことが必要である。その結果、違法、適法の問題と不当労働行為の成否の認定とが本件のように整合しなくなる場合があるが、これは公法と私法のギャップとしてやむを得ないと思う。

〔季刊労働法一五五号、一九九〇年〕

1　労働組合の政党支持と組合員の政治的自由――中里鉱業所事件

〔最高裁昭和四四年五月二日第二小法廷判決、集民九五号二五七頁〕

一　事実

上告人組合は昭和三七年の定期大会において同年七月参院選に民社党候補を推薦すること、反組合的行動を行った場合には統制違反として処分することを決議した。同組合の組合員である被上告人は、会社の所有地内にある個人所有の鮮魚店に公明党の推薦候補者のポスターを掲示したため、組合は臨時大会において除名処分とした。被上告人が処分無効の確認の訴を求めた。

一審の長崎地裁佐世保支部判決（昭和三九・三・三〇）は、被上告人のポスターの掲示は、個人所有の家屋とはいえ、会社所有地内で「職場と生活の場が渾然一体となった」組合員の「職場集落」において組合員に向けてなされており、かかる場合は組合の統制維持に密接に影響するものとして統制権の対象となるとしつつ、右行為は積極的に組合の統制を乱そうとする反組合的意図に出たものと認められないから、組合の除名処分は統制権の濫用に当たり無効と判示した。

二審（福岡高裁判決昭和四〇・四・二二）は、「憲法は労働組合の組合員を含む国民の最も重要な基本的人権の一つとして、政治活動の自由、就中、公職選挙に関する選挙運動の自由を保障するものであって、この憲法上の保障と労働組合の本来の目的に鑑みるときは、組合員の公職選挙に関する適法の選挙運動を、一般的包括的に制限禁止する組合決議は無効と判示して原審を支持した。

二 判旨（上告棄却）

（一）「労働組合は、憲法二八条による労働者の団結権保障の効果として、その目的を達成するために必要であり、かつ、合理的な範囲内においては、その組合員に対する統制権を有するが、他方、公職の選挙に立候補する自由は、憲法一五条一項の保障する重要な基本的人権の一つと解すべきであって、労働組合が、地方議会議員の選挙に当たり、いわゆる統一候補を決定し、組合を挙げて選挙運動を推進している場合に、統一候補の選にもれた組合員が、組合の方針に反して立候補しようとするときは、これを断念するよう勧告または説得することは許されるが、その域を超えて、立候補を取りやめることを要求し、これに従わないことを理由に統制違反者として処分することは、組合の統制権の限界を超えるものとして許されないと解すべきこと（昭和四三年十二月四日大法廷判決）、この理は、労働組合の統制権と組合員の立候補の自由との関係についてのみならず、立候補した者のためにする組合員の政治活動の自由との関係についても妥当する。」

（二）「被上告人組合の大会決議は、組合の推薦する特定候補以外の立候補者を支持する組合員の政治活動を一般的・包括的に制限禁止し、これに違反する行動を行った組合員は、統制違反として処分されるべき旨を決議したものであって、前記大法廷判決にいう組合の統制権の限界を超えるものとして無効と解すべきである。」

三　解　説

労働組合における政治活動の自由と組織統制の問題は、団結権の保障にかかわる重要なテーマであり、組合員の立候補の自由に関して最高裁大法廷が判断を示したところである（三井美唄事件）。

労働組合が公職選挙に際して特定の政党を支持し、または特定の候補者への支持を決め、これに違反する組合員に統制処分を科した場合の先例事件としては、これまでに三井美唄事件、倉敷レイヨン労組事件（松山地裁西条支判昭和三九・七・一五）と本件の三件がある。倉レ労組事件は本件とはほぼ同じ内容であり、三井美唄事件は、組合の統一候補以外の組合員が立候補したことを理由とする除名処分が公選法に違反するかどうかが争われたものである。

三井美唄事件高裁判決（札幌高判昭和三八・三・二六）は、「労働組合が統一候補を立てた場合、組合の団結力を阻害し、または反組合的な態度をもって立候補する組合員があるとき、組合の統制権が何ら及ばないとすることは組合の本質に照らし正当でない」とする判旨は、本件一審および倉レ事件判決に深く影響を及ぼしたと思われる。本件二審は、結論は原審と同じだが、本件における組合決議を、組合員の選挙活動に対する一般的・包括的制限とみて、統制権の有効性を否定した。この判旨は三井美唄事件における最高裁大法廷判決が何がしかの影響を与えたと思われる。すなわち、大法廷判旨は「立候補の自由は……基本的人権の一つであるから、これに対する制約は、特に慎重でなければならず、組合の団結を維持するための統制権の行使に基づく制約であっても、その必要性と立候補の自由の重要性とを比較衡量してその拒否を決すべき」であるとしつつ、組合が統制処分として勧告または説得以上に違反者を処分することは違法とした本件第二小法廷、右大法廷判決判旨を踏襲し、この理は「労働組合の統制権と組合員の立候補の自由との関係についてのみならず、立候補したもののためにする組合員の政治活動の自由との関係についても妥当する」として原審を支持し、上告を棄却した。

第二小法廷判旨により、公職選挙における組合員の政治活動に対する組合の統制権は、組合員自身の立候補であれ候補者への支援活動であれ、（制裁処分の伴わない）「勧告」または「説得」の範囲においてのみ認められることが明らかにされたといえる。

労働組合が公職選挙に際して特定の政党または候補者を支持したり、あるいはその政党または候補者の選挙運動を組合として支援する旨の決議をし、この決議に違反した組合員に対する統制処分の効力については、従来、学説は（一）政治活動の自由の原理からそのような決議も統制処分も無効とするもの、（二）そのような決議は、組合員の多数意思の確認に過ぎず、決議自体は一応無効であるが、決議無効の訴は認めるべきではないし、また決議違反に対しても統制権を行使することは許されないとするもの、（三）組合支持に反する政党または候補者の選挙運動に積極的役割を果たした場合は、統制処分をなしうるとするもの、（四）組合による特定政党または候補者支持の決議は、具体的に労働者の経済的地位の向上に役立ちうる限度においてのみ組合員を拘束するとするもの、に分かれた。主たる対立点は、国民の政治活動の自由は組合の団結権ないし統制権をもってしても制約しえないとする考え方と、組合が多数意思によって特定の政党支持を決議したうえ、違反者を統制処分にかけることは違法とする考え方との対立といえる。

本件一審が後説の立場を、二審が前説の立場をとっていたが、問題は、本件における組合の決議の内容に関し、両審の間に認定ないし解釈上、大きな違いがあったことである。そしてこれにより組合員の選挙活動の自由に対する「一般的・包括的制限と見るかどうかの判断に大きく影響することになった。

本件判旨のもう一つの問題点は、三井美唄事件の最高裁大法廷判旨との食い違いである。すなわち、大法廷は組合が公職選挙に際して組合として統一候補を選出してこれを支持する決議自体の有効性を肯定しているのに対し、本件判旨は決議を統制権の限界を超えるものとして無効と判示している。

そもそも組合の決議はいかなる意味において法的評価を受くべきものであろうか。組合大会は組合の最高意思決定機関であり、ここで決議された事項は組合の基本方針として組合の内外における行動を規制する。組合（の多数意思）が組合員に向けてなした決議について、法的評価を加えるということは裁判所による組合の内部問題への不当な介入のおそれがある。もちろん、組合の決議が明白な違法行為または公序良俗違反行為を指示するような場合、それ自体が無効とみなされるべき場合があるが、こと組合の政治活動の領域においては、決議の表現はともかく、組合としてもその拘束力の相対性を認識しているのであるから、法的な評価は決議違反に対する統制権の発動の効果としての処分についてこれを考えれば十分であると思われる。三井美唄事件の最高裁大法廷判旨および本件一審判旨がとった立場は、この意味において正当であると考える。

労働組合が多数意思によって特定の政党を排他的に支持したり、そのスポンサーになることについては、憲政論上、あるいは組合運動論上多くの批判があるであろう。しかし、組合がその従たる目的としての政治活動を通じて団結を強化しようとする意思はそれ自体としては正当なのであるから、問題は、組合がその目的を達成するために決議を遂行する手段の当否にあるのであり、その手段が組合員の国民として持つ政治活動の自由を侵害する時点において統制権の限界を考うるべきものである。学説は、決議自体を無効とみてしまうものと、決議は組合員の意思確認の意味しかないとしながら、なお、法的に無効とみるもの、意思確認以上の意味を持つ決議を無効とするもの、決議自体の効力を問題にする必要をとくに認めないもの等があるが、論議の焦点が処分の有効性に置かれる結果、決議自体を無効と考える理由についての説明が十分でないように思われる。

一・二審で事実認定において微妙な差異を見せた選挙ポスターの掲示場所の問題も興味深いものであるが、本件小法廷では問題にされなかった。もっとも、組合員の政治活動とくに選挙活動は、通常、その就労場所、時間外に行われることが多いから、組合の支持しない候補者のポスターが何処に掲示されようと、それが組合の統制違反行為であることには変わりがないのであるが、本件においては、組合がかねて会社構内におけるポスター等の掲示を組合の許可制にすることによって組合員の政治活動をこの面から日常的に規制しており、その上にさらに大会決議が行われているので、会社構内における他党候補者のポスター掲示は決議違反と同時に組合規約違反を構成する事情にあったのである。ほんらい選挙ポスターは、その貼付場所によって効果を異にすることは当然で、組合が本件において原告が会社構内の鮮魚店にこれを掲示した点を特に団結に対する挑戦と受け取ったことは容易に理解しうるところであり、一審はこれを「職場集落」における団結侵害と構成した。これに反して二審は、むしろ掲示場所の公共的性格に重点を置いて、組合による規制を組合員の国民としての政治活動の自由への侵害と構成したように見える。いわゆるカンパニー・タウンにおける組合の政治活動の自由の問題は、かなり重要問題であるが、本件のような形で問題が処理されたことによって法的判断の機会はあるいは失われてしまったかもしれない。

〈参考文献〉

川口實「労働組合の政党支持の自由」季刊労働法七一号、籾井常喜「政治活動の自由と組織統制の限界」季労七一号
本件一審について秋田・ジュリスト三六五号。二審について片岡曻・判例評論八八号（判時四三五号）

〔ジュリスト昭和四四年度重要判例解説、一九七〇年〕

第二部　団体交渉・労働協約

〈解　題〉

山川隆一

秋田教授は、団体交渉・労働協約の分野のうち、特に団体交渉権について、比較法的検討や労働委員会における実務経験も踏まえた本格的な検討をなされており、それらは同教授の重要な業績のひとつをなしている。

まず、「団体交渉応諾請求仮処分事件に関する一考察」（本書第二部**1**）は、昭和四〇年代から五〇年代にかけて様々な議論がなされた、使用者の団交拒否に対して裁判所が団交応諾を命じうるか、団体交渉権はそのような請求をも基礎づけうる私法上の権利としての性格をもつものか、という根本問題について、いくつかの注目すべき裁判例を踏まえて検討した論稿である。

本論文は、憲法二八条からは私法上の団交応諾請求権は発生しないとしつつ、労組法七条二号については、公法上使用者が団交を正当な理由なく拒否することを禁じたのみならず、私法上も、使用者が団交に応ずる義務を設定しているものと解している（また、その強制履行の方法として間接強制を承認する）。こうした見解の論拠としては、労組法七条については、同条一号違反の解雇につき、既に地位保全の仮処分の申立てや地位確認訴訟の提起ができることが承認されており、また、団結活動に対する妨害排除の仮処分等も認められている（当時の）現状との均衡が挙げられている。

この点については、労組法七条違反の解雇が無効となること（同条を私法上の効力規定と解すること）と、同条を根拠に私法上の請求権を肯定することとは次元の異なる問題であるとの指摘が可能であると思われるが、本論文は判例評論に掲載されたものであるため分量の制約があり、こうした論点については踏み込んでいない。むしろ、この問題についての本格的検討は、約一〇年後に書かれた以下の論文を待つことになる。

次に、外尾健一教授編の『不当労働行為の法理』（一九八五年）に掲載された、「団体交渉権の権利の性格について」（本書第二部2）は、権利の果たす機能の分析、及び比較法的分析を踏まえて、団体交渉権の性格を包括的に検討した大作である。

まず、本論文は、団体交渉についての諸外国の法制を比較検討し、法的に（行政によるか司法によるかは別問題として）履行強制が可能なものとしての団体交渉権を付与する国がある一方で、そうした法的取扱いに消極的な国も多数みられることを指摘したうえ、そうした状況の背景には、労働協約の締結を目的としつつも労働協約の締結自体は強制されないという点での団体交渉の特殊性や、団体交渉の基礎となる労働組合の組織形態や労使関係の複雑性などがあると説く。

こうした中で、わが国の労組法は、アメリカ合衆国と同様に、使用者に対して団交義務を課する法政策を採用しているが、本論文は、労組法を中心としたわが国の実定法上の諸規定に照らして、団体交渉権につき、団結権・団体行動権（免責権）としての性格を含んだものであり、また、個々の組合員ではなく組合自体が固有に有する「集団的」権利としての性格を有するとする。

以上のような分析を踏まえて、本論文は、団体交渉権の私法的効果というかねてから争われてきた論点につき検討を行う。すなわち、本論文は、労組法七条二号に一定の私法的効果を認めたうえで（この点は先の「団体交渉応諾請求仮処分事件に関する一考察」と軌を一にする）、同規定から導き出される私法上の団体交渉権とは、労働組合が使用者に対して、使用者が団体交渉に応ずべき地位にあることの確認を求めうる権利であるとの結論を提示している。そして、このような意味での確認請求訴訟を本案として、仮処分手続においては、任意の履行に期待する仮処分としての団交応諾仮処分を求めうる（間接強制は否定する）と説いている。

本論文のこのような見解は、(1)団交に応ずべき地位の確認の訴えを認める点、(2)その根拠として労組法七条二号を援用する点、及び、(3)これを本案として団交応諾仮処分を肯定する点において特色がある。(1)と同旨の見解は本論文以前、またはほぼ同時期に発表された著書でもみられたところであるが[1]、確認の訴えを根拠づける規定をどこに求めるかは必ずしも見解の一致が見られなかった。一九八七年に下された国鉄事件の高裁判決（東京高判昭和六二・一・二七労民集三八巻一号一頁）[2]は、団交に応ずべき地位（労働組合からみれば団交を求めうる地位）の確認訴訟を認めるにあたり、労組法七条を根拠としているが、本論文はこの判決に影響を与えたものと推測される。

他方、(3)に関しては、その後の下級審裁判例において、団交応諾仮処分を認めたものは現れていない。本案訴訟が団交に応ずべき地位の確認訴訟であるとすれば、それに対応する仮処分は、団交そのものの実施を命ずるという意味での団交応諾仮処分というよりは、団交に応ずべき地位を仮に定める仮処分となるのが通常であると思われるので（強制履行が否定されるのであれば、任意の履行に期待する仮処分という点では同じであるが）、この点については、より詳細な論拠が求められるのではないだろうか。

続いて、日本労働協会（現・労働政策研究・研修機構）が刊行した「テキスト双書」の一環をなす『新版　就業規則と労働協約』（一九八一年）のうち、労働協約に関わる、第二章Ⅴ「労働協約制度と立法の関与」（本書第二部**3**）、及びⅥ「労働協約の期間と終了」（本書第二部**4**）をとりあげる。

まず、第二章Ⅴ「労働協約制度と立法の関与」は、労働協約をめぐる法政策につき主要国の状況を整理したうえ、わが国は、労働協約に個々の労働契約を規律する効力を法律上与えている点で大陸法系に属するとしたうえで、実定法における協約の取扱いを概観し、進んで、協約の規範的効力、その拡張適用、債務的効力、及びユニオン・ショップ条項について、裁判例等を紹介しながら解説を加えている。次いで、同Ⅵ「労働協約の期間と終了」は、労働協約の有効期間と解約に関する法的取扱いを概説し、また、労働協約失効後の労働関係、特にいわゆる余後効の問題について、諸外国の状況や裁判例を踏まえて詳細に解説している。

本書は、一般社会人等を主要なターゲットとして企画されたものとみられるため、本書の記述は極めて明快かつ平易であり、その反面、秋田教授独自の見解はあまり表に出されていないものとなっている。しかし、広範な比較法的知識を背景に日本の法制度の位置付けを行っている点では、同教授の面目躍如たるものがあるといえる。

労働協約については、同教授の業績は団交交渉に比べて必ずしも多数に及んではいないが、これは、同教授が主として研究してきたイギリス法が、労働協約に法的効力を付与するのに消極的であること、他方で、日本法が上記のように大陸法系に属することを反映したものであるのかもしれない。しかし、本書のような明快な分析・解説に接し、また、近年では、労働協約による労働条件の引下げの限界が大きな議論の対象となっていることにかんがみると[3]、同教授の労働協約に関する見解をさらに詳しく伺いたいという気持ちを禁じ得ない。

（1）　山口浩一郎『労働組合法（初版）』一五一頁（有斐閣、一九八三年）は、憲法二八条及び労組法七条二号を根拠とし、菅野和夫『労働法（初版）』四三〇頁以下（弘文堂、一九八五年）は、労組法六条等を根拠に挙げる。

（2）　最三小判平成三・四・二三労判五八九号六頁により支持されている。

（3）　判例では、朝日火災海上保険（石堂）事件・最一小判平成九・三・二七労判七一三号二七頁などがある。

1　団体交渉応諾請求仮処分事件に関する一考察

一　最近における三つの決定例――事実と判旨

①　却下例――新聞之新聞社事件（団交応諾仮処分申請事件、東京地裁昭和四九(ヨ)二三四〇号、昭和四九・一一・二五民六部決定、判例時報七六二号一〇四頁）

【事実】　被申請人会社では、その従業員二名ＡＢが昭和四九年七月二二日に申請人組合（Ｘ）を結成し、同日、上部団体である全労協に加盟、団体交渉権を委任した。翌日、組合は全労協所属の七名の者とともに会社の社長室に無断で入りこみ、社長をとり囲んで組合の結成通告をなすとともに、直ちに団交を求めた。その時は、社長は警察の助力で脱出することができた。その後、会社は組合員氏名を明らかにすること、外部団体を交えない団交を主張し、予備折衝について組合と話し合い八月一日にＡＢのみが出席する団交を（一時間の制限で）行なったが、終る頃、全労協所属と思われる七、八名が押しかけトラブルがあった。以後、数回にわたってこれら部外の者が会社に無断立入りや坐り込みをし、職制に罵詈雑言を浴びせたり、取り囲んで確認書に署名を強要したりした。ＡＢはこれらの者と行動をともにした。会社は業務に支障が生ずることをおそれて九月一三日以降、終日、玄関扉を閉め切り、インターホンで出入者をチェックしたが、組合に対しては平穏裡に団体交渉をなす意思を伝えた。組合は、会社が組合側出席者の氏名、人数を指定すること、団交を委任した者の職業、住所等の明示を求めること、団交の場所を社外とすることは不当労働行為だとして反対し、交渉は進展しなかった。申請人が会社を相手として申請人およびその委任する者と誠実に団体交渉することを求める仮処分を申請したのが本件である。

【判旨】（申請却下の理由）　各事実を検討するに、AB両名および全労協所属と思われる者達が、組合の結成通告の際、以降になした言動は、被申請人の態度等と対比してみても、行き過ぎの感を免れず、穏当さを欠くものといわざるをえない。そしてABが、組合員の人数、氏名を明らかにしないこと、申請人が被申請人に対し団体交渉を要求するに際し、団体交渉の場に出席しようとする全労協に所属する者の氏名等を明らかにしようとしないことも、相手方に誠実なる団体交渉を求める者の態度としては相当といえない。そうすると、以上のような態様のもとにおける申請人の団体交渉請求権の行使は信義則に反し、許されないものというべきである。

② 却下例——寿建築研究所事件（団交応諾仮処分申請事件、東京地裁昭和四八(ヨ)二二七六号、昭和四九・一二・九民一九部決定、判例時報七六三号二三頁）

【事実】　本件は被申請人たる寿建築研究所の従業員で申請人組合たる建設関連産業労働組合の組合員Kが被申請人から解雇され、その撤回のための団交が中途で打ち切られたため、組合から被申請人を相手として団交応諾を求める仮処分を申請したものである。組合は本訴と同時に地労委に団交応諾の救済命令を申し立て、東京地労委はこれを認めて本決定の少し前に、被申立人は申立人組合が申し入れたKの解雇の件についての団体交渉を、(ア)団体交渉を再開すること、は無意味であること、(イ)組合が暴力を振うおそれがあること、を理由として拒否してはならない、旨の命令を出している（昭和四九・一一・五命令）。この争訟とは別に、Kは本件における団交事件の原因となった解雇（第一次および第二次解雇）の有効性を争い、東京地裁に地位保全の仮処分を申請していた。そしてこの事件も同じ民事一九部で同一裁判官により審理され、本件と同日付で、解雇を有効（一次解雇は無効だが、就労闘争による業務妨害等を理由とする二次解雇は有効）と認める申請却下の判決が出された（この事件も寿研究所事件と呼ばれるが、ここでは同判決を「解雇事件」、本決定を「団交事件」と呼んで区別することにする）。

本件「団交事件」の決定では、「解雇事件」判決の中で、同一裁判所が当事者間の労使関係について実質的判断をし結論を下している関係からか、被申請人の申請人に対する団交拒否についての内容評価を全くしていない。そして専ら、申請人に本件仮処分申請における被保全権利としての団体交渉請求権が存在するかどうかを全く理論的見地から検討し、これを消極に解することによって申請を不適法として却下したものである。その意味では、本決定は事実関係と無関係であるが、参考のために本件における団交拒否が発生した事情を述べておこう。Kの第一次解雇は、残業（三六協定なし）をめぐる副所長とのトラブルが主因であり、「解雇事件」の判決も被申請人の解雇理由とするところは首肯し難い、としている。問題は、その後、Kが一次解雇撤回要求として組合とともに展開した団交要求闘争のしかたであり、四七年八月二日の団交における大衆団交要求、打切の実力阻止を皮切りに、九カ月に及ぶ、所内強行立入りによる業務妨害、暴力行使、京都、賢島その他居住地における所員に対する嫌がらせ行為が被申請人をして団交を拒否させ、かつ、二次解雇（昭和四八・五・七）を決意させたものである（「解雇事件」判決は二次解雇を社会通念上相当で不当労働行為が成立する余地はなく、解雇権の濫用といえないと判示）。

【判旨】　一　団体交渉権はいわゆる労働三権として憲法二八条により保障された労働者の基本権であることから、国と労働者との関係において国がこれを不当に侵害してはならないという意味において労働者の単なる自由権として保障したにすぎないものではなく、使用者に対する関係において尊重されるべきことが労使間の公の秩序であるとしてこれを保障したものと解される。したがって、労働者の団体交渉権を不当に侵害する行為は、それ自体違法であり、損害賠償責任を生ぜしめるほか、法律行為においてはその効力を否定するにいたらしめる。しかしながら、団体交渉権を権利といってみても、そのような労働者の権利に対応する法律上の義務を使用者に認めうるような性格のものでないから、憲法二八条の規定は、これによって労使間の団体交渉に関する具体的な権利義務を設定したものではないと解すべきである。したがって、申請人が憲法上団体交渉権を保障されているということから、直ちに被申請人が申請人の団体交渉の申入れに応ずべき法律上の義務を申請人に対して負うことにはならない。

二　労組法七条二号の規定は、これにより使用者が団体交渉の不当な拒否をしてはならないという公法上の義務を負い、かつ、これにつきるものというべきであるから、これによって直接に労働者の使用者に対する団体交渉請求権を設定したものではないと解すべきである。したがって、被申請人が申請人との団体交渉を不当に拒否していると仮定してみても、そのことから直ちに被申請人が申請人に対して団体交渉に応ずべき法律上の義務が発生する筋合ではない。申請人が主張するような団体交渉請求権というものの実定法上の根拠はさらにない。

③　認容例――芦原運輸機工事件（団体交渉応諾仮処分命令申請事件の仮処分決定正本に基づく間接強制申立事件、大阪地裁昭和四九㈲七一三九号、昭和四九・一一・一四民一部決定、判例時報七六二号一〇七頁）

【事実】　申請人全国自動車運輸労働組合大阪合同支部芦原運送分会は被申請人葦原運輸機工株式会社に雇用される組合員のために昭和四九年度夏季一時金につき団体交渉を申し入れたが、被申請人が応じないので団交応諾の仮処分を申請、容認された（大阪地裁昭和四九年㈸二三一三号）。申請人分会は、右債務名義に基づき同年八月七日、一〇日、一三日、一四日とそれぞれ団交を申し入れたが、被申請人はなお、団交に応じないので、一日につき金二〇万円の割合による間接強制の申立をした。本件決定は、申立を認め、被申請人に対し、「決定の告知を受けた日から七日以内に申請人と誠実に団体交渉をせよ。もし被申請人が右期間内に履行をしないときは、申請人に対し、右期間満了の日から履行のあるまで遅延一日につき金五万円の割合による損害金を支払え」と命じた。

【判旨】　（決定理由）　当庁昭和四九年㈸二三一三号仮処分命令が被申請人に告知されてから本件間接強制申立

事件の最終の審尋期日である昭和四九年一一月一日までの間において、「右当事者間で数回の団体交渉が持たれたか又は持たれようとしたが、結局、被申請人は夏季一時金の支給額と支給基準の一端を既定のものとして一方的に申し渡すのみで、申請人側の要求や質疑事項に対しては黙殺を続け誠意ある回答を行なっていないものと認められる」から、申請人の本件申立を相当と認める。

二　三決定の意義と考え方について

一　ここでとり挙げる三件は、団交応諾請求の仮処分に関する最近の注目すべき判例である。（1）団交応諾の仮処分については、その当否および法的根拠をめぐって特に最近、学説・判例（2）の見解の対立の厳しいものがあるが、三件いずれも、これらの見解の相違を十分に意識したうえ、それぞれ独自の立場に立って結論を出しているように思われる。すなわち①事件は、結論として申請を却下したが、団交応諾の仮処分そのものを否定する立場からではなく、申請人側の団交権行使の仕方が信義則に反するとの実態論的理由によって却下したものとして、②事件は、団交応諾の仮処分を認めることの根拠を疑問とし、正面からこれを否定した点において、そして③事件は、②事件の立場とは対蹠的に、右仮処分の請求につき肯定説に立つばかりでなく、損害金の支払による間接強制を認めた点で、昭和四七年五月九日の東京地裁の決定（注（2）の〔15〕）事件に次ぐ二番目の事例として注目に価する。そして、このような判例の決定的な対立という事実は、団体交渉というほんらい自主的な労使関係の問題に対する司法機関としての裁判所のありかたについての再考と、立法的解決を含めた何らかの解決措置の必要とを示唆しているように思われるのである。

（1）　なお、最近の団交応諾仮処分の事例として別の意味で注目すべきものが一件ある。労使間にすでに賃金協定（協約）が締結されているが、組合側が最近の物価高騰を理由として右協定にかかわらず、インフレ手当の支給を要求し、会社側に拒否されたためその団交応諾の仮処分を申請し、それが認容されたもの（東京自動機械製作所事件・千葉地松戸支決昭和四九・七・四労判二〇五号、理由なし）である。問題の観点がやや異なるので本評釈では割愛する。

（2）　団交応諾の仮処分につき本三件までの先例を肯定、否定に分類すれば次の如くである（引用の便宜上番号を付す）。
（肯定例）〔1〕太平洋工業事件・岐阜地大垣支決昭和二四・五・二三労働民事行政裁判資料六号二二六頁、〔2〕品川白煉瓦事件・岡山地決昭和二五・五・二六労民集一巻三号四八八頁、〔3〕阪神電鉄事件・大阪地決昭和三〇・四・二一労民集六巻三号三一八頁、〔4〕福井交通事件・福井地決昭和三四・三・一六労民集一〇巻二号一三九頁、〔5〕福井放送事件・福井地決昭和四〇・六・二六労民集一六巻三号五五五頁、〔5〕大映事件・東京地決昭和四〇・七・九労民集一六巻四号五六六頁、〔7〕穂別炭砿事件・札幌地室蘭支決昭和四〇・一二・九労民集一六巻六号一一〇二頁、〔8〕米子作業所事件・鳥取地米子支判昭和四一・五・一九労民集一七巻三号六四六頁、〔9〕日産自動車事件・東京地決昭和四一・九・一七労民集一七巻五号一〇九三頁、〔10〕日動火災事件・東京地決昭和四二・一二・一二労経速六四四号六頁、〔11〕富士火災事件・東京地決昭和四三・七・八判時五二八号八三頁、〔12〕住友海上火災事件・東京地決昭和四三・八・二九労民集一九巻四号一〇八二頁、〔14〕下諏訪町事件・長野地諏訪支決昭和四五・二・二判時五八九号七七頁、〔15〕日通商事事件・東京地決昭和四七・五・九判時六六七号一四頁、〔16〕ドルジバ商会事件・神戸地決昭和四七・一一・一四判時六九六号二三七頁、その他、本案訴訟において団交応諾請求権を認めた事例として〔17〕国鉄事件・東京地判昭和四五・三・一六労民集二一巻二号三一九頁。

（否定例）〔18〕興和工業事件・名古屋地判昭和二三・一二・八労働民事行政裁判資料三号一八一頁、〔19〕機労事件・東京地判昭和三二・一一・二労民集八巻六号八七二頁、〔20〕全電通事件・東京地決昭和三五・一一・二一労民集一一巻六号一三四一頁、〔21〕東海学園事件・名古屋地決昭和四三・七・二労民集一九巻四号八一一頁、〔22〕日産車体工機事件・京都地決昭和四六・四・一労民集二二巻六号九八一頁。なお、団交応諾の仮処分申請事件ではないが、団結妨害排除の仮処分につき妨害排除請求権を否定した事例として〔23〕住友重機・富田機器事件・津地四日市支決昭和四八・一・二四労経速八〇七号三頁がある。

二　まず①事件であるが、本件では、被申請人側が団交拒否の実質的理由として申請人側（外部団体等）の不穏当な態度を主張するほか、理論上の問題として、申請人側に「具体的」団体交渉請求権のないこと、換言すれば、団体交渉はその内容たる給付が特定しないから使用者は私法上の債務としてこれを負担する義務のないこと、団交応諾の仮処分は仮処分制度になじまないことを主張していた。

これに対し、決定は、申請人側の後の主張には一切答えることなく、専ら団交拒否の実態的側面のみを検討し、本件のような態様のもとにおける申請人の被申請人に対する「団体交渉請求権の行使は信義則に反し、許されないもの」と判断し、「そうすれば」「その余の点につき判断するまでもなく」、本件申請はその理由を欠くとして却下した。この立場は、②事件決定が、本件同様、結論としては申請を却下したが、その判断に当ってまず、申請人の被保全権利としての「団体交渉請求権」の存否を問題とし、これを消極に解して、仮処分申請そのものの不適法を理由とし、団交拒否の可否の実態的判断には全く触れることなく却下しているのと全く対蹠的である。先例に照らすと、仮処分申請却下事例では、むしろ②事件のケースが普通である（例えば〔21〕事件など）。これに対し、認容例では、実態的判断をまず行なったうえ、被保全権利の法理に説き及ぶもの（例えば、〔16〕事件）と、その逆の説示のしかたをしたもの（例えば〔12〕事件）とがある。仮処分の決定理由につきどちらかの判断を先にしなければならないという必然的理由は見当たらないから、それは裁判所の裁量の問題である。ところで、本件決定のように、仮処分請求の可否についての実態的判断を先にするという立場をとる場合には、理論上は、請求権を肯定する考え方を前提としているとみてよいように思う。もし、団交応諾仮処分そのものについて否定説をとるのであれば、前者についての判断は無用に帰するからである。その意味で、本件は、結論として請求を却下しているとはいえ、団交応諾の仮処分そのものについては肯定説に属するとみるべきであろう。従って、本決定が「団体交渉権の行使は信義則に反し許されない」という場合の「団体交渉権の行使」とは、対使用者関係におけるそれとともに、訴訟上の請求権としての権利の意味もそこに含ませているように思われる。

それはともかく、本件決定が実態的判断として、申請人組合の団交権の行使を信義則違反とみた理由の主たるものは、その団交を求める際の態度、特に上部団体たる全労協のやりかたにあるようである。団体交渉が労使間の自主的交渉である以上、交渉当事者双方に「誠実な」交渉態度が要求されることは当然であり、暴行まがいの吊しあげ的行動が使用者に団交応諾義務の免責の正当事由を与えることは否定すべくもない。しかし、団体交渉の過程には多かれ少かれ人間感情の相互作用が伴なうから、「誠実」性とか、信義則はなるべく団体交渉を進捗させる方向においてフェアでなければならない。決定理由はそのいきさつを細かに検討した後、申請人らの言動が全体として「行き過ぎ」で「穏当さを欠く」と認定したのであるが、特に申請人らが組合員の人数、氏名を明らかにしないこと、団交出席の全労協についての被申請人の問いに答えようとしなかったことが「誠実なる団交を求める者の態度として」相当でない、としている点が注目を引く。労委命令には、合同労組のケースにおいて組合員名簿等の提出要求事件につき、従業員が何らかの方法で合同労組の組合員であることを示せば足ると判断した例（鈴木ミシン事件・宮城地労委昭和三四・八・一二）があり、判例には、要求事項が組合の構成員数に重要な関係がある場合、会社は名簿の提出を求め得ると判示したものがある（金星自動車事件・札幌地判昭和三八・三・八労民集一四巻二号四〇四頁、事案により反対の結論となったものとして新星タクシー事件・東京地判昭和四四・二・二八労民集二〇巻一号二一三頁）。

本件認定については評価を避けるが、事案は、②事件とともに、上部団体の組合員で非従業員たる労働者の企業内交渉における行動様式について考えさせるものを含んでいるといえる。

三　②事件は、申請人らの団交要求＝拒否のいきさつにおいて①事件と類似の側面（上部団体の関与）をもつが、既述のように、裁判所は申請却下の決定理由をもっぱら、団体交渉請求権の不存在に求め、実態的判断を全くしていないので、考察も、右の理論的問題に限定する。

決定は、団交応諾の仮処分の被保全権利としての団体交渉請求権の存在を否定し、肯定説が論拠とする法的根拠つまり、憲法二八条、労組法七条二号のそれぞれについて否定論を展開する。

決定は、(1)まず、「憲法二八条根拠説」に反対して、要旨次のように説く。すなわち、㈠同条にいう「勤労者が団体交渉をする権利」とは、国が労働者の基本権として「使用者に対する関係において尊重されるべきことが労使間の公の秩序であるとしてこれを保障したもの」である。したがって、㈡労働者の団体交渉請求権を不当に侵害する行為は、それ自体違法であり、損害賠償責任を生ぜしめるほか、「法律行為においてはその効力を否定するにいたらしめる」。しかしながら、㈢団体交渉請求権を権利といってみても、「もとよりそのような労働者の権利に対応する法律上の義務を使用者に認めうるような性格のものでない」から、憲法二八条の規定は、これによって労使間の団体交渉に関する具体的な権利義務を設定したものではないと解すべきである。したがって、㈣申請人が憲法上団体交渉権を保障されているということから、直ちに被申請人が団体交渉の申入れに応ずべき法律上の義務を申請人に対して負うことにはならない、と。

右の㈠―㈣の各主張は、㈡の「法律行為においてはその効力を否定される」という説明を除き、これまでの否定説に立つ諸判例〔19〕〔21〕〔22〕事件の判旨がすでに述べているところであって特に目新しいものではない。ところで、㈠と㈡の論旨は、それ自体肯定説も否定するところではないから、結局、肯定説と否定説の岐れ目は、㈡から㈢への推論のところにあるといえる。すなわち、憲法二八条に依拠して被保全権利を肯定する判例の一つである〔16〕事件は、憲法二八条の団体交渉権は、労使の対抗関係を予定するものであり、しかも、団交権は労働三権の中でもひときわ重要性が高いということから、労働者が具体的、特定の事項につき団交を求める場合には、使用者に応諾義務が発生する、とみるのに対し、本件決定は、右の判旨と出発点を同じくしながら、結論を全く異にする。そこで、㈠―㈡―㈢―㈣の論理の組立てをもう少し詳しく追ってみると、次のようなことであろう。まず、㈠では、憲法二八条の団交権保障の意味は、単なる国の公法的義務を定めた「自由権」的規定ではなく、対私用者関係における公序（違反）評価の基礎を定めたものと解すべきである。そこで、㈡その（私）法的効果は、団交権の（国のみならず使用者の）不当侵害を「違法」（従って不法行為が成立）、かつ、「無効」ならしめる。しかし、その（民事上）の効力はそれにとどまり、㈢さらに積極的に、団交の相手方を交渉に応じさせるという意味の効力をもつものではない。団交権という「権利」の性格は、当事者間に権利―義務の対応関係を生じさせるものではない。従って、㈣使用者は、憲法二八条に基づく団交応諾の義務を負わない（決定は「法律上」の義務を負わないといっているが、労組法上の義務はあるのだから、誤解を招く表現である）から、申請人も仮処分申請における被保全権利としての団体交渉請求権を有しない、と。

右の説明において、私は私法的効果とか民事上の効力を括弧づきで表現したが、それは判旨がそのように明言しているわけではないからである。しかし、憲法上保障された権利の侵害行為が、違法とか、無効とされ、さらに賠償責任を生ぜしめる、といわれる場合の法的効果とは、「民事」上のそれをいっているか、あるいは少くともそれを含んでいる、とみるのが、むしろ一般的考え方であろう。特に損害賠償責任とは、労働者側の使用者に対する私的なそれであることは明らかであるから、民法七〇九条に依ることなく、直ちに憲法二八条からそれが生ずるというのであれば、それは私法的効果を意味しているとみるべきであろう。判旨が「法律行為においてその効力を否定」されるというのも、やはりそういう意味ではないかと思う。そうだとすれば、本件決定は、㈡において、憲法二八条から、部分的にせよ、私法的効力が生ずることを認める立場をとったのだと解することができるし、その点で、団結妨害排除請求事件〔23〕事件に関する津地四日市支決（昭和四八・一・二四）が、憲法二八条についても「直接私人間に権利義務関係を設定したものとは到底解し得」ない、と断じているのと全く対蹠的であり、しかも、本件決定が、憲法一四、一九条について、明確にその「私人相互の関係を直接規律する」効力を否定した大法廷判決（三菱樹脂事件・昭和四八・一二・一二）の後に出ているだけに注目されるのである。

ところが、決定はそれに引き続き、㈢で一転して、団体交渉権を権利といってみても、そのような権利に対応する「法律上の」（この意味は不明確である）義務を使用者に認めうる性格のものでない」から、憲法二八条は、「労使間の団体交渉に関する具体的な権利義務を設定したものではないと解すべき」だという。憲法二八条の団体交渉権の保障が、応諾義務という私法上の請求権を生じない、とみるのは、一つの解釈であり、私見もこれに賛するが、そのことから直ちに、憲法二八条が具体的権利義務を設定したものではない、とする全面的否定説を引き出すのは、判旨がすでに肯定した部分㈡の論旨と明らかに矛盾する。㈡から㈢㈣への論旨の展開には理解に苦しむものがある。判旨は、団交権侵害につき賠償請求権が発生するという事実から、当然に「団体交渉請求権」という被保全権利が生ずる、とした肯定説判例〔5〕事件を意識してこれを却けるためにこういう議論を展開したのであろうか。

以上、本決定の(1)の判旨は、私が推測したように従来の否定説と違って憲法二八条に一定の私法的効果を認めたうえで請求権としての団体交渉権を否定したのか、それとも否定説と全く同趣旨なのか、必ずしも明確ではないが、私見としては、後述のように、団交応諾の仮処分の申請を理論上、肯定する立場をとるとはいえ、これを（労組法のような実定法規ではなく）憲法二八条から直ちに肯定する説には反対であり、その点で本件決定(1)の結論に賛することになる。

(2)次に、本件決定は、労組法七条根拠説を批判し、労組法の不当労働行為諸規定からみて、同法七条二号の規定は、使用者が団体交渉の不当な拒否をしてはならないという「公法上の義務を負い、かつ、これにつきる」と解し、これによって労働者の団体交渉請求権——使用者の団体交渉に応ずべき法律上の義務——が生ずるものではないと結論する。この見解は、従来の否定説判例に共通するところで目新しいものではない。決定は、それに続いて、肯定説批判に及び、団体交渉請求権というものの実定法上の根拠がないのに、裁判上の本案請求又は仮処分申請により団体交渉の拒否禁止又は応諾を求めうるとすることは、憲法上の団体交渉権の権利性の把握、団交請求権の給付の特定、履行の能否および実効性といった「いくたの難関」を飛躍して法律上の争訟に短絡させるもの、という厳しい批判を加え、「現行民訴法の原点に立ち返って不当労働行為制度上、裁判所と労働委員会の分担する手続及び機能を醇化すべき」視座から賛同しがたい、と述べている。そこに、東京地裁（民部一九部）が、自らを含めて、これまで諸裁判所によって安易に（主文に理由のないものが多い）認められてきた団交応諾の仮処分という措置につき、立法政策的立場からこれを再考しようとする強い姿勢をうかがうことができる。

団交応諾の仮処分の可否をめぐる学説の対立は古くからあったが、ごく最近まで、相互の間でそれほど厳しい論争がなされたわけではなかった。判例も「決定」理由ということからか、それほど緻密な論理構成を展開しておらず、特に肯定判例がそうであり、憲法二八条——労組法七条——の規定から当然、団体交渉請求権が認められ、従って被保全権利がある、とか、団交拒否を放置すれば団交権が侵害されることになるから、従って、仮処分による保全の必要がある、というふうに比較的安易に論じたものが多かった。しかし、昭和四〇年代にこの種仮処分の発令が急増するにつれ、学説上、仮処分制度のありかたという観点から漸く批判が登場し、とりわけ団交応諾の仮処分については、給付の特定性、暫定性、保全の必要性、あるいは実効性といった技術的側面からの具体的難点を挙げて否定説が主張されるようになった（例えば西迪雄・新版労働判例百選二六四頁、同三版三二〇頁、萩沢清彦・ジュリスト四四六号一二七頁、学会誌労働法三二号五頁、三枝信義「団体交渉拒否及び支配介入に関する救済」実務民事訴訟法講座9三〇五頁、鬼頭史郎・ジュリスト昭四七重要判例解説一六八頁。これらの否定説が批判の対象とした肯定説については各論文掲載の文献参照）。昭和四〇年以降の否定説に立つ判例はこれらの学説の影響を受けたように思われる。

確かに、労働仮処分という制度を「民事訴訟法の原点に立ち返って」考えた場合、団体交渉に応ずべき義務というような「生《ナマ》の」事実にこれを適用することには大きな疑問、ないし無理を感ずる人が多いであろう。また、その論拠として、憲法二八条の定める「団体交渉権の保障」から直ちに、私法上の請求権としての「団体交渉権」を構想し、そこから無媒介的に民訴法の仮処分による救済措置を認めようとする肯定説に対する否定説からの批判にはもっともな点が多い。

しかし、憲法二八条を受けて、これを具体的に保障する実定法としての労組法の不当労働行為制度の定めの中に、労働者の使用者に対する私的権利の発生を全面的に否定すべき定めがないことも確かである。もし、労組法をもって公法規定とし、同法の規定はすべて公法上の義務を定めたものと解釈しなければならないとすれば、すでに仮処分という形式により私的権利の保全を肯定している無数の判例の立場を根底から崩壊させることになりかねないであろう。例えば、不当労働行為たる解雇は法的に無効とされ（最判昭和四三・四・九民集二二巻四号八四五頁)、そしてその地位保全の仮処分が一般的に認められることについては判例上ほとんど異論がない。この場合、解雇の意思表示という法律行為が無効となるのは、労組法七条一号に違反する不利益取扱となるからであるが、それによって救済されるのは、個々の労働者の雇用上の地位の確保を通じての「団結」に外ならない。不当労働行為たる解雇を法的に無効とするのも実は団結権であり、その地位保全を求める仮処分請求が容認される根拠も(法技術的には労働契約上の権利が保全権利とされるが)実質的には団結権に基づく団結侵害排除の必要が認められるからである。裁判所は不当労働行為たる解雇について早くからその措置を認め、労委の行政的救済とは別に独自の法的救済の途を開いたが、その後、裁判所は進んで団結妨害排除の仮処分を認めるようになった(福井交通事件・福井地決昭和三四・三・一六以降、いわゆる国鉄マル生事件に関する諸決定を経て最近のものとしては淀川プレス事件・神戸地伊丹支決昭和四九・五・一〇判時七六〇号、否定判例として〔23〕事件評釈渡辺章・ジュリスト五七〇号参照)。かくして、団結権を侵害しないという使用者の不作為義務に対応する妨害排除の私法的請求権の存在が仮処分制度の上でも実質上、確立されてきたといえるのである。

かくして、団結権という私的権利(その性格が物権に近いことについて有泉亨「団結権の侵害とその救済」末川還暦記念論集参照)としてはきわめて抽象的な権利を、被保全権利として、仮処分による保全措置が認められることは、わが国では、すでにある程度、市民権を得た判例法理とみるべきであろう。団体交渉権という権利を、概念上、団結権の中に全く埋没、解消させてしまうことには、問題があるが、憲法二八条——労組法七条(不当労働行為制度)——のつながりからみて、わが国では、団交権も広義の団結権の包摂的概念であり、団結権保障の一態様とみるべきである。そうだとすると、本件決定のように、労組法七条二号の規定だけを何故、公法上の義務を定めたものと限定解釈しなければならないであろうか。否定説は、「団体交渉請求権」という表現が、他の請求権に比して有する権利内容としての幾らかの不明確さのゆえに、これを事実上のものとして、その権利性を否定するが、この考え方は、「権利」というものの要件・効果の厳密性を強調する「大陸法的」思考(園部秀信

「団体交渉権の法的取扱い」法学教室五号九八頁）からくるものでいささか狭隘に過ぎると思う。本件決定の「団体交渉請求権が存在しないから、使用者に団交に応ずべき法律上の義務が発生しない」という理由は、同義反覆で、意味をなしていないと思われる。団結権には、使用者が「団結を侵害しない」義務を伴うのと同様に、団体交渉権には、「団交を正当な理由なく拒否しない」義務が対応する。そして、いずれも、権利の不当侵害に対する原状回復の請求を予定するもので、これが法律上の（私法上の）効力なのである（有泉亨「団体交渉という権利」石井照久先生追悼論集一五頁）。

否定説は、たとえ、使用者の団交応諾義務が認められるとしても、それは「受忍」義務ないし「甘受の法理」（石井・概論一五四頁）にとどまり、団交に応ずる作為を求めることを内容とする権利ではなく、「法律行為」「無効」という法律評価になじまない、と論ずる（三枝・前掲書三一二頁）が、なぜそう解しなければならないのか積極的理由は示されていない。また、仮処分制度は、「本来行政救済手続に乗せることを前提として設けられた不当労働行為制度を、異種の司法救済手続に乗せよう」（三枝・前掲書三一一頁）とするものだとする批判がある。しかし、不当労働行為制度が、特に団結権の側面において、最初から司法手続の中に組み入れられることによって、いわゆる「両立て」救済制として二〇年以上に及ぶ実績をもつ歴史的事実に照らすとき、団体交渉権についてだけ、特にこれをその枠外に置くべき根拠は見出しがたいのである。団交権侵害の救済が、労委とは別に裁判所に対して求められる事情についても、それなりの理由が示されている（斎藤・判例評論一七〇号一五八頁）。

以上の理由で、私見としては、本件決定後段(2)の論旨には反対であり、労働者側は労組法七条二号の実定法規によって、不当な団交拒否につき、誠意ある団交を私法的に訴求しうる権利を有すると解する。もっとも、その救済手段としての損害賠償請求や地位確認の訴の外に、仮処分による保全請求が認められるかについては、私見としては、仮処分制度の本質上要求される一定条件の充足をまって許さるべきものと解する。その条件とは、仮処分制度に依らざるを得ない具体的被保全権利の存在と緊急性を中心とする保全の必要性ということである。

これらの点は、本件決定が消極説の立場に立って団交応諾の仮処分そのものを否定しているので「評釈」としては詳論の限りではないが、その肯定説に対する批判に対しては、肯定説の立場から答えて置く必要があると思われる。最も問題になる給付の特定性であるが、確かに、団体交渉請求権における団体交渉をなさしめるという給付は、通常の債権関係の給付に比して作為の内容が抽象的に見える。園部判事は、この場合の給付は、使用者が団交を拒否しないという不作為だとされる（前掲法学教室一〇〇頁）が、法文の形式こそ受動形をとっているものの、その趣旨は積極的に団交を行わしめる点にあり、使用者が単に「団交を拒否しない」と約束するだけでは給付が充足されるわけではない。やはり、団交に応ずるという作為と考えるべきであろう（たとえ主文が「団交を拒否してはならない」となっている場合にも、実際には申込に対する応諾という作為を命じているものとみるべきである）。そして、その団交は、組合側の要求事項の適合性と使用者側の拒否理由の相当性とを総合的に考量して、特定事項の要求に対応する特定の団交が使用者に命じられる、という意味において「給付」が「特定」するのである。この場合、交渉がすでになされて中断に陥った場合と、最初から全く行われない場合とで、「特定」の意味がやや違うが、後者の場合には、原則として各要求事項のそれぞれについて団交義務が「特定」さるべきである。従来の判例がしばしば用いる「具体的請求権」の「具体的」という意味も、このように解すべきものと思う。そう解さずに、仮処分の発令について、憲法二八条または労組法七条二号の規定が存在することから、理論上、直ちに具体的請求権が発生するとして、そこから被保全権利ありと認めることには、仮処分制度の性格上、問題があると考える。

緊急性の要件（肯定判例のほとんどが決定手続でなされているという事実は、それ自体、団交を命ずる仮処分が緊急性をもつと評価されていることを意味するといえるが）についても同じことがいえる。なるほど、労働者にとって、団交に応じようとしない使用者を団交の場に引き出し、労働条件についての話し合いをさせることは、組合運動上、常に essential なことであるが、仮処分という制度が、ほんらいもっている緊急性の要件は、主として、時期的意味においての回復不能の権利侵害の防止にあり、この点は、団交応諾の場合においても、なお、適用さるべきことである。例えば、団交の要求事項の時間的制約や、団交の能否が組織の存亡に影響するといった事情のごときである。この点、特に「保全の必要性」に言及した先例には参考とすべきものが多い（もっとも、それらは、単に「民訴七六〇条の要件該当を形ばかり述べているにすぎない」という厳しい評がある。三枝・前掲書三一六頁）。

今や再び否定説に転換した東京地裁民事一九部は、このように仮処分制度に必要な要件を充足した団交応諾の仮処分の要請に対しても、裁判所に対する特別の期待に背を向けて、「醇化」という不明確な政策の命ずるところに従って、一切、門を閉ざそうというのであろうか。

四　③事件は、申請人の団交応諾仮処分が認められ、団交に応ずべき仮処分命令が出たにもかかわらず、被申請人側がこれを履行しないために、間接強制としての損害金支払の申立がなされ、それが認められた（損害金の額が請求一日につき二〇万円に対し五万円とされた点も本件と同じ）という点で東京地裁の〔15〕事件決定と大筋において同一のケースである。右東京地裁の決定には全く理由が付されていないのに対し、今回の大阪地裁の決定には簡単ながら理由が示されている。もっとも、「理由」といっても、被申請人が団交応諾の仮処分命令にもかかわらず、その後、「誠実に団体交渉をした」と認め難いという事実が述べられているだけであるが。

もともと、団交応諾仮処分そのものの可否について判例、学説の対立のあることは、前に述べたところであるが、消極説が主張する根拠の一つとして、履行の「実行性」の裏づけがないことが挙げられていた（石井照久・労働法(上)八七頁、なお任意履行の仮処分は理論上許されないと判示するものに東京地判昭和四二・一二・一九判時五〇三号一八頁がある）。ところが、この点は、右東京地裁の間接強制認容の決定の出現によって実務的に突破された形となった。それだけに、この決定に対する賛否両論は、きわ立った対立を示すことになった。批判説は、そもそも、仮処分命令の発令それ自体が疑問であるのに、間接強制の形であれ、その履行を法律上強制することは問題だとし、それが可能であるとしてもそのためには作為義務の内容が特定し、義務不履行が明確、画一的に認められていることが予定されていなければならない。にもかかわらず、「誠実に団体交渉せよ」というような仮処分では、いかなる程度、内容の団交を行えば義務を履行したといえるのか不明確であること（西・労働判例百選三版三二一頁）、あるいは、団体交渉において交渉方式に争いがある時は、それ自体が両当事者間の交渉事項たりうるはずであるから、必ずしも直ちに実質的交渉に入るべきだとは断定できないこと（季労八六号八三頁。団交応諾仮処分否定説の立場に立つ萩沢・鬼頭・和田三氏による本座談会では肯定、否定両説の要旨、労働仮処分のありかたそのものに対する実務的立場からの批判が述べられている）などを挙げて強制履行を不当とするのに対し、肯定説は、使用者の団交応諾義務が、労働者団体の態度とは無関係に団交を拒否しないことを給付とする単純な不作為義務であり、この給付は非代替的で、しかも「物的状態を生ずるものではない」から、遅延に応じて賠償の支払いを命ずる方法で間接強制を行う執行方法をとっても良俗に反しない（園部「団体交渉不当拒否と仮処分」村松還暦記念・仮処分の研究下三〇頁、前掲法学教室一〇〇頁）こと、あるいは、かかる強制が、「通常の平均的使用者に対し、なんら人格を無視するおそれがなく、かつ、義務そのものが特殊な学識・技術を必要とする創作的な作為義務でもないから、間接強制に親しむもの」（斎藤・判評一七〇号一五六頁）という理由から、これを支持している。

本件の決定は、その理由について右の理論的立場からの肯定、否定両説に何ら答えるところがないから、その意味で前事件に対すると全く同様の否定説からの批判を免れないであろう。

問題が重要なだけに、いくらか、ためらいを感ずるが、評者として一応の見解を示しておこう。

私は団交応諾の仮処分そのものについては、前記のように、憲法二八条からではなく、同条を受けた労組法七条という実定法規によりその理論的根拠を与えられると解する。労組法は、公法的効果とともに私法的効果をも併せもつのであり、そして、同条一―四号が担保する法益としての広義の「団結権」については、労委を中心とする行政救済措置とともに司法的救済が可能であり（二本立制度の肯定）、また、実務上もそのことが久しく肯定されてきたという事情も考慮して、その司法的救済が仮処分という制度による場合の態様は、理論上、同条一、四号の（狭義の）団結権（組合員個人の法益に化体している）、二号の団体交渉権、三号の団結権（組織体そのものの法益として）のすべてを通じてひとしく認められるべきだと考える。否定説の主張にはそれぞれもっともな点があると思うが、いずれも、どうしても団交応諾の仮処分を否定しなければならない必然的理由を示しているとは思えないのである。

団交応諾の仮処分の間接強制についても、ほんらいは、他の労働仮処分と同様、任意の履行を前提として考えられてきた（前記座談会の鬼頭発言）ものであろうが、一度、実務として認められてみると、どうしてもこれを任意の履行にとどめなければいけないという必然性はない（行政救済における過料の制裁も実質的には間接強制に等しい）。そして、実効的効果という点に仮処分制度の重点を置くとすれば、これを許す以上は、必然的に間接強制をも認めざるを得なくなる（前掲座談会における萩沢発言参照）であろう。私は、立法上はともかく、理論上、間接強制の可能性というものを否定し去ることはできないと考えざるを得ない（団交応諾の仮処分については肯定説に立つが、間接強制について否定説をとるものに有泉・前掲石井追悼論集一五頁がある）。しかし、仮処分の間接強制が理論上可能だということは、仮処分が常に間接強制による履行措置により実行を担保さるべきだということを意味するものではない。それは、間接強制の仮処分の前提となる団交応諾の仮処分命令を出す場合より一段と厳しい「必要性」の検討を経て、かつそれが不可避であることの理由を付して発動さるべきである。その点日通商事事件の東京地裁決定が間接強制に何らの理由も示さなかったことは不当だと思うし、本件決定の理由づけも簡単に過ぎて説得的ではない。公刊の記録上は、事案が簡単で、本件の団交拒否や経過がどのような態様のものであったか明らかでないが、上部団体役員への交渉委任問題がからんでいるところからみると、日通商事事件同様、交渉方式についての窓口紛争が含まれていて単純に団交が進まなかったようである。そして、決定理由は「当事者間で数回の団体交渉が持たれ又は持たれようとした」と微妙な認定をする一方で、一時金についての両者の交渉において、使用者側が労働者側の説明要求に答えることなく、一方的に条件を述べるだけだ、として拒否の態様を示している。右のうちのどの点が、間接強制という強硬手段を必須のものたらしめる緊急的必要性となったのかは不明であるが、間接強制を、それがなくては組織そのもの（団結）の存亡に影響するような緊急の場合に限って認むべきだとする私見の立場では、本件決定理由に甚だ物足らないものを感ずるのである。団体交渉が客観的に impasse の状態に達した場合には、それ以上の進展が得られないのは、もはや、「誠意」の問題ではないし、それによる組合組織への影響も、もはや、法的次元の問題ではなくなる。罰則による間接強制というような最終的な措置は、任意の履行の余地が全く否定され、放置することにより団結侵害の危険がある場合に、その防止措置としてのみ発動さるべきである。裁判所にして、もし、今後、間接強制を肯認する立場をとろうとするならば、右の点に留意すべきだと考える。

〔判例時報七七四号（判例評論一九六号）、一九七五年〕

2　団体交渉権の権利の性格について

はじめに

わが国の団体交渉は、憲法の次元において一の「権利」として労働者に保障され、これを受けて労組法が、使用者の正当理由なき団交拒否を不当労働行為として禁止し、救済の法的手続を定めている。比較法的にはかなり念の入った立法措置といえる。従ってこのような団体交渉権の「法的性格」をあらためて問うことは、当初、さして大きな意味をもっていないように見えたが、実務上、一つの問題が提起された。それは組合が労働委員会を経由することなく、直接、裁判所に対して団結権の履行を請求した場合、とりわけ、権利の緊急・保全措置としての仮処分という執行手続が認められるかどうかということが問題となったからである。実定法上、直接の立法の定めのないこの問題は、可否両極に分れた議論の根拠として団体交渉権の法的性格（あるいは法的構造）論争を生起させた。

この問題は、憲法上の権利の私法的効果に関する難しい問題の一局面であるが、比較法的には、すでに団体交渉権を憲法上の権利として確認した国を含めて、一般に、団体交渉権を一の独立した法的概念として実定法秩序に組み入れた国が少数にとどまることもあって、多くの国では目下のところ、学問的関心を引くテーマとなるに至っていない。

すでに団体交渉権に関して憲法―労組法の立法体系を整えているわが国の場合においては、右のような民事訴訟法上の訴訟技術的問題の解決にとどまらず、もう少し視野を拡げて、団体交渉権の権利としての機能に着目してみると、それが同じ集団的権利である団結権や争議権とは違って、労使間の秩序形成的機能を期待されているという特別の性格をもっていることに気づく。

本稿では、こうした権利の機能分析論という視角を含めて、わが国の団体交渉権の諸性格を若干の諸外国との対比を参考に検討してみたい。

一 「団体交渉」および「団体交渉権」の意味

「団体交渉権」という法的用語ないし概念の意味を確定するためには、まず、「団体交渉」(collective bargaining)という言葉の意味を明確にしておく必要がある。(1)「団体交渉権」という概念は、国際的にみると、現在のところまだそれほど普及しているわけではないが、「団体交渉」のほうは、すでに長い歴史をもち、国際的に定着した用語となっている。この普遍的意味での「団体交渉」を一般的に定義すれば「労働者の組織である労働組合と使用者または使用者団体がそれぞれの代表者をもって労働条件、雇用条件その他の労使間の問題につき合意の形成をめざして自主的に交渉を行なう制度《システム》」ということができよう。(2)この制度は、最初、西欧諸国において労働者の利益擁護の組織である労働組合が、一定の発達段階において、従来の直接対抗(ストライキ)方式に替え、話し合いによる合理的解決方式として徐々に定着させていったものである。

ある国において労使関係の中に団体交渉というしきたりが生れるには、何よりもまず、そこに労働組合の組織化が行われ、使用者側がその労働組合を承認したうえで、両者がこの制度を通じて雇用条件を決定する一般的了解が普及することが必要である。西欧諸国では、一九世紀後半から二〇世紀初めにかけて先進工業国の労働組合が、労使間の交渉方式の一つとして使用者の応諾を求めることに始まり徐々にその範囲を拡げていったが、一方、このような代表交渉主義に対しては、労働者の側でもこれを組合運動の統制化につながるとして拒否する空気も強かった。二つの大戦は、別の意味において団体交渉を促進する機能を果したが、今日では、発達した資本主義国では、雇用条件の決定に対する労働者の参加という産業民主主義の観点から国による直接、間接の促進政策をとるに至っている(3)。

「団体交渉」に対応する交渉概念は「個別交渉」である。個別交渉とは、個々の労働者が雇用主である使用者と労働・雇用条件の決定または変更について個々に話し合《バーゲン》うことであるが、これを法的にいえば、雇用契約の締結、解除または内容変更のための意思表示の最も基本的かつ伝来的な形態である。もっとも、現実には、個々の被用者が雇主との話し合いを通じて合意に達することは事実上、難しいから、「個別交渉」といっても、単に、雇用契約上の合意の形成の形式的プロセスに過ぎないことが多い。この形式的「個別交渉」に代って特に労働者側の合意力に実質的意味をもたせようとするのが「団体交渉」である。「団体」とは、「集団的に」collectively の意であるが、単に「複数の労働者が行なう」ということではなく、一の集団単位に「統一された集団的意思」の下に代表的（representative）交渉を行うということである。そこには、単位集団としての労働組合が組織されていること、そして交渉のための組織代表者が選ばれ、かつ、交渉内容についてある程度の統一した要求基準とそれについての交渉代表者への交渉委託の権限が与えられていることが必要である。

このように、「団体交渉」は、単なる団体の交渉ではなく、使用者と労働組合に統一された労働代表との交渉であるから、それを「個別交渉」に優先させるためには、雇主、個別交渉の当事者である個々の労働者（組合員）、および労働者を代表する労働組合の三者それぞれの間にその旨の合意がなければならない。従って、例えば、組合員のあるグループがその代表者を通じて使用者側に交渉を求める場合にも、それらを統轄する労働組合の正式の承認がない限り、それはインフォーマルな「職場交渉」にとどまり、「団体交渉」とみなされない場合がある。交渉単位外の組合の交渉やショップ・スチュアードの非公認交渉がこれに属する。逆に、組合が公認している限り、職場では少数組合員の交渉も「団体交渉」となる。

次に、団体交渉の定義に際して、組合員の「労働・雇用条件のための」交渉という点にウェイトを置くと、例えば西ドイツの経営協議会における経営（参加）問題についての交渉は、「団体交渉」の定義には含まれない。わが国では、労働協約上の労使協議会における労使の協議が法的に「団体交渉」に当たるかどうかが問題となっている。

以上に述べたように、団体交渉は、かなり高度の制度的概念であるため、従来の伝統的な法的思考のわく組みの中では法的概念になじみにくい面がある。その理由の一つとして、団体交渉というものが労使間の合意が形成される「過程」に過ぎず、合意そのものでないこと、労使という組織集団によるメンバーのための合意形成過程に、果して個人間の合意または「契約」に代る法的拘束力を与えうるかどうかについて逡巡があることがあげられる。

「団体交渉権」とは、団体交渉の当事者がすでに述べた意味での「団体交渉」を行なうことを法的に義務づけられた場合、すなわち、団体交渉を求める一方の当事者の交渉申入れに対して、相手方が交渉を行なうことを応諾し、かつ、それを履行することを強制される場合にはじめて成立する（後述のように、ある場合には単に形式上話し合うだけでは、「交渉」の義務を果したことにならない、つまり法的＝客観的に団体交渉の実行と認められない場合がある）。それは、本質的に相手方の協力（co-ordination）を必要とする合同行為である。従って、相手方の協力＝団交応諾をその自由意思に任せる法体制の下では「団体交渉を求める権利」の概念は生ずる余地がない。一般契約法において契約締結の当事者に契約締結意思がない以上、どちらも締結のための交渉に入ることを義務づけられないのと同様である。そこで、多くの国では、法的には、「団体交渉」をもって、個々の組合員がその雇主との間に締結すべき雇用契約の内容についての交渉を団体（組合）に委任するという趣旨の事実行為に過ぎないという扱いにとどめている。そこでは、特別に、「団体交渉権」という法的概念を樹てる必要性がないのである。それでは、「団体交渉権」という概念をすでに認めている国では、それをいかなる意味で用いているであろうか。(4)

2　団体交渉権の権利の性格について

当事者間で団体交渉を行なうことを義務づける任意の約定をすることは、もちろん契約法上は適法であるから、その義務を任意に履行させる意味での「団体交渉権」という概念は成り立つが、むしろ、法的権利としての団体交渉権は、そのための特別の実定法が制定されることによって、当事者に、その意に反しても交渉を応諾する義務を負わせる強行法的措置の産物である。かかる法的義務を前提としてはじめて相手方に「団体交渉を求める権利」という概念を構想することができる。後に述べるように、このような立法をもつ国は、今日なお、少数にとどまっているが、そこでは、団体交渉というそれ自体は私的行為について、その形成過程に国が積極的に関与することにより、かかる集団的な意思形成をもって私法自治の一つとみなすだけでなく、進んでそれを法的に請求・履行しうる権利として認めるのである。これは従来の個別的（individualistic）私法法理の知らなかった権利概念である。

以上に述べたことを前提として「団体交渉権」を定義づけるとすれば、それは、労使の当事者が相手方に対して「団体交渉」という地位に立つことを求める「法的権利」だということになる。この法的「権利」が「公法的」か「私法的」であるかどうかは一つの問題であるが、いずれにしても、不履行に対する（裁判所等を通じての）「請求」、「履行」、「救済」もしくは罰則の手続が伴わなければならない。

「団体交渉権」の意義について、もう一つ明らかにしておく必要のあることは、それと「労働協約の権利」との関係である。団体交渉の結果、交渉がまとまり合意に達すれば、それは（個別的）「契約」と区別して「労働協約」と呼ばれる集団的協定となる。このような集団的協定にどのような法的権利（拘束力）を与えるかは一つの立法政策の問題である。ところで、「団体交渉権」は、このような協定の締結をめざすためのものではあるが、この権利は、あくまで交渉のプロセスを促進するところにあるから、当然には労働協約の締結権を含まないのである。立法政策としては、交渉のプロセスを促進するために交渉自体を一の権利として保護するものと、交渉のプロセスは当事者の自治に任せ、交渉の結果としての協定に特別の法的権利を付与するものの二通りがある。この点については、後に再び触れるが、団体交渉権の性格を論ずるにあたっては、相連繫する二つのシステムを法的に峻別するところから出発する必要がある。

（1）　現在のわが国では「団体交渉」という概念はすでに広く普及しているが、法の上では、その用法について特に定義をしたものはない。ほんらい外来翻訳語であるこの言葉は、それ自体、意味明瞭というわけではなく、学生運動用語に転用されたりして用法の混乱を招いている。労使関係の中でも、時に「集団で押しかけて要求を闘いとる権利」などと誤解されることが少くない。しかし、一般的には、「企業内交渉」というイメージを伴いながら、今日、ほぼ定着した言葉として受け入れられているといってよいであろう。

（2）　ＩＬＯ九八号条約の定義は、voluntary negotiation between employers or employers' organizations and workers' organizations, with a view to the regulation of terms and conditions of employment by collective agreements となっている。collective bargaining という言葉が最初に用いられたのは、ウェッブ夫妻の The Co-operative Movement in Britain, 1891 及び Industrial Democracy, 1898の中であり、彼らは、これを労働組合が雇用条件や生活条件の維持・改善のために行う戦術の一つとして、個々の労働者の労働力のバーゲンに代る一定のグループの労働者全体の基準を集団的意思により取り決める制度と説明した。爾来、この説明は、労働市場における集団的バーゲンとして長く斯界の定着した概念となってきた。しかし、イギリスでは、労使関係の法的規制強化の問題が登場してきた一九六〇年末頃からこの説明に対し批判が提起されるようになった。その一人アラン・フランダースは、右の説明が労働組合サイドの戦術的側面に偏していること、団体交渉や労働協約は、個別契約（取引）の場合とは違って個々の労働者の労働力を売買（sale）するものではない点で基本的誤りを犯しているとし、これに代えて「労務管理（labour management）及び労働市場の労使共同の規制のための制度」であって、個々の労働者がその労働能力（ability to work）を売る条件（terms）を定めるものと説明すべきだと主張した（A. Flanders, ed., Collective Bargaining, 1969 p. 11）。このような観点から collective bargaining は、今新たに労使関係学界において一つの論争のテーマとなっているようである。

（3）　二〇世紀は前世紀との対比で「団体交渉の時代」といわれる。それは、国民経済の中で基幹産業に属する産業分野において労働者の組織化が進み、その組合と使用者が団体交渉において基本的労働条件を定め、その基準がほぼ他の分野の労使関係に及ぶという団体交渉モデルが、実態的にも、また理論上も支配的であることを意味する。しかし、このモデルの典型国としてのアメリカにあっても、団体交渉が、賃金水準を不当に吊り上げ、技術革新を遅らせるなど国民経済にマイナスの効果を及ぼしているとの批判が一九七〇年代から登場してきた。資本主義先進諸国では、当面、それに全面的に代る方式は見出されていないが、所得政策、最低賃金政策あるいは雇用保障政策など、国の介入政策が強められるに従って団体交渉方式に変化が生じていることは明らかである。

（4）英語の用法では collective bargaining rights ということになるが、法典の中でこのような用語を用いている国は意外に少い。ＩＬＯ九八号条約では The Right to Collective Bargaining Convention となっている（その定訳は「団体交渉権」）。

二　諸外国における団体交渉権と立法上の対応

一に述べたように、「団体交渉権」という法的概念が認められるに至ったのは比較的最近のことであり、団体交渉が労使関係の基本的パターンとして定着した国においても、必ずしも団体交渉権の保護に直結する経過をたどっているわけではない。

以下には、団体交渉の促進について、これを労使の当事者間の自主規範以上の「公序」的規範としてその権利化のための法的措置を講じ、または講じようとした諸外国の立法例を簡単に要約しておこう(1)。対象となる国は、韓国、アメリカ、カナダ、フィリピン、スウェーデン、フランスであり、それに一時期立法の定めをもったイギリスを加える。そしてその後で、団体交渉立法に積極的措置をとらない国の場合には何故、そうであるのか、その理由を推測してみたい。そのことが、団体交渉権という権利の性格に何がしかのかかわりをもつと考えられるからである。

(1)　アメリカ連邦法

タフト・ハートレー法（第七条）は、被用者が「自ら選出した代表者を通じて団体交渉を行う権利（right to bargain collectively）」を有することを定め、そして同八条(a)(5)は、使用者が「第九条(a)に定める事項（賃金率、賃金、労働時間又はその他の雇用条件）につき、被用者の代表と団体交渉をすることを拒否すること」を禁止するが、同条(b)(3)は、被用者の代表が、その使用者と団体交渉をすることを拒否することを被用者側の不当労働行為として禁止している。右の「団体交渉」とは、同条(d)によれば、「本条の目的上賃金、労働時間、その他の雇用条件、または協約もしくは協約の下で生ずる問題の交渉および成立した合意を記載した協約書の作成に関して、一方の当事者が要求した場合に、使用者と被用者の代表が適当な時期に会合し、誠意をもって協議すべき相互の義務の遂行」をいう。そして右の「被用者の代表」とは、同法の定める交渉単位の決定手続により交渉単位の資格を得た労働組合が排他的に交渉権を得て代表となる。この交渉単位制は、アメリカ（型）の団体交渉権の中核的制度として特色および重要性をもっている(2)。

アメリカ連邦法の「団体交渉権」の実際上の運営(3)については、排他的交渉代表制度、交渉対象事項、誠実交渉の義務（duty to bargain in good faith）、一方的な条件変更との関係、交渉限度（impasse）の理論、公正代表義務などの諸点につきNLRBを中心とした尨大な命令および判決の集積がある。この立法は、団体交渉権を実定法上、承認するに至った諸国の制度の母法の地位を占めている。

不当労働行為としての団体交渉の拒否に対する救済は、全国労働委員会（NLRB）が専属的に管轄し、一般的な団交命令の外に、情報提出、原状回復命令が出されることがある(4)。この救済命令は裁判所により執行力が付与されるが、裁判所は、直接、団体交渉権の履行を求める訴を受理することはできない(5)。

わが国の団体交渉に関する法制度は、交渉単位制および団交義務が労働組合にも課されている点を除いて大筋の制度としては、右に要約したアメリカ連邦法のそれと差異はない。しかし、個々の制度の運用や考え方には、

交渉の実態からくる開きがかなりみられるようである。(6)

（1）　諸外国の比較及び「権利」の分析を通じてわが国の団体交渉権の性格の検討を試みたものとして孫昌熹「団体交渉の法的構造」日本労働協会雑誌二二三―四号。

（2）　排他的交渉単位制という制度は、工場、事業場における団交のための代表組織を決定させるためのものであるが、その選挙において投票総数の過半数を獲得する組合がない場合には、そこでは代表組織は存在しないものとして扱われる。一九八一年の統計では、唯一交渉代表資格の取消し選挙において組合が敗れた件数が約七五％に達する。

（3）　アメリカ団体交渉法の詳細については、C. J. Morris ed., The Developing Labor Law, 1971, Part Ⅳ, p. 271, 坂本重雄「アメリカの団体交渉制度」総合労働研究所（昭和四一年）、中窪裕也「アメリカ団体交渉法の構造㈠～㈣」法協一〇〇巻八、一〇、一一号、一〇一巻一号（昭和五八年）。

（4）　最近では、労働協約の遵守を命じた命令も最高裁の支持を得ている（Porter Co. v. NLRB 397 U. S. 99, 1970）。また、団交拒否がなければ交渉の結果得たであろう賃金額の支払いを命じた判例（IUERMW v. NLRB: NLRB v. Tiidee Products, Inc., 426 F. 2d 1243 (1970)）が出るに及んで「損害賠償」命令の適否をめぐる論議が生じている。道幸哲也「アメリカ法における団交拒否の救済」協会雑誌一八八号二二頁（一九七四年）。

（5）　ただし、同じく連邦法である鉄道労働法が適用される領域では、団体交渉の当事者間の争いを直接、裁判所に提起することが認められている。

（6）　最近、日米労働法を実態的に比較考察した興味深い W. B. Gould, Japan's Reshaping of American Labor Law, 1982 が刊行された。

(2)　カナダ連邦法

カナダ労働法典第五部―労働関係（一九七二年改正法）(1)は、「団体交渉」と「労働協約」を相互に連関した法制度として一章に収めて規定している。団体交渉については、アメリカと同様、交渉単位制度が定められ、「労働関係局（労働委員会）」によって交渉単位（unit）のための適切な（排他的）交渉代表組合（bargaining agent）が承認されると、右組合が、「新たな労働協約の締結のために」当該被用者の使用者に対して団体交渉の開始を要求することができ、他方、当該被用者の使用者も、当該交渉代表組合に対して団体交渉の開始を要求することができる（一四六条）。すでに協約が存在する場合には、協約の当事者は、その有効期間満了の三ヵ月内に、相手方に協約の更新、改訂または新協約締結を目的とする団体交渉を要求することができる（一四七条）。

右により、団体交渉の通告がなされると、交渉代表組合および使用者双方は、また、いかなる場合にも、右通告受理後二〇日以内に、遅滞することなく（without delay）、(i)誠実に（in good faith）団体交渉を行う目的で会合し（meet）、これを開始し（commence）、又は代表者に必要な権限を付与し、(ii)労働協約を締結するために必要な努力（reasonable effort）を尽くさなければならない（一四八条(a)）。そして使用者は、交渉代表組合が、その変更に同意しない限り、——ストライキ又はロックアウトの適法条件が充たされるまで——、当該交渉単位内の被用者の賃金率その他の労働条件又は権利・特権もしくは交渉代表組合の権利・特権を変更することはできない（同条(b)）。

以上のように、カナダ労働法典の団体交渉に関する法制度は、交渉単位組織に排他的交渉権を与え両当事者に誠実交渉の義務を課し、交渉中の一方的労働条件変更を禁止する点においてアメリカ連邦法の基本的政策と大差がない。しかし、団体交渉の義務を履行させる措置において両国の対応はやや異なっている。すなわち、アメリカでは、団交拒否を不当労働行為の一類型としてＮＬＲＢによる強制履行がはかられているのに対し、カナダの現行法では、団交拒否・懈怠に刑事制裁を科していた旧法を改め、救済措置は労働委員会による応諾命令または補償金の支払命令にとどめられている。

結局、カナダ連邦法における団体交渉権は、交渉拒否が団結権侵害の救済を目的とする不公正（不当）労働行為の視座から外されているという点を別とすれば、アメリカ連邦法のそれと大差はなく、また、救済が労働委員会の専属管轄として直接、裁判所による履行を排除している点でも同じである。

カナダ連邦法の団体交渉に関する定めのもう一つの特色は、使用者が「技術革新」を導入しようとする場合の団体交渉の義務づけに関するものである（第二節第一四九—一五三条）。「技術革新」（technological change）とは(a)

「従来の業務・企業・事業の運営に用いられていたものとはその性質ないし種類の異なる設備もしくは用具の業務・企業・事業への導入」、および、(b)「右設備もしくは用具の導入に直接関連する業務・企業・事業を運営するに際しての方法の変更」をいう（第一四九条(1)）が、これを提案する使用者は、(a)技術革新の性格、(b)実施の日付、(c)その影響を受ける可能性のある被用者の概数とその職種、(d)被用者の労働条件もしくは雇用保障に影響を与える可能性およびその効果、(e)その他必要とされる情報を記載した文書を実施日の少なくとも九〇日前に交渉代表組合に通告しなければならない（第一五〇条）。右組合は、右通告を受理してから三〇日以内に、カナダ労働関係局に対して、労働条件もしくは雇用保障に関する労働協約の条項を改正するための団体交渉の開始通告を使用者に送付する許可命令を申請することができる（第一五二条）。局が右申請を許可した場合、使用者は労使双方が合意に達するまで技術革新の実施は禁止される（第一五三条）。

右の法律がどの程度に技術革新から生ずる問題をカバーし、労働者の労働条件または雇用の保障の支えとなっているのか、実態は今のところ、審らかにしえないが、技術革新についての団体交渉の義務づけを初めて立法化した試みとして評価することができるであろう。

（1）　最新の文献は、International Encyclopaedia 収録の Arthurs, Carter, Glasbeek 執筆による Canada Part II 1984. カナダ労働法典については国武輝久教授による全文翻訳（法政理論一五―一、一九八二年）および「カナダ連邦労働関係立法の展開過程」公企労研究三八・三九号参照。本稿の訳文は右による。連邦の管轄権をもつ被用者および特定の業種の被用者にのみ適用される。その範囲はかなり狭い。その他の被用者については州法の定めるところによる。しかし、団体交渉・協約制度についての州制定法は、大筋において、連邦法のそれと違いはない。M・A・ヒクリング「カナダにおける団体交渉とその法律」（訳）ジュリスト七六六号一一〇頁。道幸哲也「カナダBC州における不当労働行為事件の処理」日本労働協会雑誌三〇三号三四頁参照。

(3)　フィリピン

一九七四年フィリピン労働法[1]は、労働委員会（全国労働委員会）制度および不当労働行為制度による団結権、団体交渉権の法的保護について、ほぼアメリカ連邦法にならった定めをしている。

団体交渉権についてみれば、使用者、労働組合のいずれの側も「団体交渉の義務」に違反することを不当労働行為（刑事犯罪ではなく、単に「行政犯罪」とみなされる—二四九条）として禁止され、その違反は労働争議と同様の手続により処理される。また、不当労働行為とは別に「団体交渉及び労働協約の運用」と題する一章が置かれ、その中に、「団体交渉義務の意味」（二五二条）、「団体交渉の手続」（二五〇条）、「労働協約が存在する場合及び存在しない場合の団体交渉義務の意味」（二五一・二五三条）、「交渉単位制」（二五五条以下）に関する定めがある。

「団体交渉の義務」とは一般的に「賃金、労働時間その他の雇用条件、又は労働協約から生ずる苦情及び問題を調整する提案、及びかかる合意を記載する協約書の作成に関し合意に達するために、一方の当事者から請求があった場合に、誠意をもって迅速に会見し、話し合うべき相互の義務の履行」をいうが、但し、この義務は、「いずれの当事者についても、これを強制して提案に同意させ、又は譲歩させるものではない」とされる。もし、当事者間に労働協約が成立していなければ、当事者は無条件に交渉の義務を負う（文書による団体交渉の要求書を受理した当事者は一〇日以内に回答又は交渉を開始しなければならない）が、協約が存在する場合は、当事者は「その有効期間中当該協約を破棄又は変更しないこと」を「団体交渉義務」の履行として求められることになる。これは、両当事者とも「労働協約に違反すること」それ自体が不当労働行為に問われる（二四七条(j)、二四八条(g)）のと相まって、労働協約秩序の保持を団体交渉に優先させようとする考え方による。

団体交渉をめぐる紛争の解決のために労働関係局による調停—仲裁の調整措置が用意されている（二五〇条(c)以下）。

（1）　フィリピン労働法（一九七四年五月一日公布、同年一一月一日発効）は、職業紹介、雇用条件、安全・衛生、社会福祉に関する規定を含む総合労働立法である。日本労働協会海外労働資料情報(3)(昭五〇)に全訳が掲載されている。

(4)　スウェーデン

ヨーロッパにおいて早くから「団体交渉権」という概念を実定法の中にとり入れ、団体交渉の義務化を定めた数少い国の一つである。(1)人口の少い先進工業国として肉体労働者の組織化と団体交渉制度の普及は早く、二〇世紀初頭、一九〇六年の「十二月協定」で労使間の交渉事項を賃金、雇用条件に限る(それ以外については使用者側の専権とする)妥協が成立していた。一九二〇年「労働争議調整法」、かなり進歩的内容をもつ一九二八年「労働協約法」および同年の「労働裁判所法(現行法は一九七四年法)」を経て、一九三六年社会民主党の政権(一九七六年まで続く)下に「団結及び団体交渉権法」が制定され、団体交渉権が法定化された。同法は「団体交渉権(förhandlingsrätt)」を「雇用条件の調整及び使用者、被用者間の関係一般に関し交渉を行わせる権利」と定義して、一九〇六年以来の交渉権の範囲を拡大したうえ、「交渉権は、一方において使用者又は彼の属するその団体に、他方において当該被用者が属する被用者団体に効果を及ぼす」とし、一方に与えられる交渉権は、他方に交渉を行う義務を負わせる。この義務は、当事者団体(個人又は委任を受けた代表)を交渉の場に出席させ、必要な場合には、当事者に交渉問題の解決のための理由を付した提案をさせることを含ん」(四条)でいる。団体交渉権を労使の各代表組織間の集団的、双務的権利として位置づけていることが特徴的であった。

同法に基づく団体交渉のプロセスは、当事者が交渉事項を記した文書による通告をもって始まり、以後、交渉の日時と場所を取り決め、できるだけ速かに交渉のための会合を開催することが義務づけられる。団体交渉に応ずべき当事者の義務は、当該係争問題につき合意・協定を締結すべき義務まで含むものではないが、協約を締結する意思がない場合にも当事者は交渉の義務を果さなければならず、交渉義務の存否またはそれを尽くしたかどうかの判断は裁判所によって決せられる。判例は、一般に、当事者の一方が話し合いの席に就いたというだけでは交渉義務を履行したことにはならず、当該紛争問題についての考え方および具体的な根拠につき明確な説明を行うことを通じて交渉の促進に尽力しない以上、免責されるものではないと判示していた。この考え方は、アメリカ法等で定められる「誠実交渉の義務」に相当する。もっとも、かかる団体交渉の義務もこれを履行させるための行政措置ないし罰則が定められていなかったから、法的効果としては任意の履行に期待する程度にとどまった。

同法が団体交渉の促進にどの程度の効果を及ぼしたかは審らかではないが、少くとも後れていたホワイトカラーの組織化に大きな貢献をしたといわれる。その後、この国の労働市場では全国組織化が急速に進み、少数の有力な上部団体による団体交渉の中央集権化と中央賃金協約が支配的となる。第二次大戦後、七〇年代までは労働立法の発展に見るべきものはなかったが、同年代に入って「労働時間法」（一九七〇年）、「労働者重役法」（一九七三年）、「労働者保護法」（一九七四年、現行法は一九七八年労働環境法）、「労働争議法」（一九七四年）、「雇用保護法」（一九七四年）、「ショップ・スチュアード法」（一九七四年）と矢つぎ早に画期的な立法の制定を見、一九七七年の「工場共同決定法」において前記の「労働争議調整法・労働協約法および団体交渉法」が労働者の参加立法の形成という形で統合、包摂されるに至った。

団体交渉についてみれば、一九三六年法の定めにもかかわらず、実質上、使用者側の手に委ねられていた労働条件以外の問題につき共同決定法は、「すべての事項が労働協約で規制される」と明示し、労働組合の要求があれば、使用者側はいつでも無条件で団体交渉に入らなければならないと定めた（第一一―一二条）。また使用者は、労働協約の締結当事者たる組合に対し、無条件かつ、なんらの制約を課すことなく、企業の生産および経済状態や人事政策についての情報を提供し、帳簿、会計報告書その他の書類の閲覧権を与えなければならないこととされた（同一九条）。同法が予定している団体交渉事項の中には、労務管理に関するものとして、作業方法・作業用具の選択、生産変更、作業集団内での作業配分、作業場の設計、合理化方策、フレックス・タイム制、訓練、人員統計、配置転換、昇進などが、経営管理に関するものとして生産計画、生産量、購買、販売、広告、生産拡張及び縮小、投資、利益、分配、借入金・予算などが含まれている。(2)

団体交渉権は、共同決定法の下では旧法時代と同様、労働組合だけでなく、個々の使用者および使用者団体にも与えられ、それぞれが交渉権に対応する交渉に応ずる義務を負う。これは協約を締結する義務を課すものではないが、当事者間の団体交渉で協約に達しない場合には、調整手続が適用され、そしてその場合、最終交渉のための調停に出頭しない者には罰金刑が科せられることがある。

以上のように、団結権保護、団体交渉、争議調整の幅広い領域にわたる労使関係上の問題を労働者の経営参加という形で立法化した共同決定法は、その構想においてかなり画期的なものといってよいであろう。それは、ある意味では、アメリカ方式の団体交渉立法に対して批判をもつヨーロッパ方式の回答といえるかもしれない。

（1） スウェーデンの最近の労使関係については、IRG（ヨーロッパ産業民主主義国際研究グループ）編 European Industrial Relations（奥林外訳「ヨーロッパの労使関係」（昭五九）有斐閣選書・スウェーデンの労使関係システム参照。

（2） 前掲邦訳書九一頁。

(5) フランス

「すべての労働者が、その代表者を通じて『労働条件の集団的決定』および企業の管理に参加する」ことを定めた一九四六年憲法の前文は、一九五八年第五共和国憲法により削除されたが、その趣旨はそのまま引き継がれた。しかし、法律による団交権の保障については、一九七一年七月一三日の法律が「労働者の労働条件とその社会的な保障の総体に関する労働者の団体交渉の権利」を定める（一条）まで何らの定めもなされなかった。もっとも同法も団体交渉の促進に重点を置き、団体交渉の法的権利を具体的に保障するものではなかった。使用者の団体交渉応諾を法的に義務づけるという意味での団体交渉権が具体化されるのは一九八〇年代のいわゆるオル

[1]ー法によってである。

オルー法の一つである「団体交渉および労働争議の調整に関する一九八二年一一月一三日の法律」は、初めて労働者の「団体交渉の権利 le droi la negotiation collective」を承認し（労働法典一三二—一条）、協約・協定の当事者である労使の団体に対して、賃金については年一回、職務分類（classification）については五年に一回の団交義務を課した（一三二—一・二条）。そして特に企業レベルにおける団体交渉の促進に重点が置かれ、「代表的労働組合」の企業的支部のある企業の長は、そのイニシアティブで、年一回、実質賃金、労働時間の長さおよび組織編成につき団体交渉の場を設定しなければならず、過去一二ヵ月間団交がなかったときは、代表的労働組合は団体交渉を申し込む権利を有し、使用者は申込みの二週間以内に団交のための招集をしなければならない（一三二—一八・二七条）とされた。団体交渉が始まると、使用者側は交渉期間中、一方的な決定をすることを禁じられる（一三二—二九条）。フランスでは、労働協約法の方は早くから整備され（一九一九年）てきたが、今回の団交義務の設定に伴い、同法も改正され、団体交渉と労働協約の連繋が強化された。

新法が導入した団体交渉権ないし団交義務の法的概念あるいは履行の方法は、アメリカやわが国の行政委員会制度を媒介とするやり方とは違った独自のもののようである。この構想はまだ、緒についたばかりであり、前提となる企業内労働関係の形成それ自体が政策課題であるところから、法的手続も今後、試行錯誤を繰り返しながら整備されていくものと思われる。ともあれ、フランスのこの新たな試みが、「団体交渉の自由」の原則の上に非介入主義を伝統としてきた他の西欧諸国に対しても、考え方の上で、大きな影響を及ぼすことと思われる。

（1）最も新しい紹介として、保原喜志夫「オルー法とフランス労働法の新展開」協会雑誌三〇二号三七頁以下。

(6) 韓国

韓国憲法第二九条一項は「勤労者の団結権、団体交渉権および団体行動権は法律の定める範囲内で保障される」と定めている。これを受けて労組法第三九条三号は、使用者の団交拒否を不当労働行為とし、労委命令（同第四〇―四四条）および裁判所の命令によって団体交渉の履行が確保されるようになっている。この点では、ほぼわが国と同じ立法制度といえる。孫氏によれば、憲法二九条一項は私人間を規律する効力をもつものとされ、従って団体交渉権の権利の性格は、団交応諾請求権として保障されていると解かれている。（1）

（1）孫・前掲論文㈢四二頁。孫氏は、同国の団体交渉権は、法律留保の権利であること、国家保衛に関する特別措置法により大幅な制限を受けていること、非現業公務員に対して否定されていること（憲法二九条二項）などから日本のそれに比して「弱い」権利とされる。

(7) イギリス（一九七一年労使関係法の下における）

「団体交渉」（collective bargaining）という言葉を創り出したイギリスは、その法制化について一九七一年に至るまで非介入主義の最も徹底した国であった。団体交渉はもとより、大陸諸国と違って労働協約についても、これを紳士協定として法的拘束力（正確には法的履行）を付与しないという伝統を維持し続けた。

一九七一年労使関係法（Industrial Relations Act）は、「悪化した」経済状態と「労使関係の是正」をはかるため、保守党の伝統的労働政策であるボランタリズム＝非介入主義を改め、労使関係に国家が積極的に介入を試みた最初の立法であった。同法は、労使関係の秩序化と安定化を基本目的として、アメリカやわが国の「不当労働行為」よりやや幅の広い unfair industrial practice（不公正労働行為）という新たな（違）法概念を創設し、その救済機構として全国労使関係裁判所（ＮＩＲＣ）・労使審判所（ＩＴ）を新設した。団体交渉は労働協約とともに同法によって初めて法的規制の対象となり、交渉単位・交渉代表制を通じて唯一交渉代表としてＮＩＲＣの承認を得た登録組合は、これとの団体交渉を使用者が拒否することを不公正労働行為として禁止されるという意味において団体交渉権を保障されることになった。同法が構想した交渉単位は、アメリカのそれとは異っており、また、団体交渉の救済方法もアメリカ方式のように使用者に団体交渉に応ずることを強制するのではなく、交渉内容である労働条件を雇用契約の内容とする裁定が与えられるというものであった。

この制度は、労働組合側の強い抵抗に遭い、短い実験的実施の後、労働党政権の下で一九七四年労働組合・労働関係法によって消滅し、保守党の政権復帰後の一九七五年雇用保護法、一九七六年労働組合・労働関係（修正）法、一九七八年雇用保護（統合）法、一九八〇年雇用法によっても復活することなく終った。この国は、団体交渉については、目下のところ、完全な非介入主義の立場に立っているとみることができる。(1)

イギリスでは、特に肉体労働者の組織率が高く、その産業別、職種別組合あるいは一般組合《ジェネラルユニオン》による団体交渉力は十分に強力であるから、立法による法的保護に頼ろうとする動きは、労働組合側にはほとんどないといってよい。六〇年代から著しく進展しつつある職場組織による非公式《インフォーマル》交渉についても、それを公式化しようとする要求はあるが、それを「団体交渉」の立法化で果そうという発想は、労働組合はもとより組合員にも稀薄だと思われる。

（1）　一九八〇年法までの経過については、安枝英訷・現代労働法講座7不当労働行為I七九頁以下及び所収の文献参照。

(8)　団体交渉の法制度化に消極的な諸国の状況

方向転換して旧態に復したイギリスの立法例を別とすれば、右にとりあげた諸国では、憲法上の保障を通じて、あるいは何らかの実定法上の措置を通じて団体交渉に法的裏づけを与えることによって少くとも団体交渉権という権利を社会的に公認された法的概念として認めているとみることができる。しかし、そのような国は今のところ僅かであり、その他の国では、労働者の団結権や争議権といった、市民法の目からみれば、より積極的《アグレッシブ》な集団的権利を承認しながら、団体交渉の法的義務化については、なお、消極的対応を示している。そして、このような諸国の姿勢は、ＩＬＯの政策にも反映している。ＩＬＯ条約がはじめて団体交渉権をとりあげたのは、第二次大戦後の一九四九年の九八号条約においてである。

同条約第四条は、団体交渉権について、「労働協約により雇用条件を規制する目的をもって行う使用者又は使用者団体と労働者団体との間の自主的交渉のための手続の充分な発達及び利用を奨励し、かつ、促進するため、必要がある場合には、国内事情に適する措置をとらなければならない」と定めている。(1)同条は、団体交渉の結果、労働協約が締結され、これによって労働者の雇用条件が規制されることを労使関係のあるべき姿として構想したうえ、その労働協約の締結を円滑に進めるため、各国の国内事情に照らし「必要がある場合に」適当な法的措置をとるべきものとしている。そこでは、労働協約の締結が主眼であり、団体交渉はそのための手段的措置の地位にとどめられているが、このことは、他面で団体交渉権が、目的達成のための間接的性格のものと考えられていることを示しているように思われる。

一般に、団体交渉と労働協約という相互に関連する制度のうち、法制度化についてどちらを優先させるかという問題は、国家にとってかなり選択の難しい立法政策の問題である。労使間の諸問題が労働協約の締結を通じて解決されることは労使関係の相対的安定にとって不可欠であるから、どこの国でも労働協約の締結を奨励、促進しようとする。しかし、協約締結のための団体交渉を全く当事者の自由意思に任せれば、一方当事者の交渉拒否によって協約の締結交渉は土俵に乗せることとさえ難しくなる。

そこで、協約締結のための交渉を含め、一方の側に団体交渉を求める意思がある限り、相手方に交渉応諾を法的に義務づければ、それによって協約の締結はより促進されることは確かである。しかしそうであっても、団体交渉を受ける意思のない相手方に法律で強制することについては、一般に極めて根強い抵抗がある。伝統的な市民法の立場からすれば容易になじめない考え方であろう。消極説の立場からみれば、団体交渉は組合と使用者間の力を背景とした取引である以上、法律で交渉の場をもつことだけを強制してみても、交渉の結果が労働協約の締結につながるとは限らない。逆に、協約を締結させるだけの交渉力をもつ労働組合であれば、最初から自力で使用者を団交に応じさせることができるから、法律によって団体交渉を義務づけてもたいして実益はない、ということになる。

団体交渉の法的制度には、さらに、応諾を強制される団体交渉の範囲または単位をどうするかという問題がある。すなわち、団体交渉の当事者となる労使がそれぞれ複雑な組織から成っている場合に、いかなる組織間の交渉をもって法により強制すべき単位とすればよいかという問題である。アメリカやカナダにおけるように労働組織が比較的単純な形態の国の場合には、交渉単位制という競争原理に基づく交渉独占制度を導入することで問題の解決がはかられたし、日本のような組織競合の少い企業内交渉ではこの点で最初から大きな問題が生じなかった。しかし西ヨーロッパ諸国のように特に労働組合の組織が複雑なところでは、労使の産業別全国組織間の中央交渉制度が先に進展してしまっており、アメリカの交渉単位制という考え方を受け入れる余地はほとんどなかったといってよい(2)。

西ヨーロッパにおいて団体交渉の義務化という発想を妨げてきたもう一つの理念的要因として「産業民主主義」についての考え方があるように思われる。確かに、ウェッブ流の古典的考え方に従えば、団体交渉は、それ自体、労働者の雇用条件決定への発言力の増加を通じて産業における民主主義へ近づく有効な途と考えられた。しかし、組合員の団体交渉による雇用条件の改善だけでは、経営における労働者の参加が期待できないことが実証されるに従い、産業民主主義の達成にはむしろ経営協議会のような直参加制による方が近いとして立法政策に期待する考え方が強まってきた。参加立法は、団体交渉を排除するものではないし、その重要性に対する認識は時代とともに強くなって行くが、参加立法が多くの西欧諸国で実現するにつれ、団体交渉立法の構想が「産業民主主義」の政策課題から遠ざかっていったということができるであろう。スウェーデンのケースは、むしろその例外とみることができる。

（1）　ＩＬＯ九八号条約採択後三〇年を経過した一九八一年に「団体交渉の促進に関する条約」（一五四号）と勧告（一六三号）

が採択された。同条約は、団体交渉促進措置の範囲および目的を定めるとともに、これらの措置が団体交渉の自由を阻害するものであってはならないとしている。

（2）　例えばベルギー、デンマーク、オランダ、スウェーデン等の諸国では、すでに労働組織および交渉の中央集権化が高度に進んでいるため、職場又は企業別の団体交渉の余地が少く、法律によって団体交渉を義務づけることがほとんど実質的意味をもたなくなっている（前掲「ヨーロッパの労使関係」所収各国の項参照）。

三　わが国の実定法と団体交渉権

まず、わが国の憲法を含めた実定法規において「団体交渉」あるいはそれに相当する用語を用いている立法規定が、団体交渉ないし団体交渉権を具体的にどのようなものとして扱っているかを検討してみよう。そこから、ある程度、団体交渉権の権利性についての示唆が得られると考えるからである。

(1)　憲法二八条

憲法二八条は「勤労者の団結する権利及び団体交渉その他の団体行動をする権利は、これを保障する」と規定する。同条から「団体交渉」という一つの権利が、諸法律の上位概念として設定され、すべての「勤労者」に例外なく「保障」さるべきものであることが明らかである。ただし、その文言から団体交渉権が「その他の」「団体行動をする権利」の一つとしてそこに包摂されるのか、それとも「団体行動をする権利」とはいわゆる「争議権」の範疇に属するものであって、団体交渉権が団体行動とは一応、別個の対使用者的権利として構想されているのか明確さに欠けるところがある。もっとも、学説上は、憲法二八条は、団結権、団体交渉権および争議権のいわゆる「労働三権」を保障したものと解釈することによって、文言から来るあいまいさを克服しているように見える。（1）論議はあるが、ここでは団体交渉権が「憲法上」の一つの「権利」であることを所与のものとして論を進める。

(1) 日本国憲法より後に出来た韓国憲法では、明確に労働三権として分類されている(孫・前掲論文(一)一九頁)。

(2) 労働組合法

旧労組法(昭和二〇年)は団体交渉について現行法六条に当たる一ヵ条を置いていただけであり、その実効的意味も明確でなかった。昭和二四年の同法の改正により、不当労働行為の一つとして団体交渉の正当理由なき拒否が法的に禁じられ、その救済措置が講じられるに至ったので、団体交渉権は初めて「権利」としての内容を与えられ、またそれゆえに理論上、実務上もその権利性の検討が必要となるに至った。

(一) 労組法一条一項は、労組法の目的の一つが「使用者と労働者との関係を規制する労働協約を締結するための」「団体交渉をすること及びその系統を助成すること」にあることを宣言している。同条には、その外に「労働者が使用者との『交渉』において」および「労働者がその労働条件について『交渉』するため」の文言が使われているが、「交渉」とは「団体交渉」のことに他ならない。要するに、労働者側からみれば、労働条件その他労働者の地位向上のために使用者と交渉するのが「団体交渉」なのであり、交渉の結果、目的が達成されれば、どうしても労働協約を締結しなければならないというわけではない。

もっとも、団体交渉は労働協約の締結によって交渉結果についての当事者の合意性に確定性《フォーマリティ》を与えるものであるから、通例、団体交渉の当事者が協約の締結を最終目的として交渉に当たるのは当然であり、その意味で同条が団体交渉と労働協約を結びつけていること自体に問題はない。労組法が特に、第三章に「労働協約」の定めを置いて、これに特別の法的効果を付与しているのも、これによって団体交渉を促進させようとしているとみることもできよう。

右の意味で、団体交渉と労働協約とは、「手段」と「目的」の関係に立つことになるが、労組法は使用者に協約の締結を義務づけていない以上、両者は相互不可分の関係には立たないし、また権利性の点からみれば、前者即ち「団体交渉権」が一つの法的権利とされる場合の権利は労働協約締結の権利を含むものではない。そのロジックは、以下のようになるであろう。団体交渉は、当該の労使関係の状況から当然には労働協約に結実するとは限らない。交渉が行き詰り、あるいは決裂することもあるが、使用者はもはや、その結果について法的責任は負わない。また交渉が妥結しても、一方、または双方当事者の意思によって「労働協約」の締結に至らないこともある。従って、団交権に協約締結の権利を含ませることは、集団的労使関係においても一般的に承認されている「交渉自由の原則」に反することになる。こうして、わが労組法は、労働協約について、その手続過程としての団体交渉とは切り離し、労使の当事者間に協定締結の意思があってそれが文書により確認された場合にのみ、その成立を認める。協約が成立すれば、団体交渉の過程でどのような経緯があったにせよ、協約として合意されたものについてこれに法的拘束力が与えられる。そこでは、法的意味においては、「使用者の団体交渉の義務」は「協約締結の義務」につながらない。これは労使間の交渉内容またはそれに関する合意それ自体は「労使自治の原則」に任せるという考え方であり、そのことは団体交渉においても変りはないが、団体交渉の場合は、労使自治の原則の中から「交渉するかどうか」の自由を制約し、労働者側の要求があれば、交渉を拒否する自由はもはや失われ、使用者に応諾する義務を負わせることにより団体交渉権を一つの権利とするに至った、というように考えられる。

以上述べたように、労組法は「労働協約締結のための」団体交渉を予定しているが、労働協約の締結の成否ということは団体交渉権の権利性に影響を及ぼすものではない。団体交渉が権利としての機能をもつのは、あくまで使用者に交渉応諾が義務づけられているからである。ただし、労組法は、その場合、労働協約の締結が自由であり、少くとも締結自体は制約しないことを前提としている。従って、労働協約の締結が特別法により許されないときは、団体交渉権の方も協約の締結を予定しない権利という性格のものになる。国家公務員法の下での「交渉」はこのような制約をもっている。われわれが労組法上の団体交渉権の定義あるいは権利の性格を考えるに際し、これを公務員法の場合と比較した場合には、労組法にいう「労働協約を締結するため」という言葉のもつ意味があらためて問題になる。このことについては、後述四公務員の団体交渉のところでとりあげることにする。

（二）　労組法一条二項は、「団体交渉その他の行為であって……正当なもの」について、刑法三五条のいわゆる正当業務行為としての違法性の阻却を認める。これは、労働組合が労働条件の改善等を求めて使用者に団体交渉を要求する集団的行為（to act collectively）は、（労働法の登場する段階以前では）市民法上、それ自体、加害を目的とする違法行為（共謀 conspiracy）と目されてきた歴史的経緯にかんがみ、（正当な）団体交渉について刑事法上の違法性を阻却することを定めたものである。団体交渉権の免責権としての性格は、同項規定によって確認されたということができる。

（三）　労組法二条但し書二号および七条三号但し書は、使用者が労働者との「労働時間中」の団体交渉（法上は「協議し、又は交渉すること」）についてこれを無給扱いとしないことが、同法がほんらい禁止する使用者の労働組合運営に対する経理援助としての支配・介入行為に該当せず、また当該組合の資格喪失事由にも該らないことを定めている。

これらの規定は、もとより労働時間中の団体交渉等につき使用者にその賃金負担を義務づけたものではなく、単に、使用者がこれを負担した場合も、組合の団結ないし自主性の侵害行為としての不当労働行為とみなさないというに過ぎないが、その立法理由は必ずしも明白ではない。

その根拠としては二通りのことが考えられる。第一は、使用者の団交中の賃金支払（不控除）を組合事務所の供与と同様、ほんらいは労働者側が負担すべきものを使用者が供与するのだから経費援助行為ではあるが、団体交渉の促進という政策目的から大目にみて使用者側の免責事由と認めたものと解するものである。第二は、これと対蹠的に、団体交渉のもつ労使相互利益的性格ないし労働者の経営参加的性格からして交渉を有給とすることの支配・介入性を否定するものである。すなわち、労使は利益の相反性という点では対抗的であっても、話し合いによる紛争解決を目的とする点では利益の共通性という意味において使用者の経費援助行為には該当しないと解するのである。後者の考え方によれば、労働組合の自主性を侵害しない限り（何人がそれを判断するかの問題はあるが）、使用者の組合に対する積極的出捐行為も（例えば、争議解決金の支給）、組合運営に対する支配介入に該当しないことになる。

立法が右のいずれの考え方によったのかは、論議のあるところであるが、いずれにせよ、労組法が、団体交渉が就業時間内に行われた場合にこれを有給扱いとすることを少くとも法に抵触するものでない[1]としていることは、団体交渉に一つの積極的権利性を認めたもの[2]と解してよいであろう。

（四）　労組法六条は、労働組合の代表者又は委任を受けた者が、組合又は組合員のために、使用者又はその団体と労働協約その他の事項に関し（団体）交渉する権限を有することを定める。

同条のタイトルは「交渉権限[3]」とされているが、むしろ、労働組合が使用者と団体交渉を行う「権利」を有することを確認した根拠規定として「団体交渉権」というタイトルを付すのが妥当と思われる。「労働組合」がその組合員のために団体交渉を行う権利があることを（たとえそれが論理的には当然であるとしても）法的に確認する規定は他にどこにも見当らないからである（憲法二八条では「勤労者」の……団体交渉……をする権利となっている）。七条二号は、これに対応する使用者の義務を定めたものであり、同条をこう解することによって、団体交渉の「権利」と「義務」の関係が明確になる。もっとも、同条をこのような団体交渉の根本的規定と解するには[4]、その規定のしかたからみてやや不自然であるため、一般には、同条は、労働組合が団体交渉権をもつことを当然の前提としたうえで、その権利の行使に当たる当事者の資格（権限）を定めた一種の手続規定と解しているようである。とりわけ、交渉を担当しうる者が労働組合組織の「代表者」に限らず、交渉権の委任を受ければ何人でもかまわないという同条の定めは、労働者の利益の組織的代表者が組織代表者であるがゆえに交渉権をもつという団体交渉制度の本質と整合しない側面をもっており、同条の基本的位置づけを困難にしているように思われる。立法として再考すべき点である。

同条の解釈上、主として問題となるのは、交渉権の「委任」に関する部分である。団体交渉の労働側の当事者は、本条と七条二号を併せ読めば、「使用者が雇用する労働者を代表する（組織する）」「労働組合の代表者」ということになるが、交渉権限は、六条後段の委任規定によって交渉当事者でない第三者に任せてよいことになっている。交渉単位制をとっていないわが国では、これは論理的には、交渉担当者が組織的利益代表とは何の関係もない者に無限に拡がりうることを意味する。実際上、かかる混乱が起きないのは、わが国の組合のほとんどが企業内組織であり、交渉も企業内交渉に限定されているからである。現実に問題を生じたケースは「上部団体」である労働組合の場合のみである。ところで、同条の委任規定は、当事者間の協定による委任禁止を許す趣旨に解されるかどうかが学説・判例上の論点となっている。[5] ここでは、この論議に深入りする余裕はないが、私見では、団体交渉権という権利の性格からみて、交渉当事者およびその交渉権限は、当該労働者の利益を代表する組織（の代表者）に限定さるべきであり、交渉の「委任」という制度は、廃止すべきであると思う。

（1）　しかし、このことは、同時に、団体交渉権が、労働者側が就業時間中に当然に団体交渉を要求したり、あるいは就業時間内の団体交渉を当然に有給にすることを求める権利を含まないことを意味している。

（2）　国公法（一〇八条の五第八項）、地公法（五五条八項）では、積極的に、「交渉」は勤務時間中に行ないうることを定めている。

（3）　公務員法にも交渉委任に関する規定があるが、そこでは職員団体の役員以外の者が「当該交渉の対象である特定の事項について交渉する適法な委任を当該職員団体の執行機関から受けたことを文書によって証明」しなければならないとされている（国公法一〇八条の五第六項、地公法五五条六項）。

（4）　本条に団体交渉権についての基本的規定としての性格を認めようとする説として、瀬元美知男「団体交渉の拒否の救済」成蹊法学一二号三九頁、および、菅野和夫「団体交渉拒否および支配介入と司法救済」新実務民事訴訟法講座11労働訴訟一〇四頁がある。菅野教授は本条の定めを団体交渉権の裁判規範化の根拠規定として位置づける点で瀬元教授の所説に賛するが、それが団体交渉それ自体の履行を求める（仮処分）請求権の根拠とまではなりえないとされる。

（5）東大労働法研究会編・注釈労働組合法上二九三頁以下参照。

2 団体交渉権の権利の性格について

（五）労組法七条二号は、「使用者が雇用する労働者の代表者と団体交渉することを正当な理由がなくて拒むこと」を不当労働行為の一つと定めることにより、労働者の団体交渉権を使用者に対する義務づけの観点から保護している。法文の上では、当該使用者が団体交渉義務を負うのは、彼が雇用している被用者の「代表者」であるが、代表者は被用者の利益を集団的に代表する者であるから、結局は、被用者の組織または加入している労働組合がその対象ということになる。逆にいえば、その労働組合は、組合員の利益を代表する形で使用者に対し団体交渉権をもつわけである。アメリカ法では、団交義務事項について交渉を強制（mandatory）すると規定しているのに対し、わが労組法では、拒否の「正当理由」がない場合にのみ交渉が義務づけられる（実際には正当理由ある場合はきわめて限定されるが）。

団体交渉の応諾義務を負う「使用者」が誰を指すかについては、特に定めがない。実務上争いになるところである。公務員法では、「職員団体が交渉することのできる当局は、交渉事項について適法に管理し、又は決定することのできる当局とする」（国公法一〇八条の五第四項、地公法五五条四項）と定める。

労組法七条二号に違反して使用者が団体交渉に応じない場合に、労働組合が、労働委員会に対する救済の申立とともに、あるいは救済の申立をすることなく、直接、裁判所に団体交渉の履行を求めて訴を提起することができるかどうかについては、直接の実定法規はない。この問題は、不利益取扱など他の類型の不当労働行為の場合と共通した側面をもつが、団交拒否特有の問題点も含んでいる。団体交渉の履行またはその仮処分を求める民事訴訟が可能であるかどうかについて学説・判例は対立しており、この問題は、特にわが国においては、団体交渉権の権利の性格をめぐる最も大きな論点となっていると思われるので別にとりあげることにする。

（六）労組法二七条は、労働組合の団体交渉要求に正当な理由なく応じない使用者に対し、右組合が同法七条違反を理由に救済の申立をした場合に、労働委員会が審問の手続を経て、団体交渉に応ずべき旨の救済命令を発することができることを定める。そして、救済命令は罰則により履行を確保される（同三二条）。この罰則が、労働者が七条二号違反を理由として裁判所に訴を提起した場合に適用のないことは当然である。団体交渉に関し訴を提起し、請求が認められた場合の強制履行措置としては、昭和四七年以降、仮処分命令不履行に対する間接強制としての罰金の制裁という途が開かれたが、これについても後に触れることにする。

(3)　公共企業体等労働関係法・地方公営企業労働関係法

（一）　公労法一条は、本法が「職員の労働条件に関する苦情又は紛争の友好的且つ平和的調整を図るように『団体交渉の慣行と手続とを確立する』ことによって、企業の正常な運営を最大限に確保……することを目的とする」と定め、これに対応して、八条に団体交渉の範囲（管理及び運営に関する事項の排除）、九・一〇条に「交渉委員」に関する定めを置く。交渉委員の数、任期その他団体交渉の手続に関する事項は団体交渉で自主的に定めることとされる（一一条）。また、同法三条により労組法六条の「労働組合の代表者又は労働組合の委任を受けた者」及び同七条二号の「使用者が雇用する労働者の代表者」は、「労働組合を代表する交渉委員」と読み替えて適用される。

（二）　地方公営企業労働関係法の団体交渉に関する定めは公労法と同旨である（七条）。

以上のように、公労法、地公労法の下における団体交渉は、団体交渉事項の法による限定という点を除けば、大筋において労組法の場合と違いはない。団体交渉の対象が「管理・運営」事項に及ばないという点において、公企体等の労働者の団体交渉権の権利性は、私企業労働者のそれに劣るという主張があるが、私企業においても、管理・運営事項はいわゆる「経営権条項」として実質上、団体交渉の対象から外されている実態からいえば、両者の間に質的な差異はないといってよいであろう。ただし、「予算」上の制約や「当事者能力」の問題は別である。

(4)　国家公務員法・地方公務員法

（一）　国家公務員法一〇八条の五は、「当局」が、「職員の給与、勤務時間その他の勤務条件に関し、及びこれに附帯して、社交的又は厚生的活動を含む適法な活動に係る事項に関し」登録された職員団体から適法な「交渉」の申入れがあった場合には、「その申入れに応ずべき地位に立つものとする」と定める（同第一項）。まず、右にいう「交渉」が、さきに定義のところで述べた普遍的な意味での、あるいは憲法や労組法にいう「団体交渉」と異なるかどうかである。一方の交渉当事者が登録を要件とするとはいえ、職員（労働者）の組織代表である職員団体（労働組合）であり、そして交渉内容に職員の「勤務条件」（「労働条件」と同義である）が含まれている以上、肯定に解するほかないであろう。

次に、当局が申入れに「応ずべき地位に立つ」とは、かかる「団体交渉」たる交渉について職員側に「団体交渉権」が認められていることを意味するであろうか。一般に、法が交渉に「応ずべき地位」にあることを確認していることは、交渉応諾を義務づけたことに外ならないから、労組法にいう「団体交渉をすることを正当な理由がなく拒むこと」はできない（七条二号）というのと同義に解される。一方の当事者が団交応諾を法律で義務づけられている場合に、相手方が交渉に応じさせる権利を有するという普遍的意味においては、公務員も「団体交渉権」を保障されているといわねばならない。

これに対しては、国公法は「交渉」を認めながら、他方で「団体協約（労働協約）を締結する権利を含まない」（一〇八条の五第二項）と定めているから、そのような職員側の権利は、「団体交渉権」とはいえないという反論がある。(1)

しかし、すでに述べたように、団体交渉権は、当然に労働協約締結権（交渉の相手方に協約の締結または署名を義務づける権利）を含むものでない。私企業でも労働協約の法的保護は団体交渉権とは別個の法体系に属する。公務員の場合は勤務条件法定主義等の関係で、法が、団体交渉の結果としての合意に労組法上の労働協約としての法的効力を与えることを否定したものであって、その当否を別とすれば（立法論としては調整のできないほどの抵触とは考えられない）、この規制規定のゆえに公務員の団体交渉権の存在それ自体を否定することはできない[(2)]と考える。

（二）　地方公務員の「交渉」についての地公法の定め（五五条一・二項）は、国公法のそれと同旨であって、当局は、「団体協約を締結する権利を含まない」「交渉」を職員団体との間に行なうことを義務づけられている。違うところは、両者が法令、条例、地方公共団体の規則、規程に抵触しない範囲で「書面による協定」を締結しうる（同条九項）ことである。右の「団体協約」と「書面協定」とがいかなる法的関係に立つのかは明らかではないが、理論的には、労働組合が団体交渉の結果、使用者との間に達した集団的合意という意味での、つまり広義の「労働協約」の一形態であると解して差し支えないと考える。ただ、法的拘束力のある団体（労働）協約の締結は禁じられているので、いかなる意味でも法的履行の途はないが、法令、諸規則等に抵触しない範囲の文書協定は、理論上、「法的拘束力のない労働協約」として協定当事者間の自主的規範を形成する（同条一〇項）と解される[(3)]。

以上に述べたように、私見では、国公法、地公法におけるように、団体交渉の結果としての労働協約に法的効果を認めない制度の下でも、労働者の利益代表としての労働組合との交渉が法的に義務づけられている限り、そこに「団体交渉権」の存在を認めうると考える。

（1）　峯村光郎「公務員労働関係法〈新版〉」法律学全集四八―Ⅱ三六頁、同・公労法の理論と実際二一七頁。

（2）　公務員がもし団体交渉権を否定されているとするならば、その状態は、憲法二八条に違反していることになる。その場合、国公法一〇八条の五第二項、地公法五五条二項の規定をその理由とするのであれば、それが違憲立法であることを主張しなければならないことになるが、「労働協約を締結する権利」が団結権や団体交渉権のように、憲法上保障されたものでない以上、それを違憲とまでいうことはできないであろう。

（3）　かかる意味における文書協定は、同旨の法的規定のない国家公務員の場合でも、締結可能と思われる。

(5)　ＩＬＯ条約

既述のように、わが国もすでに批准しているＩＬＯ九八号条約は、団体交渉権についての実定法規範としての機能を有している。国内の裁判において同条約を直接の根拠として団交権侵害に対する救済を求めた事例はないが、ＩＬＯ提訴の例は少くない。最近の事例では、昭和五九年、国鉄当局が、余剰人員問題をめぐる退職勧奨の募集に関し、これを管理・運営事項にかかわるものとして、団交に応じないことを同条約第四条に違反するとして、国労から結社の自由委員会に対し提訴されている。

四　わが国の団体交渉権の諸性格

すでに述べたように、わが国では、憲法上、「団結権」とは別に、勤労者の「団体交渉……をする権利」が「保障」され、これを受けた労組法が使用者に対し、原則的に団体交渉に応ずることを義務づけることによって、一つの法的概念としての「団体交渉権」という権利の概念が定着するに至っている。憲法は、団体交渉権の主体（権利の享有者）を「勤労者」に限定しており、労組法も団交応諾の義務を使用者側にのみ負わせているから、わが国の「団体交渉権」は、労働者側の一方的権利《ユニラテラル》であることは明らかである。

しかしながら、労働者側の一方的権利といっても、団体交渉は相手方である使用者との集団的労使関係の存在を前提とし、一定の要求（交渉）事項が提示され、所定の法的要件の下で初めて具体化する権利であり、しかも

「交渉する権利」といっても、単に両者が「会う」（meet）だけで内容を全く伴わない会合は「団体交渉」の実質的概念あるいは団交義務の履行といえないのであるから、団体交渉権という労働者の権利は、単に使用者に交渉を求めるという権利にとどまらず、使用者との一定の「協同行為」を要求し、実現させるという積極的《アクティブ》な権利ということになる。もっとも「協同」行為といっても、それは交渉の結果による何らかの合意の成立まで義務づけるものではないから、その意味ではなお、消極的《パッシブ》な権利である。

労働者側に一方的な権利としての団体交渉権を与えるということは、そのような労使関係のありかたを容認し、促進していこうとする国の立法政策に基づくものであるから、団体交渉権は、その意味において法政策的な権利である（その点が、それ自体が基本的権利である団結権との差異である）。そこで立法政策的権利である以上は、国はそのような権利を法的に実現させるための何らかの実定法の定めをするか、あるいは、同じ権利の実現のために、侵害があった場合の私的利益の救済機関である裁判所を通じての履行の途を講ずる必要がある。

前者については、わが労組法は労働委員会による不当労働行為の救済手続と救済命令取消しの行政訴訟について明示の定めを置き、他の不当労働行為の場合と同じく、団体交渉権の権利の実現も基本的にこの方法によることとした。これが「行政救済」と呼ばれるものである。これに対して、「司法救済」については法に特別の定めはなく、といって行政救済が民事裁判による「司法救済」を排除する旨の定めもしていない。ここから、労組法七条は、行政救済の外に民事訴訟による司法救済を予定しているかどうかについての立法意思に関する消極説と積極説の対立が生じた。また、司法救済を肯定する立場にあっても、七条各号によってその態様を異にするとの見解の対立を生じた。これらの解釈の差異は、団体交渉権の権利の性格づけという理論的次元のみならず、仮処分の執行手続における実務上の困難な問題を派生させるに至った。

以上述べたように、団体交渉権は、個々の組合員ではなく、その団結体としての労働組合が労使関係の場において保有する特殊集団的な権利であって、実定法の対応（従ってその解釈）いかんによって性格づけも異なる。

また同じ集団的権利である団結権や団体行動権との相違や関連も問題となる。一般に個人的権利の性格づけ、あるいは分類が論じられる場合に用いられる請求権、免責権あるいは妨害排除請求権といった概念も、団体交渉権が一つの「権利」である以上は無縁のものとして却けるわけにはいかない。このように単純でない団体交渉権の権利の「諸」性格は、その対応する問題ごとに個別的に検討するほかないであろう。

以下に、そのような視点から検討してみることにする。

2 団体交渉権の権利の性格について

(1) 団結権と団体交渉権

「団結権」を広義の権利として捉えた場合に団体交渉権という権利は、団結権という権利とどういう関係に立つのであろうか。別のいい方をすれば、団体交渉権として保護を受ける権利は団結権としての性格を併せ持つといいうるであろうか。

狭義の団結権は、労働者が労働組合を結成し、またはこれに加入する権利であり、その性格は自由権といわれる。団体交渉権が保障されるためには、その交渉の主体である労働者の組織の団結権が保障されることが当然の前提となる。団結権が保障されていることは、当然に団体交渉権も保障されていることを意味するかといえば、これは、諸外国の例からみても肯定できない。団体交渉権の保護は、使用者に交渉に応ずる義務を課すことによって成立するから、狭義の団結権プラスαの権利である。従って、団結権を「自由権」とすれば、団体交渉権は自由権プラスαの権利ということになるであろう。

わが労組法七条の不当労働行為制度は、広く、使用者による労働者の「団結」侵害を具体的に保護する措置と解されている。この考え方からすれば、同条二号に定める使用者の団交拒否は、使用者が正当な理由なく団体交渉に応じないという形における団結権の侵害ということになる。げんに労委命令の中には、使用者の団体交渉における不誠実な対応が、二号違反のみならず、同時に団交拒否を通じての支配介入（三号違反）になるとしてい

るものがある。(1)

これに対して、団体交渉権は団結権とは別の次元の問題であって、使用者の正当な理由のない団交拒否は、不当労働行為としての救済の対象とはなりえても、それ自体としては団結権の侵害の性格をもちえないとする反対説がある。しかし、団体交渉権の保護法益の中に団結侵害からの保護の意味が含まれていることを全く否定することができないとすれば、わが国の団体交渉の権利の中には団結権としての性格も含まれていると解せざるを得ないであろう。

(1)　もっとも、労委命令が二号違反のケースをすべて三号違反とみているわけではない。

(2)　免責権としての効果――団体行動権として

憲法二八条に定める「団体行動をする権利」とは、労働者が一定の目的のために組織的に（団体として）行動する権利である。それは、労働組合の行なう諸活動それ自体を適法なものとして、市民法上の違法性を阻却するという意味における免責権である。団体交渉は、相手方である使用者とある特定事項について話し合う協同的行為であるから、組合が行なう街頭示威行進等の一方的行為とは性格を異にするが、使用者の団体交渉（応諾）が法的に義務づけられていない（団交権の保障されていない）国では、交渉を求めて集団的示威を行うことは「団体交渉」の一過程をなす。また、使用者が団体交渉に応ずることを法的に義務づけている国にあっても、労働側の要求に応ずることまで義務づけているわけではないから、労働者側は団体交渉の過程において「要求貫徹」を目的として示威行動を行なう必要がある。いずれにしてもこの種の示威行動は、団体交渉に対して団体行動的性格を与える。(1)

前述のように、団体交渉権が免責権としての性格をもつといっても、わが国の場合は、組合側が適法に行う団体交渉それ自体については、特に免責権かどうかを論ずる必要はあまりない。使用者に団体交渉を求めること自体が法に基づく権利だからである。しかし、団体交渉を求め、これを実現させる権利としての「団体交渉」は、労働組合が「集団として」行なう交渉（「集団交渉」と呼ばれる）ではなく、その代表者を通じての代表交渉に外ならないから、組合の交渉代表者が交渉行為以外に組合員として行なう行為や団体交渉の過程において組合が行なう交渉進展のための示威行動の正当性は、団体交渉自体とは一応、切り離してその付随行為として、主として業務阻害性との関係において評価されることになる。免責されるかどうかは行為の違法性の程度いかんによるとみるべきである。

「団体交渉権が『免責権』である」という意味は、厳密には右のような意味においてであり、労組法一条二項にいう「団体交渉『その他の行為で正当なもの』」として刑事免責の対象となるのも、主として右の意味の付随行為である。もっとも、右の意味での団体交渉に付随する労働者の団体行動が「争議権」の行使としての団体行動権に当たるとみられる場合はありうるが、それは当該事案の総合的見地からの判断の問題である。

刑法三六条は、「急迫不正ノ侵害ニ対シ自己又ハ他人ノ権利ヲ防衛スル為メ已ムコトヲ得サルニ出テタル行為ハ之ヲ罰セス」と定める。団体交渉を拒否された労働者が「自己又ハ他人ノ権利」としての団体交渉権を侵害されたとして行う行動は、刑法三六条に定める「正当防衛」にあたるであろうか。刑法学の学説は、おおむね、労働者の団結権などの労働法上の権利の侵害ないし妨害を排除するためには正当防衛が理論上可能と解しているが(2)、団体交渉権については消極的であり(3)、最高裁の決定も(4)、使用者側が団体交渉の申入れに応じないという単純な不作為が存するにすぎない場合は、「急迫不正ノ侵害」とはみていない。労働法上の「権利」としては同じであっても、団体交渉それ自体には手段としての示威行為の必要性がそれほど必要でないことを示唆していると思われる。

次に、団体交渉の免責的効果は、「刑事」面のみならず、「民事」面においても問題となる。それは、刑事免責と同様に、主として団体交渉に付随する団体行動について組合または組合員がとった行為が不法行為や契約違反を理由として損害賠償の責任を問われる場合に、それが団体交渉の実現を目的としていたとか、あるいは団体交渉の一過程としての行為であったことを理由として免責を受けうるかということである。免責の根拠としては、憲法二八条の団体交渉権そのものが私法的効果として機能するという考えかたと、憲法二八条を受けて労組法八条が「同盟罷業その他の争議行為」について定めている民事免責が団体行動＝組合活動一般にも及ぶとする考えかたがある。通説は前説をとっているようであるが、[5]そうなると、問題は、憲法二八条の団体交渉権の私法的効果という根本問題につながる。あらためて**五**でとりあげることにする。

（1）有泉亨「団体交渉権という権利」石井追悼論集九頁、東大労働法研究会編・注釈労働組合法上二七〇頁。
（2）団藤編・注釈刑法(2)のI二三五頁。
（3）団藤編・注釈刑法(2)のI一八三頁。
（4）NHK長崎放送局事件・最（二小）決昭和五七・五・二六労働判例三九四号参照。
（5）東大労働法研究会編・注釈労組法上二七一頁。

(3)　団体交渉権の権利主体の複数性と平等性

団体交渉権の権利主体は労働組合という労働者の組織体である。わが国はアメリカ連邦法に定めるような交渉単位制を採用していないから、「使用者が雇用する労働者」（労働法七条二号）の代表組織である「労働組合」は審査上の適格性をもつかぎり、すべて団体交渉権の主体となる。すなわち、雇用労働者が加入した労働組合は規模、種別のいかんを問わず、雇用労働者を代表して使用者に対して団体交渉権を行使する資格を有する。[1]また、一つの組合が機構上、労働組合としての組織的実態（組合規約、代表・執行機関を備えること）をもつ限り上、下の別なく重畳的に団体交渉権をもつことになる。[2]

企業内組合が組織加盟する上部団体としての労働組合も、労働組合としての組織的実態を有する限り、その使用者に対して個有の団体交渉権を有する。同一企業内においてもたれるこれら上下組合の団体交渉権は、少くとも理論上は、対等であって、いずれも排他性や優位性を主張しえない。ただし、両組織間に交渉権の優位性または順位についての合意があれば、組合員が共通である限り有効と解すべきである。(3)

団体交渉権の権利の主体が労働組合にあるとする考え方に対し、労働組合とともに労働者個人にもあるとする併有説がある。しかし、団体交渉の主体である組織体としての組合と別個に個々の組合員に使用者との交渉を認めることは、団体交渉という制度のほんらいの趣旨からみれば、一つの背理であって賛成し難い。団体交渉権という権利は、法的には、それ自体としては成員に分割されることのない「集団的」権利というべきである。(4)

団体交渉権は、当該労働組合に固有の権利であるから、基本から離れてこれを否定ないし放棄する意味での団体交渉権の第三者への「譲渡」ということはありえない。既述のように、わが労組法は団体交渉権の交渉権限の「委任」ということを認めているが、この場合の「交渉権限」とは団体交渉権それ自体ではなく、「団体交渉権」を有する組合が一定の交渉すべき事項の範囲内において、交渉担当者に委任する事実上の権限という意味に解すべきであろう。俗に団交権の「委譲」と呼ばれるものも、ほんらい重畳的に団体交渉権をもちうる(「雇用する労働者の利益を代表する」)上部団体等が実際上の交渉権限を委任されることを意味するに過ぎない。

(1) 同一企業内の労働組合がすべて平等に団体交渉権を有することから生ずる団体交渉の「多量化」の問題は、現在までのところ、わが国の企業内組合制の下でさして問題となっていない。しかし、すでに郵政では四〇以上の組合が存在しており、将来、イデオロギー等による組合の細分化が進むことになれば大きな問題となるであろう。

(2) 単一組合における下部組織(支部・分会、職場組織)の交渉権の問題である。門田信男「下部組織の団体交渉権」現代労働法講座4団体交渉三四頁参照。

(3) 上部団体とりわけ産業別組合は、通常、企業交渉を企業別単組に任せて、理論上保有する団体交渉権を行使しない。両者の抵触問題については拙稿「上部団体の団体交渉権」現代労働法講座4団体交渉五六頁参照。

(4) 東大労働法研究会編・注釈労組法(上)二七二頁以下。

(4)「団体交渉権」の「権利」に対応する「義務」の問題

わが国の憲法二八条は「勤労者」の団結権、団体交渉権の保障を定め、これを受けて労組法七条二号が使用者の団体交渉拒否を違法としている。つまり、わが国の団体交渉権は、立法上、労働者側についてのみ認められた片務的《ユニラテラル》権利であり、団体交渉の法的義務を負うのは使用者側だけである。これは、ワグナー法時代のアメリカ連邦法がそうであったように、敢て法によって交渉の場に引き出す必要があるのは、労使のもつ力の均衡上、使用者側だけであり、立法としてはそれで足りるという発想に拠っている。アメリカでは、タ・ハ法においてこの発想を転換したが、現行法の下でも労働者側の団体交渉権は、権利の保障のしかたにおいて使用者側のそれと同じではなく、後者はむしろ消極的《ネガティブ》である。わが国では、目下のところ、労働者側にも団体交渉の義務を負わせるべきだとの議論は強くない。

使用者の「団交応諾義務」の内容は、労働組合が申し入れた要求事項について交渉を拒否することなく、その交渉代表者と折衝を行なうことである。かかる義務は、同じく不当労働行為を構成する団結介入におけるような、使用者側の単なる不作為義務にとどまるもの(1)ではなく、交渉を実現させるという積極的「行為」義務である。労働者側の団体交渉権という権利は、使用者側が交渉に応じて相互に話し合うという協力行為をまたなければ実現しえない。使用者側がこのように期待された協力行為をしないことがこの権利の「侵害」になるのである。団体交渉の場では、使用者側の代表として交渉を行う義務のある者は、個人としては、ほんらい自由意思に任さるべき他人との面会、発言、または応答など意思に反する行為を求められるわけであるが、労働者（労働組合）の団体交渉権が憲法で保障され、これを受けて法律（労組法）が使用者に対し「正当な理由」による拒否という留保をつけたうえでこのような作為義務を命じている以上、基本的人権侵害の問題にならないのである。

団体交渉における「交渉に応ずる」義務の内容は、それ自体が抽象的であるから、義務の範囲または程度は自明ではない。それは、単に「会見」することだけではないが、逆に団体交渉で求められている「要求内容に応ずる」ことまでは含まない。会見に始まって交渉が行き詰り（impasse）になるまで「交渉を尽くす」ことが交渉義務の内容ということになる。立法例では、「遅滞なく」（カナダ）あるいは「適当な時期に」（アメリカ）会合したうえ、impasse に至るまで「誠意をもって」協議する（アメリカ・カナダ等）等と定めている。わが労組法は義務の内容または程度について何らの定めもしていないが、労働委員会は「正当な理由」の解釈について使用者側に交渉における誠実性を求める方針をとってきた（裁判所もほぼ同じ態度といえる）。[2] impasse に達したかどうかについては労委の一般的判断に任されている。しかし、学説では impasse の理論を否定する見解も少くない。[3]

誠実交渉義務の外に、両者が一旦、団体交渉に入って以後は、使用者に労働条件の一方的変更（unilateral change）を禁止する義務を負わせるのが、アメリカ、[4]カナダ等の立法例であるが、わが労組法の下では、使用者側がそこまで義務を負うとする積極説[5]はいまのところ少い。これは主として以下のような事情によると思われる。

わが国では、使用者が労働条件の（引下げ）変更を行う必要が生じた場合には、労働組合があるときは、まず、組合にはかり、その合意もしくは「諒承」をとりつけたうえで実施するのが、ほぼ通例であり、団体交渉の際中に一方的に引下げ措置をとることはむしろ少い（倒産や経営危機状態の場合は別であるが）。また、労働条件の基準は就業規則または労働協約で定められているから、その引下げには、これらの制度上の改正手続が必要であるが、これにには相当の困難が伴なう。総じて労働条件の引下げは法的にも、事実上もかなり難しいのである。しかし、労働条件の引下げが諸状況から困難だということと、団体交渉中における使用者の義務として労働条件の一方的変更禁止の原則が含まれると解することとは一応、別のことである。アメリカ法のような立法の規定のないわが労組法の下でも信義則からそのような解釈を認める余地はあるが、その場合には impasse に達したことによってその義務が解除されるという免責限界の理論を導入することが必要と思われる。

(1)　園部秀信「団体交渉権の法的取扱い」法務Ⅱ五号一〇〇頁は、「団交に誠意をもって応ずることを正当な理由なくして拒否しない不作為」と捉える。

（2）　使用者側の誠実団交の義務に、対応して労働組合側にも誠実に団交を行なう義務があるかどうかが問題となるが、信義則からいって肯定すべきである。それは、もし組合側が誠実に交渉に対応しない場合には、相手方に交渉打切りの正当事由を与えるという意味においてである。
（3）　本多＝籾井＝中山外座談会「不当労働行為と労働委員会、裁判所」季刊労働者の権利一五九号参照。
（4）　アメリカ法の一方的変更禁止の原則はかなり厳格であるが、それは原則として「交渉行詰り」（impasse）状態に至るまでの現状凍結措置である。詳細は、道幸哲也「労働条件の変更と誠実団交義務（上）（下）」労働協会雑誌二六七・二六八号（一九八一年）参照。中窪・前掲論文㈡一〇〇巻一号一一八頁参照。
（5）　学説として積極説は、外尾健一・労働団体法二七一頁。労委命令として、西日本実業事件・大分地労委昭和五三・七・四別冊中労時報九二〇号三一頁、サイバネット工業事件・神奈川地労委昭和五三・九・二二別冊中労時報九二六号六四頁、判決として、全日本検数協会事件・神戸地決昭和四八・一一・一七労働法律旬報八五二号六七頁などがある。

(5)　団体交渉権の私法的効果

労働者の団体交渉権という権利が「公法」的効果、つまり労働委員会による団交応諾命令による履行の外に、使用者を相手とする民事訴訟を通じての履行になじむという意味での私法的効果を併せ有するかどうかという問題は、まず最初に、団交応諾義務確認または損害賠償請求の訴の可否という形で問われた。やがて団体交渉応諾「請求権」の存在を前提として団交に応ずべき地位の暫定的保全のための仮処分が認められるかどうかという、やや変則的な形において実務および理論の両面から論議されることになった。

団交義務確認の訴は、これまで、国鉄関係三件、私企業関係一件が判例に登場している。被解雇者が組合役員となっていることを理由とする国鉄当局の団交拒否を不当として憲法上の団体交渉権を有することの確認を求めた最初のケース[1]につき、東京地裁は、昭和三二年、「憲法二八条は、直接には労使間に具体的な権利義務を設定するものではなく、国家が同条にいう団体交渉権等の実現に関与し、助力すべき責務を負っているとともに、使用者においても、かかる権利を否認しないようにすることが憲法の下における公の秩序であることを宣言したもの」と解し、従って、使用者の「正当でない」団体交渉の拒否は「違法」ではあるが、その効果は損害賠償請求権を発生せしめるにとどまり、労働者は使用者に対して「団体交渉に応ずることを求める請求権」を有するものではないと判示した。この判決は、その後の消極説の先例とされた。すなわち、東京地裁は、昭和四一年、動労が（改正前の）公労法四条三項の定めに違反していることを理由とする当局の団交拒否につき損害賠償を請求した事例(2)につき、憲法二八条による団交権保障の法的意義について、右判決と同旨の見解を示した。ただし、判決は、公労法四条三項を憲法二八条に違反するがゆえに無効としつつも、本件においては当局側に過失がなかったとして原告の請求自体は棄却している。

その後、動労が「効績章」問題につきこれを公労法八条の「管理運営事項」に属するとして団交に応じない国鉄当局を相手として団交応諾義務確認を求めた事件(3)において、東京地裁は、これを「労働条件」に当たると解したうえ、原告らは団体交渉をなす権利を有し、原告はこれに応ずべき義務を有するとともに、原告は右義務のあることの確認を求める利益を有するとして原告の請求を認めるに至った。その理由は特に示されていないが、前判決との関係からみれば、本判決が憲法二八条に基づいて具体的団交請求権があることを肯定する立場に立つものとみることができるであろう。一方、民間のケースでは、昭和五一年の日野車体事件(4)において、判決は、団交応諾を求める請求を棄却、損害賠償の請求のみを認容している。

右に見たように、団交応諾義務の確認、またはその請求権に関する本案訴訟の方は、昭和三二年から四〇年代にかけて消極説と積極説が対立し、決着のつかない状況であったのに対し、団交応諾の仮処分をめぐる裁判所の対応はかなり積極的であった。すなわち、これを認める判決・決定がすでに昭和二四年頃から続出した(5)。このことは、第二次大戦後のわが国の労働民事事件の多くが仮処分手続で争われ、実質的に本案訴訟化していった一般的背景を抜きにしては考えられない。積極説の考え方は、団体交渉権という労働組合の権利の性格は単に使用者が交渉を拒否してはならない旨の「不作為義務」にとどまらず、進んで団体交渉を行なうべき具体的義務に対応するものである以上、仮処分による緊急保全の措置が当然必要とされる、というにあった(6)。

こうして団交応諾の仮処分判決（決定）が出た後、なお、これに応じない使用者に対してどのような執行方法があるかについて、当初、裁判所は黙していたが、昭和四七年に東京地裁は、仮処分命令に従わない会社に対し、履行の遅延一日につき五万円の損害金を命じ、いわゆる「間接強制」の途を開いた(7)。そして、積極説はこれによって労委救済命令とのバランス（確定救済命令違反に対しては労組法三二条後段による過料、同二八条による罰金の制裁がある）も維持されるとして支持した。他方、団交応諾仮処分そのものに対する消極説は、この間接強制措置の登場によりいよいよ否定説に傾いた。

以上の積極判例の立場に対し、消極説（団交応諾仮処分の発給を否定する説）に立ち、その理由を明確に述べた判例は昭和四九年に至って登場した。寿建築研究所事件の東京地裁決定(8)と大嶽鋳工所事件の名古屋地裁決定(9)がそれである。そして、同年の新聞之新聞社事件における東京地裁の棄却決定(10)を支持して東京高裁(11)は、「(イ)憲法二八条の団体交渉権は、使用者に対する関係においても尊重されるべきことが労使間の公の秩序であるとして保障されたものである。したがって、団体交渉権を侵害する行為は違法で無効である、しかし(ロ)同条は、さらに進んで、労使間の具体的な権利義務を設定したものではない、(ハ)労組法七条二号は、使用者は団体交渉を不当に拒否してはならないという公法上の義務を課したものであって、団体交渉権という私法上の権利を直接規定したものではない」と判示したうえ、従来の積極説には、団体交渉請求権なるものに対応すべき使用者の債務の給付内容をどう特定するか、団体交渉の履行を法律上強制することの能否および実効性など「実践的解釈上」多くの問題があると批判し、結局、憲法二八条ないし労組法七条が「私法的な団体交渉請求権を認めているとは解し難」いとした。

右決定は、憲法二八条の団体交渉権は一定の私人的効力をもつが、それは「公序」違反を理由とする損害賠償請求権に限定されること、憲法—労組法七条二号に規定する団体交渉権は「公法上」の権利にとどまり、「私法的な」請求権を含まないこと、を指摘したうえで、従来、団体交渉権には当然、私法的効果を含むと考えてきた学説[12]・判例にあらためて見直しを迫ることになった。

団体交渉権の「請求権的」性格を否定する消極説は、憲法二八条と労組法七条二号の両面からこれを論じているので、以下には、ひとまず、仮処分措置の問題を措いて消極説を検討してみよう。

団体交渉権「公法」説（団体交渉権は公法上の規定のもので、私法的性格を有しないとする説）は、最も厳密な意味においては、憲法二八条、労組法七条二号のいずれもが公法規定にとどまる以上、私的権利としての団体交渉権は全く認める余地がないという全面的否定説に行き着くように思われるが、実際には、そこまで徹底した考え方は、判例・学説とも見当らないようである。これには、わが国の憲法二八条の解釈論上、現在のところ、私人間効力、いわゆる「第三者効」を認める立場が支配的であることも影響しているように思われる。そこで、憲法二八条の団体交渉権が「自由権」以上の、すなわち、私人間に何らかの効力を及ぼすとみる立場に立つかぎり、純粋の「公法説」は採り得ず、「限定的」にせよ私法的効果を肯定せざるを得ないことになる。前記東京高裁判決も、憲法二八条に違反する行為について不法行為による損害賠償請求権の可能性を認めている。同決定は、右のような私法的効果が生ずる所以を「労使間の公の秩序」に求めている。その意味は必ずしも明確とはいえないが、要するに法の「政策目的」ということに帰するであろう。しかし、同決定は、団体交渉権は、未だ労使間に「具体的な権利義務」（これも正確な意味は不明であるが、「請求権」ということであろう）を設定したものとは解しえないとする。

結局、消極説の核心は、憲法二八条の団体交渉権から損害賠償の請求あるいは使用者に団体交渉に応ずる義務のあることの確認を求める形での私法的効果は認められるが、それ以上に、右交渉応諾義務を履行させる具体的請求権は法政策的立場からこれを認むべきではないというにあると思われる。私も、団交応諾義務を（仮処分による執行問題を暫く措くとして）裁判所を通じて直接履行させることが法政策的にみて望ましいとは思わないが、法政策的判断は結局、価値判断の問題に帰するのであるから、当該実定法規の立法過程において立法の政策的意図を明確に示す資料が得られない限り、積極説、消極説のどちらの見解についても絶対的に正しいとか誤りと断ずることはできないと考える。(13)

憲法二八条の団体交渉権の規定からは具体的な権利＝請求権は生じないとする消極説は、憲法二八条と労組法七条との公・私法的関係をどう考えるかという疑問に答えなければならない。そこで、消極説の多くは、労組法七条二号を労働委員会による行政救済のみを予定した「公法」的規定と解している。

右の消極説の場合、労組法七条について、二号を含めすべて公法的規定と解するもの(14)と、同条のうち、二号または二号と三号にかぎりそう解するものとに分けることができる。前者は、労組法七条の私法的効果を全面的に否定するもので、理論的には最もすっきりした考え方であるが、この立場を貫くと、少くとも同条一号については、長年にわたりこれを私法的効果をもつ規定として「司法救済」を肯定してきた裁判実務と相容れないことになる。例えば、不利益取扱である解雇は、同条一号により（あるいは公序違反を通して）私法上無効とされ、地位保全の仮処分が当然の事理として受け入れられ、判例法として定着している。

これに対して、七条のうち二号（または三号）についてのみ公法的規定とする部分的公法説は、仮処分制度による法的履行の是非を今暫く別とすれば、憲法二八条の団結権の実効規定としての労組法七条というものをそのように不統一な法規範として捉えることが果して妥当かどうかという疑問を生ぜしめる。(15)この点からみると、労組法七条は、各号によって若干内容を異にするとはいえ、いずれも公法的性格とともに私法的性格を併せもつ規定と考えるのがむしろ自然であろう。

では、労組法七条二号が私法的性格を併せもつとする考え方に立てば、それはどのような法的効果をもつと考えるべきか。私見では、それは、使用者が団体交渉に正当な理由なく応じない場合に、労働組合からの訴の提起によって、使用者が団体交渉に応ずべき地位にあることの確認を求めることができるということである。この場合、訴の性格は確認訴訟である。この訴は、何らかの給付を求める給付の請求ではないという意味においては「請求権の訴」ではないが、私法上の権利の履行を裁判所に求めるという意味では一つの請求権の行使ということができる。「団体交渉権が私法上の『請求権』である」という場合の、請求権の意味は、このように解せられる。このように、憲法二八条に法的実効を付与する労組法七条各号の規定の効果を統一的に理解する立場に立てば、団体交渉権の私法的効果は、少くとも団体交渉に応ずべき地位の確認を裁判所に請求しうるという点で否定しえないところである。

それでは、そのような団体交渉権の私法的効果としての団交義務の確認を、裁判所による仮処分という保全措置によって実現させることができるかどうかが次に問題となる。

団交応諾の仮処分命令は、使用者に、一定の交渉事項について組合と（誠実に）団体交渉すること（あるいは団体交渉をすることを拒否してはならないこと）を命ずるものである。他の仮処分の場合と同様、本案訴訟を前提とし、その権利の執行保全および急迫な権利侵害等に対する迅速な救済の必要性があることが発給の条件であることはいうまでもない。訴訟手続上、疎明で足りることが申請者側にとっての大きな利点である。問題は、仮処分によって保全すべき被保全権利が何であって、そしてそれが特定できるかどうかである。

団体交渉においては、使用者側が負う「債務」は、何らかの対象物を「給付」するのではなく、単に交渉に応じて合意の形成に努力することであるから、「被保全権利」は、組合が使用者を交渉に応じさせるべき権利ということになる。そのような内容不確定の権利は、仮処分の保全対象とはなりえないというのが否定説の主張である。また、否定説は、団交応諾仮処分がそのような地位を確認させるだけのことであれば、それは本案訴訟と変りがないと批判する。

しかし、仮処分を求める組合側が、団交に応ずべき地位の確認という本案と同じ内容の仮処分をあえて求める理由は、本案判決を待っていては時日の遷延によって実質的意味が失われてしまう団体交渉の性格上、迅速な開始を求めることにあり、そこに「急迫な」権利侵害に対する「保全」の必要性がある。もっとも、団体交渉に応ずべきことの確認を求める本案訴訟の判決を得るのに要する時間が、仮処分の判決（決定）により果してどのくらい短縮されるのかについては比較すべき資料を持ち合わせない現在では何ともいえない。仮処分の裁判が、他の事件におけると同じように「本案訴訟化」して多大の日時を要するのであれば、申請者は仮処分に何ほどの期待ももちえないであろう。その点を別とすれば、理論上は、仮処分による暫定的地位の保全の必要性ということについては、団交応諾のそれをその他の労働仮処分と区別して特にこれを否定すべき理由はないように思われる。

団交応諾の仮処分に対する批判の一つに、仮処分によって団交に応ずべきことを暫定的に命じても、それが地位の確認にとどまる限り、何らの実効性を伴わず、意味のないことだとする主張がある。そして、これに対する積極的反論には、交渉応諾拒否の不作為につき損害金を支払わせるという間接強制によって執行をはかるべきだとする考え方があり、前記のように、これを認めた判例もある。

この間接強制については、一般に地位保全の仮処分の執行力として間接強制力を認めることに批判のあるところであるし、私見も、団交応諾を暫定的に命ずる仮処分にこのような強制措置を用いることは、それによって当該係争の最終目的を達成させるに等しく、文字通り本案訴訟を形骸化する点で賛成することができない。団交応諾の仮処分は、あくまで任意の履行にとどめるべきである。しかして、任意の履行にとどめた場合には、仮処分の緊急措置的性格にそぐわないことになるが、仮処分判決（決定）の形態にせよ、当該団交拒否問題につき、使用者側の拒否に正当理由のないことの公権的な判断が示されるのであるから、当該労使関係に一定の機能を果すものであることは否定できないであろう。

以上、私見を要約すれば、次の如くである。団交応諾の仮処分については、それが使用者に対して早急に当該団交に応ずべきことを暫定的に命じ、その任意の履行を期待するという意味ないし限度においてこれを肯定すべきであると考える。その理由は、憲法二八条および労組法七条が公法的効果にとどまらず、一定の私法的効果を

別表　地労委における団体交渉関係（審査・調整）取扱件数

年度	２号関係申立件数	申立件数中２号関係構成比率	団交に関する調整事件数
51	290	40%	286
52	251	34%	250
53	249	36%	263
54	352	45%	248
55	190	24%	226
56	224	38%	208
57	215	37%	268
58	237	18%	256

注　「２号」関係申立件数は１，３，４号との複合申立と合算したもの。構成比率は申立件数に対するもの。
中央労働委員会事務局監修（昭和52年～59年版）「不当労働行為事件，労働争議調整事件の概況」より作成

併せ有すると解される以上、本案である団体交渉に応ずべき地位の確認を求める訴が可能であること、そしてそれが可能であれば、理論的にはその本案を前提として仮処分としての仮の地位を認める訴を全面的に否定する理由はないと思うからある。

　しかしながら、以上の所論は、団交応諾の仮処分が理論上、従って実務上認める外はないというまでのことであって、法政策的視点からいえば労働委員会による行政救済と全く同一の争訟を併立的に認める現行の二元制度は、立法によって一元化すべきであると考える。

　団交応諾の仮処分の可否については、現在のところ、学説、判例とも所説が分れており、いずれが決定的といいかねる状態である。判例では、団体交渉をめぐる複雑多岐にわたる訴訟について何件もの判決・決定を見た葦原運輸機工事件[17]において、裁判所は、最終的に団交応諾の仮処分を肯認したが、間接強制による執行は否定した。そして、この判決を最後として、団交応諾仮処分のケースは本事件以後、判例に登場していない。

　他方、労働組合側が団交拒否の不当を訴えて地方労働委員会に対し救済申立を求めるケースは、別表の示すとおり、労使関係が「沈静化」したといわれる五〇年代においても年間、なお、相当の件数を見ており、これと斡旋等調整にかかる件数を合わせれば、団体交渉についての労働委員会の役割が相当に高いことが分る。同年代における裁判所への団交拒否応諾仮処分の申請件数は審らかにしえないが、恐らく比較にならないほど少数に過ぎ

ないと思われる。

このことは、団体交渉関係の紛争とその救済の必要度が今日なお、相当に高い状況において、労働組合側が、少くとも五二年以後は裁判所による救済の途を断念し、専ら労働委員会にこれを求めようとしていることを示している（判決を見るに至っていない係争中の事件があるかもしれないから決定的なことはいえないが）。もし、そうだとすれば、団交拒否の仮処分の可否という問題は今後、なお、学説上の論争の対象となりうるとはいえ、実務上は、もはや実益を失ったテーマといえるかもしれない。

それでは、この問題をめぐるこれまでの学説、判例上の論議は、団体交渉権の私法的権利としての性格という本章のテーマにどういう回答ないし示唆を与えたといえるであろうか。要約すれば、労働組合が使用者に団体交渉に応じさせる権利である「団体交渉権」は、その侵害（団交拒否）に対して損害賠償を求めることができる（異論は全くないといってよい）ことの外に、使用者が団体交渉に応ずる義務があることの確認を求める訴が可能であるという意味において私法的権利であることについては大きな異論のないことを明らかにしたということである。また、その意味において「請求権」のカテゴリーに含まれることにも、用法上の論議を別とすれば、大きな異論はない。しかし、それが仮処分という訴訟手続になじむ権利であるかどうかについては、なお、見解の対立が大きい。そして、そのように見解が対立しているにもかかわらず、賛否いずれの説も、団体交渉権の侵害に対しては、裁判所による救済よりも労働委員会のそれに拠ることが望ましいという点でほとんど一致しているといえそうである。これはこの論争の思わざる効果といってよいであろう。

（1）　国鉄機関車労組事件・東京地判昭和三二・一一・二労民集八巻六号八七二頁。

（2）　国鉄動力車労組事件・東京地判昭和四一・九・一〇労民集一七巻五号一〇四二頁。

（3）　国鉄動力車労組事件・東京地判昭和四五・三・一六労民集二一巻二号三一九頁。なお、国労から鉄道乗車証に関する団交義務確認および損害賠償の訴えが提起されている。

(4)　金沢地判昭和五一・一〇・一八判例時報八四九号一一二頁。
(5)　団交応諾の仮処分を扱った事例については、手塚和彰「労働組合法七条の私法上の効力について」㈠—㈣判例時報九八四号二三頁の注に整理されている。これによると、昭和二四年から同五三年までの間に仮処分を認容したもの二五件、却下したもの八件である。学説についても、同論文に網羅されているのでここでは省略する。
(6)　葦原運輸機工事件の仮処分決定につき、大阪地判昭和五一・三・二四労働判例二四九号五九頁は、団体交渉権の「侵害」に民法一九八条を類推適用して排除の請求を認めるという特異の構成をとったが、疑問である。岸井貞男・団結活動と不当労働行為二四五頁参照。
(7)　日通商事事件・東京地決昭和四七・五・九判例時報六六七号一四頁、その後、葦原運輸機工事件・大阪地決昭和四九・一一・一四労民集二六巻六号五一五頁。ただし後に執行停止の決定・判決が出た。東香里病院事件・大阪地決昭和五〇・二・一四労働法律旬報八八四号八一頁、ブラコー事件・浦和地決昭和五〇・五・一二労働法律旬報八八五号七七頁がある。
(8)　東京地決昭和四九・一二・九労民集二五巻六号五八二頁。
(9)　名古屋地決昭和四九・一二・二七労民集二五巻六号六二三頁。
(10)　東京地決昭和四九・一一・二五労働判例二一七号六〇頁。本件は、上部団体の者を含む申請組合員の行動に不法社屋侵入や罵詈雑言など行過ぎがあったことが実質的な却下理由と思われる。
(11)　東京高決昭和五〇・九・二五労民集二六巻五号七二三頁。判旨は、専ら「被保全権利」が存在しないという理論上の立場から「その外の申請理由について判断するまでもなく」申請を不適法として控訴を棄却した。
(12)　学説上は、団交応諾仮処分の可否について見解が分れている（手塚・前掲論文）。菅野・前掲論文は、昭和五〇年の東京高裁決定後、右決定が否定説判例のもつ問題点をほぼ網羅的に指摘したものと位置づけ、基本的には否定説に賛しつつ、団交の主体および交渉事項に限り、団交義務確認の訴が認められるとする新説を示した。
(13)　菅野説に対する疑問は、一定の交渉事項に限定されるとはいえ、団体交渉の義務があることの確認を請求する訴を認めることは、理論上、団体交渉権に「請求権的効力」のあることを肯定することになるのではないかということである。下井＝小西＝大沼「学界展望—労働法規論の現状」日本労働協会雑誌三〇二巻二一頁においても、この点についての疑念が述べられている。
(14)　石川吉右衛門・労働組合法四一五頁以下、同「不当労働行為の救済命令と裁判所の裁判との関係」田中古稀記念・公法の理論（中）一二三九頁以下。

(15)　拙稿「団体交渉応諾請求仮処分事件に関する一考察」判例時報七七四号一三一頁。
(16)　松野嘉貞「地位保全仮処分の諸問題」新実務民訴講座11三五頁。
(17)　葦原運輸機工事件の訴訟経過は次の如くである。会社が一時金をめぐる団交に誠実に応じないとして組合が団交応諾の仮処分を求め、裁判所は和解条項（誠実に団交に応ずることの確認）を理由として団体交渉請求権の侵害を認める決定を下した（大阪地決昭和四九・八・一労民集二五巻六号五一六頁）。これにより団体交渉が行われたが、会社は支給額の方針に変更がないとして交渉を打ち切った。組合側が間接強制を申し立てたところ、大阪地裁はこれを認めて、会社が七日以内に交渉しない場合は、履行するまで一日五万円の損害金を支払うべき決定をした（昭和四九・一一・一四労民集二五巻六号五一五頁）。
　右の団交応諾仮処分事件と間接強制申立事件とは、それぞれ別件として争われた。仮処分決定事件は昭和五一年に認容され（大阪地判昭和五一・三・二四労働判例二四九号五九頁）、控訴審でも支持された（大阪高判昭和五二・一・二八判例時報八四九号一一九頁）。判旨は「誠実に団交に応ずべき債務」が給付内容として不特定で確定に困難のあることを認めながらも、「全く明確性、特異性を欠くとは断言できない」として和解に私法上の権利を認め、これを被保全権利とした仮処分申請を認めた。本判決は現在までの肯定判例の最後のケースである。一方、間接強制事件は、組合から間接強制決定の遅延損害金三二〇万円につき強制競売申立てがなされ、認容（大阪地決昭和五〇・二・一）されたが、会社側から請求異議の訴とともに強制執行停止の申立てがなされ、まず強制執行停止の決定（大阪地決昭和五〇・三・一七）の後、請求異議についても強制執行の排除と右執行停止決定を認可する判決が出された（大阪地判昭和五三・三・三労働判例二九三号二五頁）。判旨は、間接強制決定後の団体交渉（実質二回）における労使双方の態度を観察、会社の拒否的姿勢に対する組合の追及の不徹底に言及した後、団交における会社の誠実性は組合の態度と対比して相対的に判断すべきものとしたうえ、本件間接強制は会社に組合の要求を受諾することを強制するものとして許されないと判示した。この判決は、控訴審においてもほぼ同旨の判旨により支持されている（大阪高判昭和五四・七・二〇労働判例三二五号一三頁）。

〔外尾健一編『不当労働行為の法理』、一九八五年〕

3　労働協約制度と立法の関与

国家が、労働協約という、もともと労使間の自主的（私的）協定を法規範の一つとして法制度にとり入れるか、それともこれを全く事実規範にとどめ法的な関与を認めないか、あるいは関与を認める場合にも、その法的効力をどの程度のものとするかについては、各国それぞれの政策によるところであるが、立法政策の方向としては大別して二つに分けることができる。その一つは、労働協約を（違法とはみないが）単なる当事者間の自主規範にとどめ、特別の法的効力を認めない政策をとるものである。イギリス、アメリカその他英米法系の諸国は基本的にはこの類型に属する。とりわけ、イギリスは、労働協約制度を生んだ最も古い国でありながら、一九六〇年代まで、労働協約についての特別立法を設けないのみならず、協約それ自体にもとづく法的訴訟を認めることにきわめて消極的であった。それは法的強制（enforcement）が認められないという意味で gentlemen's agreement 紳士協定と呼ばれたのである。この場合、労働協約自体としての法的強制力が認められなくても、協約内容が当事者間（使用者と個人としての労働者間）の労働契約の内容となっている場合には、契約の履行という形で裁判所への請求が認められるから、労働条件についての紛争処理にはさして支障をきたさない。しかし、組合と使用者間に「協約の有効期間中はストライキをしない」との労働協約がある場合、この条項が（違反に対して）法的強制力を認められるかが主として問題となる。一九六九年裁判所は先例に従ってこれを否定的に解釈したので、保守党は新たに立法を作って労働協約そのものに法的拘束力をもたせることとした（一九七一年労使関係法）。その後、労働党が政権について同法を廃止して以後、現在まで消極政策が支配している。同じ種類の問題はアメリカでも起こっているが、連邦最高裁は、タフト・ハートレー法三〇一条の解釈として一九七〇年のボイズマーケット事件以後、積極政策を採っている。

もう一つの立法政策は、主としてドイツ法の考え方に立ち、労働協約制度を積極的に法律制度にとり入れ、労働協約に一つの集団的な契約としての性格を認め、それが個々の労働契約の効力を規制する法的強制力を立法によって付与するという方向である。旧ドイツの伝統を引き継ぐ西ドイツ、フランスその他の大陸法系諸国がそれで、わが国の制度もこの立法の系統に属する。社会主義圏諸国で協約立法をもっている国は、この考え方に立っているようであるが、ここでは国家の管理を全く離れた労使の自主法規範という考え方が認められていないので、自主法規範を国家法によりバック・アップするという第二の類型のものとは別種の法体系として理解するほうが妥当であろう。

ともかく、わが国の労働協約に対する立法政策は、大別して大陸法系に属するのであるが、法制度としては、各種の法律に関連しているので、まず、その概要をみておこう。

一　わが国の実定法と労働協約

(1)　憲　法

憲法には、直接、労働協約に関する規定はないが、二八条は、「勤労者の団結する権利」および「団体交渉その他の団体行動をする権利」を保障している。それぞれ、団結権、団体交渉権、団体行動権、または争議権と呼ばれるが、労働者が自らの労働条件の確保をはかるための団結権その他の権利が、労働協約の締結ということを目的としており、またそれが団体交渉の成果であることは明らかであるから、同条が労働協約の締結を是認し、これを助成しようとするものであることは疑いがない。したがって、労組法をはじめとするわが国の法律の労働協約に関する規定は、憲法二八条に法源をもつということができる。

（2）　労働組合法・労働関係調整法（労組法・労調法）

労組法一条一項は、「使用者と労働者との関係を規制する労働協約を締結するための団体交渉をすること」を助成することを同法の目的の一つとしている。すなわち、労働協約の締結は、労組法が不当労働行為制度を通じて保護しようとする団体交渉の目標ないし成果として位置づけられている（同旨のことが交渉権限に関する第六条にも定められている）。

右の労組法一条一項を受けて、同一四―一八条に労働協約に関する効力の発生要件（一四条）、期間（一五条）、法的効力（一六条）、一般的拘束力（一七条、一八条）の定めが置かれている。

その外、七条一号但し書に、いわゆるユニオン・ショップを定める労働協約の締結が使用者の不当労働行為との関係において（是認される要件として）定められている。

労組法と姉妹法の関係に立つ労働関係調整法（労調法）二条は、労働関係の当事者（労使）が、労働協約中に「互に労働関係を適正化するやうに」「常に労働関係の調整を図るための正規の機関の設置及びその運営に関する事項を定めるやうに」「特に努力しなければならない」ことを定めている。これは訓示規定（違反に対する罰則の定めがない）ではあるが、国が労使関係の安定という政策目的のために積極的に労働協約制度を推進させようとしていることがうかがわれる。

労調法は、主として当事者間に争議行為が発生した場合の公的な「斡旋」、「調停」、「仲裁」等の争議調整制度を定めたものであるが、労働協約に別の方法が定められていれば、それによって事件の自主的解決を図ることは何ら差し支えがない（同法一六条、二八条、三五条）。ただ仲裁の場合には、協約中に、「労働争議が発生したときには労働委員会に仲裁の申請をしなければならない」旨の定めがある場合に、当事者の双方または一方から申請があれば（それ以外は双方の申請による）、労働委員会は「仲裁を行う」義務がある（同法三〇条）。そして、仲裁裁定は、当事者間の労働協約と同一の効力を有する（三四条）ものとされる。これは労働協約の法的効力の一つともいえる。

(3)　労働基準法（労基法）

労基法二条二項は、労働者および使用者が、就業規則、労働契約とともに労働協約を遵守し、誠実にその義務を履行しなければならないことを定めている。また、就業規則が労働協約に反してはならないこと（九二条一項）、労働協約に抵触する就業規則について労働基準監督署長が「変更」を命じうること（同条二項）が定められている。

その外、同法は、使用者が事業場の労働者の過半数で組織する労働組合との労働協約または書面による「協定」を結んで届出をすることによって労基法所定の原則の例外措置を認める若干の規定を置いている。[1]

（1）　労基法二四条但し書は、当該事業場の労働者の過半数で組織する労働組合がある場合に、その労働組合と書面による協定をした場合には、賃金の一部を控除すること――同条に定める賃金の全額払の原則の例外――を認める。また同三六条は、右と同じ要件を備える労働組合との書面による協定を労働基準監督署に届け出た場合に時間外及び休日労働を認める。同じく同三九条は、右の要件を備える労働組合との書面による協定により年次休暇の期間中の賃金につき健康保険法三条に定める標準報酬日額により支払うことを認めている。

(4)　国営企業労働関係法・地方公営企業労働関係法（国労法・地公労法）

昭和二二年に制定（その後、何度か改正）された公共企業体等労働関係法（公労法）は、電々公社、国鉄等の公共企業体および国営の郵政、林野、印刷、造幣事業等にたずさわる一般職の公務員に適用される特別の法律であったが、公共企業体は昭和六二年の国鉄を最後としてすべて民営化されたため、昭和六三年に名称を国営企業労働関係法（国労法）と改められ、国営企業の職員のみを適用対象とすることになった。

同法は、これらの公務員が労働関係については公務員法の適用を受ける一般公務員と異なり、「国営企業の管理および運営に関する事項」を除き、

① 賃金その他の給与、労働時間、休憩、休日及び休暇に関する事項、
② 昇職、降職、転職、免職、休職、先任権および懲戒の基準に関する事項、
③ 労働に関する安全、衛生および災害補償に関する事項、
④ その他の労働条件に関する事項

を団体交渉の対象とし、これに関し労働協約を締結することができる（八条）、と定めている。

同じく地方公営企業、つまり地方公共団体の運営する鉄道事業、軌道事業、自動車運送事業、電気事業、ガス事業、工業用水事業等にたずさわる地方公務員の職員には、地方公営企業労働関係法（地公労法）が適用され、前記の労働条件に関する四項目（但し管理および運営に関する事項を除く）について、職員組合は当局と団体交渉を行い、これに関し労働協約を締結することができる（七条）。

(5)　公務員法（国家公務員法・地方公務員法）

一般職の国家公務員には、労働組合法はじめ労働関係法令が原則として適用されない（国公法附則一六条）。したがって、当事者は労組法に定める「労働協約」を締結することはできない。登録された職員団体は、当局と一定事項について「交渉」することができるが、この交渉は「団体協約を締結する権利を含まない」と規定されている（一〇八条の五第二項）。私企業の労働者においては、労働協約と団体交渉とは目的と手段の一体的な関係を形成しているのに対し、公務員法では、職員団体に交渉権は認めるが、交渉の結果としての両者間の合意を「労働協約」の形で文書により確認することも、労働協約としての法的効果を認めることも否定されているのである。

その理由は、国家公務員の形式上の使用者である政府は、国会をさしおいて公務員の勤務条件を決定する権限がないからだと一般的には説明されている。ただし、現業公務員については、国労法三条の定めるところにより労組法の適用があるから、団体交渉権があり、また労働協約を締結することができる。

地方公務員についても、国家公務員とほぼ同様の規制（地公法五五条一項）により、当局との交渉は「団体協約」締結の「権利」を含まないとされる。ただし、法令、条例、規則、規程などに抵触しないかぎりにおいて当局と「書面による協定」を締結することができる（同法五五条九項）。

当局はこのような「書面による協定」を「誠意と責任をもって履行しなければならない」（五五条五項）が、その法的効力については否定説が強く、紳士協定にとどまると解される。地方公営企業の職員の外、地方公務員で単純な労務に雇用される者の労働組合については、原則として労働協約の締結が認められる（地公労法七条）。

(6) 民　法

右に挙げた法律以外に民法その他の私法法規のうちで労働協約について触れたものはない。

民法は、労働諸法に対して一般法の地位に立つが、特にこのことを定めた規定はない。また、労働法規が成立するごとに、民法の対応規定を制定、改廃していく制度をとる国の場合と違って、わが国の民法は関連ある労働法規との関係を定めることは全くない。また労働法規の方も民法との関係について特に規定を置いていないので、両者の効力関係は明らかでないことが多い。明治時代に作られた民法は制定当時、労働協約のような労働組合が当事者となる契約の存在を予定していなかったことは確かであるが、労組法の定める協約関係の規定や協約内容の解釈については、後に述べるように協約の債務的（すなわち契約としての）効力をめぐり民法の債権法（契約法）の原則の適用の有無など問題となる点が少なくない。

(7) 国際労働機関（ＩＬＯ）条約・勧告

ＩＬＯは、労働協約に関して一九四九年採択の「団結権及び団体交渉権についての原則の適用に関する条約」（第九八号条約、わが国も批准している）の中で「労働協約により雇用条件を規制する目的をもって行う使用者又は使用者団体と労働者団体との間の自主的交渉のための手続の充分な発達及び利用を奨励し、かつ、促進するため、必要がある場合には、国内事情に適する措置を執らなければならない（第四条）」と述べているが、労働協約そのものについての条約はまだ成立していない。ただし、一九五一年に勧告（九一号）を採択しＩＬＯとしての考え方および将来の方向を示唆している

すなわち、まず、前提として、各国に労働協約の交渉、締結、改訂についての団体交渉制度が実現できるよう国内事情に応じた労働協約または法令の定めをすることを要望したうえ、締結さるべき労働協約について次のことを望んでいる。

(一) その効果として、①当事者を拘束し、これに違反する規定を雇用契約に含ませないこと、②協約に反する雇用契約を無効とみなし、協約の相当規定によって置き替えられるものとみなすべきこと（わが労組法一六条参照）。③労働協約の規定より労働者に有利な雇用契約の定めは、協約に反するものとみなさないこと（後述の「協約の有利原則」の問題参照）、④協約を当事者が効果的に遵守する場合には、前各号につき法的措置を要求すべきでないこと。

(二) 協約の拡張適用について、①適当な場合に、確立された団体交渉の慣行を考慮して、協約の産業および地域上の適用範囲内に含まれるすべての労使にその適用を拡張するための法令措置をとること（わが労組法一七、一八条参照）、ただし、法令により拡張を行うには、①充分に代表的と認められる数の使用者および労働者に適用されていること、②一般原則として、協約当事者である労使の一又は二以上の団体が拡張を要求していること、③拡張適用に先立ち、それによって適用を受ける労使にその意見を提出する機会を与えること。

㈢　労働協約の解釈から生ずる争議は、国内事情に応じ、当事者間の協約または法令で定める適当な解決手続に付すこと。

㈣　労働協約の適用（履行）をはかるため、当事者の協定または特別に設置した機関によって監督させること。

右の勧告内容からもうかがえるように、ＩＬＯは、労働協約制度が団結保護の促進上、重要であることの認識に立ってその推進に努力する方針を示しているが、他方、労働協約がほんらい労使間の自主的規範であることも考慮し、目下のところは、諸国の実情に従って、立法主義または自主協定主義のいずれかを選択するよう柔軟な政策をとることを勧めている。わが国の現在の労働協約制度がＩＬＯの目にどう映っているか興味のあるところであるが、現行労組法の規定に関するかぎり、ほぼ、ＩＬＯ九八号条約および九一号勧告の基本線に沿っているとみてよいであろう。ただ、これは立法のせいだとはいえないが、わが国の「企業別」労働協約が大企業を中心としてほぼいきつくところまで達しているのに、それが未組織労働者層に拡張して行く契機がほとんど見当らないという実情は、ＩＬＯの描く青写真とかなり違っているように思われる。

二　労働協約の法的効力

労働協約を法律上の制度として認めるのは、それに一定の法的効力を与えるためである。法的効力の与えかたは、一般には、労働協約にその適用を受ける者の労働契約に優先する効力を認めること、そして、協約の当事者に、協約の定めに違反があった場合に、協約に基づいて相手方を被告として裁判所に訴え、裁判所の力を借りて協約の定めどおりのことを実現させる効果を認めることである。前者を労働協約の労働契約に対する「規範的効力」といい、後者を「債務的効力」という。わが労組法は、前者については一六―一八条の定めによりこれを明示的に規定しているが、後者については特に何らの規定もしていない。そこで後者の効力については二様の解釈が成り立つ。一は、わが国の法は、イギリスのように、労働協約そのものの法的履行を認めていないと解する否定説である。他は、労働協約も労働組合と使用者間に締結された契約の一つであるから、契約の効力として当然にその法的履行を求めることができると解する肯定説である。学説、判例はほとんどすべて肯定説をとっている。これは、わが国の裁判所は、契約にかぎらず、一般に訴の利益のあるかぎりは、すべて請求を受けつけるたて前をとっており、労働協約を特に除外する理由はないという考え方によるものであろう。

以下、はじめに労働協約と法令との関係を説明し、次いで協約自体の効力としての規範的効力および債務的効力を検討した後、協約の法的効力をめぐって特に問題の多い部分について検討を加えることとしよう。

(1) 法令との関係

労働協約は、すでに述べたように、法規範として一定の法的効果をもつが、もともと、労働組合と使用者という私的当事者間の合意に外ならないのであるから、国家の制定法規に優先する効力は有しない。法令に違反する労働協約の部分は無効となる。すなわち、労働条件の基準に関する部分（規範的部分）では、労基法その他の労働保護法で定める最低基準を下回る待遇条件を定めたものは効力を生じない。労基法には、このような労働協約の定めを無効とする規定はないが、労働契約に対する強行的効力を認めている（一三条）ので、結果として同じことに帰する。また、協約の結婚退職制や女子若年定年制の定めは民法九〇条にいう公序良俗に反して無効とみなされる。

労働協約の組合と使用者の労使関係に関する協定部分（債務的部分）では、それが使用者側の組合運営に対する支配・介入となると認められるかぎり団結権を侵害するものとして無効となる。

⑵　労働協約の規範的効力

労組法一六条は「基準の効力」という標題の下に次のように定めている。

（基準の効力）

第十六条　労働協約に定める労働条件その他の労働者の待遇に関する基準に違反する労働契約の部分は、無効とする。この場合において無効となつた部分は、基準の定めるところによる。労働契約に定がない部分についても、同様とする。

これは、労働協約が締結されると、その適用を受ける労働者の、協約所定の「労働条件その他の労働者の待遇に関する基準」に「違反する」労働契約の部分は、以後、「無効」として扱われること、そして無効となった労働契約の部分は、協約所定の基準の「定めるところ」に従って扱われること、もし、協約所定の基準について労働契約上特に定めがなされていなかった場合には、右の無効の場合に準じて、その労働契約は協約所定の基準によるものとして取り扱われる、という意味である。すでに同種の規定が、就業規則と労働契約との法的関係に関する労基法の定め（九三条）のところで登場しているので、同条の趣旨も理解できると思う。

同条が、労働協約に抵触する労働契約を規制する法規範的効力を付与したことは明らかである。規制とは、その労働契約を無効にしたうえ、自らの基準を契約内容に置き替え、空白の部分を補充することである。協約所定の賃金の基準額が一〇万円で、それまでの組合員の労働契約（就業規則でもよい）が九万円という単純なケースを想定すれば、本条の効力がどう働くかは一目瞭然であろう。

理論上は、この場合、協約所定の基準が労働契約の内容として「入りこむ」と考えるのか、それとも単に規律する（つまり置き替えよと命ずる）にとどまると考えるのか、条文の「基準の定めるところによる」という文章だけでは判然としない。具体的ケースへの適用上はどちらでも結論に変わりはないが、契約内容に入りこむと考える（編入説または内容説）立場（三菱重工業長崎造船所事件・長崎地判昭和六〇・六・二六）では、当人の同意のないかぎり変更はできないので、協約が失効した場合とか、組合が労働条件の不利益変更になる協約の改定に同意した場合などに問題が生じてくる。規律にとどまるとみる考え方（規律説）では、協約の改訂や失効とともに、その規律の効力も変更または消滅することになる（後者の立場を明示した最近の判例として高洋・三共運輸事件・大阪地判平成四・六・二九）。

労組法一六条にいう「労働条件その他の労働者の待遇に関する基準」とは、労働協約に定める賃金、一時金（手当を含む）の額・種類・体系・支払方法など賃金関係の基準、就業時間・休憩・時間外勤務・休日・休暇など労働・休息時間の基準、災害補償の基準、昇進・昇格・異動などの待遇基準、休職・解雇の事由・手続、服務規律・賞罰の基準などを指し、協約にその具体的基準を明示することによって組合員の最低労働条件あるいは身分・地位の保障を明確にさせようとするものである。包括協約では、この部分を「規範的部分」と呼んでいるが、一六条の規範的効力が及ぶ協約規定の部分という意味である。

法一六条が定める規範的効力は、協約所定の労働条件の基準に「違反」する労働契約に及ぶ。ところで、「違反する」とは、字義のうえでは、協約所定の基準が（単一であれば）、労働契約のそれを下回る場合はもちろん、これを上回る場合をも含むことになるから、そう解釈するかぎり、労働協約は、その定める基準を上回る（より有利な）労働契約をも無効とし、協約の線までこれを引き下げる効力をもつことになる。

通常、組合が組合員のために労働協約を締結するのは、実質上、対等の立場で結ぶことのできない労働契約上の待遇条件を引き上げるためであり、また、実際上もほとんどの場合がそうであろう。したがって通常、「引下げ」という現象が起こるのは、ある組合員が何らかの理由で特別に良い待遇を与えられている場合か、協約の締結後に、使用者がある組合員の労働条件を特別に引き上げるために個別に労働契約を結ぶ場合である。前者の場合、ある組合員またはある職種、あるいは地域の組合員が協約所定の（平均）基準より有利に扱われることが、労使間の団体交渉その他の合意で了承されている場合には、協約の適用による引下げ問題は起こらないであろう。

後者の場合には、使用者側がより有利な労働契約の締結を通じて組合切崩しをはかるという場合もありうるから、組合組織の保護という観点からみると、労働契約上のより有利な条件の協約による引下げにも理由があるということになる。

かくして、労働協約は、下回る労働契約基準を引き上げるだけの片面的強行性をもつと解すべきか、それとも協約所定の基準まで引き上げるだけでなく、それを上回る労働契約をも協約基準まで引き下げるという両面的強行性をもつと解すべきかの論争が生じた。前者の考えかた、すなわち、労働契約の方が有利なときは、労働者の利益の確保という観点から有利な方を適用すべきだとする考えかたを有利原則と呼んでいる。西ドイツでは伝統的にこの考え方が強く、立法に明示の定めをしている。(1)

わが労組法には西ドイツ法のような有利原則を定めた明文の規定がなく、また既述のように、就業規則の法的効力を定めた労基法九三条「就業規則で定める基準に『達しない』労働条件を定める労働契約は、その部分について無効とする」との対比からみても、労組法一六条の「違反する」という規定は「達しない」場合と「超える」場合を含めているように読めるところから、有利原則を否定する考え方も少なくない。

組合員が協約の締結によって既得の有利な待遇条件を引き下げられたとしてその有効性を裁判所で争ったり、あるいは、組合が協約を上回わる労働契約の締結を無効だとして争った裁判例はないようであるが、組合が労働条件を切り下げる協約の改訂に応じた場合に、その結果として不利な労働契約を強いられることになった組合員がその有効性を争った事例はある。ある判例（大阪白急タクシー事件・大阪地決昭和五三・三・一）は、組合との合意による協約改訂によって従来より不利益な賃金体系（オール歩合給）を強いられたと主張する（反対）少数組合員からの旧体系に基づく賃金請求の訴えに対し、

「労働組合は本来組合員の賃金その他の労働条件等を維持改善することを目的とするものであるから、労働

組合が賃金その他の労働条件について使用者と協定を締結する場合にも原則としてその維持改善を目的とするものでなければならず、労働組合が組合員にとって労働契約の内容となっている現行の賃金その他の労働条件より不利なものについて使用者と協定を締結する場合には個々の組合員の授権を要するものと解する。」として請求を認めている。

これは労組法一六条の解釈の問題にとどまらず、労働協約の改訂の効力一般の問題であり、右判決のように、協約の目的が労働条件の維持、改善にありとして不利益な改訂の効果を（少なくとも組合員について）否定する考え方であるが、これに対して、そもそも協約上の労働条件は協約により獲得されたものである以上、協約により変更されても仕方がなく、組合員の既得権の主張は認められないとする考え方があり、現在の判例の多数説である（日本トラック事件・名古屋高判昭和六〇・一一・二七、朝日火災海上保険事件・神戸地判平成五・二・二三）。

（1）　西ドイツ労働協約法四条一項は「労働関係の内容、成立または終了を規律する労働協約の法規範は、協約の適用範囲内にあって協約の拘束を受ける労使間の関係に対して、これを直接的かつ強行的に適用する。経営および経営組織法の問題に関する協約の法規範についてもこれと同じとする」と定めているが、同三項に「協約の規定と異なる（個別的）約定は……規定の変更が被用者に有利となる場合にかぎり許される」と定めて有利原則をとることを明示している。

(3)　規範的効力の訴訟による履行

労働協約が締結されると、使用者は、その適用組合員について協約所定の基準に基づき待遇しなければならない。ただし、労組法一六条は労働協約の私法的効果を定めた規定であって、使用者がそうしない場合に罰則の適用によって遵守を強制するものではない。また協約の不遵守が直ちに不当労働行為となるわけでもない（場合により不遵守の結果としての不利益待遇が不当労働行為とみなされることはある）。そこで、協約の基準どおりの待遇を与えられない組合員の法的救済としては、個々の組合員から、協約の規範的効果として新たに結ばれ（たとみなされる）、あるいは補充された各自の労働契約に基づき、使用者を相手に、契約どおりの待遇条件の履行を求める訴えを提起する必要がある。賃金の給付請求、労働時間の確認、解雇無効（従業員たる地位の確認）の訴えのごときである。この場合、裁判所は、労働協約締結の前後における各労働者の労働契約の内容を比較して契約違反の有無を判断する。その際、労働協約の条項は、各組合員の労働契約の内容を確認（または推定）するための規範として作用する。もっとも、実際の裁判では、組合員は労働契約の内容がどうこうということより結論として使用者に協約どおりの給付の履行を求めているところから、裁判所としても、問題の労働協約の条項の解釈をした後、使用者の待遇がこれに違反していればそれを無効とし、直ちに協約所定の条件の履行を命ずる形で判決を下す場合がある。この場合、協約の規範的効力から直ちに給付の履行の効力が生ずるようにみえるが、理論上は、後者はあくまで、「労働契約」の効力としての履行である。右のような判決の扱いかたは、協約の効力の確認と労働契約そのものの効力とを一緒にして簡略化しているとみてよいであろう。

(4)　規範的効力の実行義務

ところで、個々の組合員による右の訴えとは別に、協約締結当事者としての組合が協約を守らない使用者を相手として、協約それ自体を根拠として組合員のために協約所定の条件を履行させる訴えを提起することはできないのであろうか。この問題は、協約当事者としての使用者は、協約に基づきその内容を履行（または実行）すべき法的義務（実行義務と呼ばれる）を負うかという角度から論じられ、そして、労働協約それ自体を一つの法規範と認める考え方の強いドイツやフランスでは肯定説が支配的である。とくにフランスでは法律（労働法典一巻三一条S・三三条K）で、使用者の協約不履行の場合（利害関係人である労働者が反対しないかぎり）、労働組合が労働者に代わって訴訟を提起することができることとしている。

わが国では、学説には、実行義務を認むべきだとする説も少なくないが、現行の民事訴訟法のたて前から、組合員個人の雇用契約上の権利を対象とする訴訟について組合は当然には訴訟当事者になれないとする見解も強く、この当事者適格否定論と労組法の協約に関する規定が簡単すぎることとあいまって、判例は一般に消極的である。

三　労働協約の拡張適用（一般的拘束力制度）

労働協約は、組合側からみれば、組合が自らの組織に所属する組合員の労働条件の確保をはかって使用者と締結するものであるから、その適用対象を組合員にかぎろうとするのは当然である。使用者側も、わが国のような個別企業の使用者が当事者である協約の場合には、従業員である組合員のみを適用対象者とすることを当然の前提とする。ただ両者が特別の理由によって組合員以外の者にも協約を適用ないし準用することに合意した場合は別である。協約の一部の規定を非組合員たるパートタイマーに適用する場合などその例である。

しかし、労働協約制度の発祥の地であるヨーロッパでは、労働組合が職種別あるいは産業別の横断組織であり、使用者側も使用者団体が当事者となって協約を締結した関係で、協約制度がある程度、社会的に普及し、それが国家によって法的に承認される段階になると、国家の立法政策として、協約を当事者以外の労働者にも拡張適用しようとする「一般的拘束力」制度の考え方が登場してきた。

これは、主として、最低賃金法の考え方にも一脈通ずる未組織労働者に対する労働保護法の見地に立つものであるが、組合側も一面では、それによって組合組織の強化になるとして支持する意見も強く、また、経営サイドでも、使用者団体が締結した協約の基準を傘下の個別企業主にも拡張適用することで企業間の公正競争の維持に役立つ、として支持した。

この発想は、ドイツとフランスで立法化された。ドイツでは一九一八年の労働協約令（二条）で、ある協約が、その適用地域における職業範囲の労働条件に支配的な影響力をもったと認められる時は、労働省がその協約を一般的拘束力を有すると宣言し、これによって協約当事者でない労使についても労働の種類を同じくする労働契約に適用させることを定めた。ついで、フランスの一九一九年労働協約法は、協約の拘束を受ける使用者は組合に加入していない労働者と労働契約を締結する場合に協約所定の労働条件を守らなければならないことを定めた。

わが国の労組法も、これら外国の立法例を参考として、一定要件の下で労働協約の事業場単位（一七条）および地域的（一八条）な一般的拘束力（拡張的効力）を認めている。これらの立法趣旨が、全体として労働者の団結権保障の外延的拡大、労働条件の均一化による労働者の保護、協約当事者である使用者の、協約外部者である使用者の不正競争からの、保護にあることは明らかであるが、立法の当初から、拡張適用の対象となるべき労働協約が、現在のような企業内協約の圧倒的支配を予定していたのかどうかは疑問である。また、条文からみると、外国のような超企業的横断組合による労働協約を前提にして考えたほうが理解し易いと思われるのであり、それだけに企業内協約の事業場への拡張適用については問題が多い。地域的拡張制度にいたっては、現在までに五件程度の適用例があっただけで、立法としての機能はほとんど停止されているといってよい。

それはともかく、ここでは現在のわが国で支配的な企業内組合と企業の間に締結された企業内協約を前提として拡張適用の条件とその効果を説明しておこう。

(1)　事業場単位の拡張適用

（一般的拘束力）

第十七条　一の工場事業場に常時使用される同種の労働者の四分の三以上の数の労働者が一の労働協約の適用を受けるに至つたときは、当該工場事業場に使用される他の同種の労働者に関しても、当該労働協約が適用されるものとする。

この条文を、一つの工場、事業場を対象とした労働協約（多くは企業単位であるが）がその従業員たる組合員の大部分を適用下に置いた場合の、非組合員に対する拡張適用を定めたものと解釈すると、その拡張適用の条件は、拡張適用を受くべき労働者が企業に常時使用されている労働者と同種の労働者であって、かつ、ほんらいの組合員たる労働者数が両者を合わせた従業員数の四分の三以上を占めていることである。

「常時使用される労働者」という意味は、諸説があるが、当該工場事業場を全体的に判断して、そこで常時使用しておかなければならない労働者という意味であるから、その業種が事業場にとってまったく臨時的な必要に基づくもの以外の場合には、すべてこれに該当すると考えられる。

次に、「同種の労働者」とは、厳密にいえば、職種ないし作業の同一の労働者をいうことになるが、わが国のように職種ないし職業の種別が判然とせず、とくに組合組織が企業別混合組織であって、組合の締結する協約の適用をうける組合員が、無数の職種からなる従業員であることを考慮すれば、その拡張適用の立法趣旨からいって同一職種というように厳密に解釈する必要はないと思われる。

右のように、本条をわが国の企業内組合の実情に合わせて解釈するとなると、拡張適用の対象となるべき労働者として、①組合員と全く同種の常用労働者であるが、その組合に加入していない者、②同種の常用労働者で別の組合の組合員である者（その組合が別に企業と協約を締結している場合がある）、③常用ではないが、組合員と同じような仕事にたずさわる比較的長期雇用の臨時工やパートタイマー（期間の定めのある労働者）の場合が考えられる。

第一の類型の労働者として、まず、管理職ないしそれに近い職制の労働者がある。仕事の性格からいえば「同種の労働者」と目すべき場合があるであろう。しかし、これは協約により非組合員たる職制として合意された者に含まれるかぎり、「同種」とみるべきではあるまい。(1) 次に、仕事は「同種」であるが、自らの意思で組合に加入せず、または脱退もしくは除名されて組合員でない従業員についてはどうであろう。同条による拡張適用を否定すべき形式上の欠格条件は何もないが、これらの者に協約適用の「恩恵」を与えることは組合自体が最も忌避するところであろうから、そうなると同条の立法趣旨は果たして何かということになる。立法のジレンマというべきであろう。ただ、これらの者が、協約所定の労働条件を上回る待遇を受けている場合に、協約の拡張適用によって同一六条の規範的効力が協約の基準にまで「引下げ」の効果を及ぼすとの考え方をとる場合には、本条が有効に作用することになろう。判例には、本条の趣旨は、協約当事者たる組合自身の統制力の維持強化を図るとともに、一の工場、事業場における労使関係の安定に寄与せしめることにある、とし、未組織労働者が協約成立以前に協約の定める基準より有利な労働条件を内容とする労働契約を締結している場合でも、それが新たに成立した協約の基準に抵触するかぎり効力を失い、協約の効力を受ける、と説示したものがある（日産自動車事件・東京地判昭和四六・四・八）。

第二の類型の労働者については、右に述べた第一の類型のうち、意識的に組合に加入しない労働者の場合と同じ問題がより深刻な形で現われる。彼らは何らかの理由によって問題の協約を締結している組合（A）とは、別の組合（B）を結成しているからである。A組合とB組合の組合員は、右に述べた概念からすれば、いずれも「常時使用される同種の労働者」であるから、それぞれの組合員数が企業全体で、あるいは、一七条の規定により厳密に従えば、工場、事業場毎に、四分の三対四分の一の比率であるかぎり、A組合の協約がB組合員に適用されることになる。B組合が別に企業と協約を締結していれば、協約の競合が生じ、適用説ではA組合の協約が優先的に適用されることになる。B組合が協約を締結するに至っていなくても、団体交渉によってその組合員の労働条件を決めているはずだから理くつは同じことになろう。適用説のうち、より有利な協約基準だけが適用されるという考え方に立てば、A協約はB協約より有利な労働条件を定めている（包括協約では有利・不利の判断が難しいが）かぎりにおいてB協約に優先することになるが、両面適用説では、B協約のより高い基準がA協約の線まで引き下げられる結果になる。

こうなると、労組法一七条の立法趣旨は、いったい何なのかがあらためて問題となる。すなわち、それは組合員数において四分の三を占めた規模のより大きい組合の団結権を保護するためにあるのか、それとも従業員の均等待遇を意図しているのかという疑問である。

私見では、労働者の団結体（組合）は、均しく団結権を保障さるべきであり、その数的規模によって優劣をつけるような立法政策をとるべきではないと考える。したがって一七条による協約の拡張適用も、他の組織体（組合）の意思を無視してその締結した協約や協定に効力を及ぼすべきではなく、同条は、拡張適用さるべき協約の締結当事者組合の意思を尊重し、未組織の労働者についてのみ適用さるべきである。企業に併存する複数の組合がある場合に、使用者は、不当労働行為制度との関係においては組合間差別をすることを禁じられるが、それも各組合が自主的になす団体交渉の合意やその結果である労働協約の内容を機械的に同じにしなければならないことを意味するものではない。要するに、一七条をもって団結―団体交渉―労働協約の自治の原則を侵害する方向に作用させるべきではない。そう考えることが組合運動の理念により適合するし、団結を尊重するゆえんであると考える。

判例には、（四分の一未満の―以下同じ）少数派組合が固有の労働協約を締結している場合には、多数派組合の協約を少数派の労働者に拡張適用することは許されないとするもの（桂川精螺製作所事件・東京地判昭和四四・七・一九、同旨関西弘済整備事件・神戸地決昭和五一・九・六）、逆に、労組法一七条は、少数派組合に適用を除外する旨の明文の定めをしていないし、少数派組合が多数派組合の協約以上に有利な協約の成立を目的として団体交渉をすることは自由であるから、多数派組合の協約内容が少数派組合の既有の権益を侵害するものでないかぎり、拡張適用しても少数派組合の自主性を奪うことにはならず、かえって少数派組合に多数派組合の協約の限度までは保障することになり、実質的に自主性尊重に適する、という理由で、夏期一時金と春期賃上げについて妥結した多数派組合の協約所定の方式で算出した賃金額を、まだ協定合意に達していない少数派組合員にも支給すべき請求を容認した事例（吉田鉄工所事件・大阪地判昭和四九・三・六）などがあり、事案にもよるが、結論的に消極・積極の両者に分かれる。

次に第三の類型に属する労働者の場合である。わが国で「臨時工」と呼ばれる労働者、すなわち、まったく臨時の必要上随時雇われる短期のそれとちがって、単に契約期間を短期にしてこれを反復更新することにより、不況の場合の人員整理を容易にするのに使用されている制度としての臨時工の場合には、提示する労働の種類の点では本工とほとんど同一の者がある。このような臨時工については、とくに協約の拡張適用を否定する理由にとぼしいといわねばならない。仕事は事実上、大差ないが就労時間が短いというだけのパートタイマーの場合についても同じことがいえる。もっとも、これらの労働者を本条の適用がある者として労働協約を適用しても、例えば雇用保障のような待遇・条件が最初から違っている場合があるので、拡張適用をしても実質上適用の意義の少ないことがある。

（1）銀行の部長補佐の立場にある管理職を「同種の労働者」として定年変更による労働条件の不利益変更となる労働協約も効力をもつ、とする判例がある（第四銀行事件・新潟地判昭和六三・六・六）。

(2)　地域単位の拡張適用

（地域的の一般的拘束力）

第十八条　一の地域において従業する同種の労働者の大部分が一の労働協約の適用を受けるに至つたときは、当該労働協約の当事者の双方又は一方の申立に基き、労働委員会の決議により、労働大臣又は都道府県知事は、当該地域において従業する他の同種の労働者及びその使用者も当該労働協約（第二項の規定により修正があつたものを含む。）の適用を受けるべきことの決定をすることができる。（以下略）

同条は、一つの地域の範囲において従業する同種の労働者の「大部分」がある一つの労働協約の適用を受けるに至った状況を前提として、その協約の当事者の一方か、または双方が、その地域内の他の同種の労働者と使用者にも協約の拡張適用を望んだ場合、①当事者の申立、②労働委員会の拡張決定の決議（協約に拡張につき不適当な部分があった場合は修正する―同第二項）、③行政官庁の決定公告（同第三項）の手続を経て、拡張適用をすることができるとしている。

この申立が、最定賃金法一一条に規定する賃金の最低額に関する規定を含む場合には、労働大臣または都道府県知事は、一般的拘束力（拡張適用）宣言の決定前に、賃金に関する部分について、中央最低賃金審議会または都道府県労基局長の意見を聞かなければならない（一八条四項）。

「同種の労働者」の意味は一七条と同じであるが、差異は、拡張適用の条件として、協約の適用を受ける者と拡張適用を受ける者との比率が四分の三というように定数によらず「大部分」という基準でよいこと、および拡張適用の決定により、労働者のみならず、当該労働者を雇用する使用者にも及ぶ点である。

この制度は、とりわけ小規模企業の未組織労働者の保護のために活用が望まれるが、それだけに地域単位の組合組織の基盤が薄いわが国では運用が難しい。これまで適用決定がなされたのは僅か八件にとどまる。最近では昭和五六、五九、六三年に愛知県決定の三件がある。[1]ゼンゼン同盟の申立にかかる、繊維・染色業を営む社外四一社との間に結んでいる「年間休日を八六日以上とする」協定を県北西部四市四町の地域に所在する同業種の労働者（約七三％にあたる）に拡張適用するものであった。適用決定により僅かではあるが、休日増の効果があったと報告されている。

（1）　詳細は、中央労働時報六八八・七二五号愛知地労委事務局報告を参照。

四　労働協約の債務的効力（契約としての効力）

労組法一六条は労働協約に「協約に定める労働条件その他の労働者の待遇に関する基準に違反する（個々の労働者の）労働契約」の部分を無効とする法的効力（規範的効力）を与えており、それ以外には（一七、一八条を別として）効力について何の定めもしていない。そこでそれ以外の協約の部分、つまり「労働者の待遇に関する基準」以外の労働契約の部分、または個々の労働者（組合員）ではなく、労働組合自体を対象として協定されている部分の効力については、法文上は全く不明である。そこで二つの考え方が成り立つ。一つは、法律に規定されていない以上、それらは（公序良俗に反しない限り）無効ではないが、単なる事実上の約束に過ぎず、何ら法的効力（訴訟に訴えて履行を求めることのできる効力）はないとみるものである。

他の一つは、使用者と組合が労働協約を通じて合意するということは、一つの契約に外ならないから、規範的効力のような特別な効力は及ばないにしても、契約としての一般的効力があり、契約として裁判上の履行ができるとみるものである。

わが国の学説では前説をとるものは全く少数であり、判例には見当たらない。つまり、協約に一つの契約としての法的効果を認めるのが通説である。その根拠は、労組法が労働協約そのものを一つの法制度として公認していること、そして、組合との協定部分につき、両当事者が権利・義務（債権・債務）の関係としての効果をもたせようという契約意思をもっていると認められることに求められる。民法上は、「無名（非典型）」契約ということになるであろう。そこで、学説は、労組法一六条の定める「規範的効力」に対応させて、（それを遵守すべき側からみて）この効果を「債務的効力（相手方からみれば「債権的効力」ということになる）と呼んでいる。債務的効力の及ぶ部分は、当然に規範的効力の及ぶ部分（協約の「規範的部分」と呼ぶ）以外の、主として組合と使用者が両者の関係について定めた部分であり、これを対比上、協約の「債務的部分」と呼んでいる。

さて、協約に債務的効力を認めるとしても、どういう法的効果をもたせるかは明文の規定がないことと、協約が一般の個人間の契約と違って、当事者の一方が労働組合という多数組合員から成る団体であるだけに難しい。特にこの部分は、組合活動の（協定による）制約にわたるもの（平和義務とか争議条項など）を含むだけに、たとえ法的効果を認めたとしてもその強制履行の方法が問題となる。

普通、民法上、契約上の債権・債務の効力とされるものは以下の如くであり、労働協約の「債務」的効力もこれに準じて考えてみる必要がある。

(1) 履行の強制

履行の強制とは、債務者が債務を履行しない場合に、債権者が裁判所への請求を通じてその強制的履行を求めることである(民法四一四条一項)。そして、民訴法(七三四条)は債務者が相当の期間内に履行しない時は、裁判所は判決によって債務者に履行を命ずる。金銭や物の給付について認められ、裁判所は判決によって債務者に履行を命ずる間接強制を認めている。債務の性質上強制履行に適しない場合は、その債務が作為を目的とするときは、裁判所が債務者の費用で第三者に履行をさせることを命じ、また法律行為を目的とする債務では、裁判(判決)をもって債務者の意思表示に代えさせることができる(同条二項)。これを代替執行という。

さて、労働協約の債務的部分の不履行は労使双方の側に起こりうるが、労働条件の定めとは違って、「給付」を目的とする債務関係は少なく、主として労使間の秩序保持のため「あることをしない」という不作為義務である。したがって使用者側の組合に対する便宜供与等を除き直接強制の対象となるものはあまりないし、また「第三者」に代わって履行させる代替執行にも適しない。結局、民法上の履行の強制にはなじまないものが多い。ただ、労働条件をめぐる紛争では、民訴法上の仮処分手続が利用されることが多いので、不作為義務違反に対して、遵守義務の地位の確認を求めたうえ、仮処分判決(決定)によって強制履行をはかるという形の履行の可能性は少なくない。

(2) 同時履行の抗弁

民法五三三条は、「双務契約当事者ノ一方ハ相手方カ其債務ノ履行ヲ提供スルマテハ自己ノ債務ノ履行ヲ拒ムコトヲ得」と定める。これは弁済期に到達した契約当事者は互に対応的な権利・義務関係に立つ以上、そちらが物を引き渡すまでは代金を支払わないと主張して債権・債務の同時実現を求めることである。これを「同時履行の抗弁（権）」という。

労働協約の債務的部分、あるいは規範的部分と債務的部分の各条項の履行については、これを双務契約の関係として、民法の同時履行の抗弁権を適用しうるとみることができるであろうか。

一般に包括協約では、協約当事者である労働組合と使用者は、当然、その内容のすべてを遵守する意思で締結しているのだから、一方がその一部分とはいえ、協約締結の趣旨に反するような（すなわち、ごくささいな手続上のミスを除いて）違反をすれば、相手方は信頼の念をなくし、そちらが守る気がなければこちらも守らないという気になることはあるであろう。破棄、解除ということも起こりうる。しかし、これはむしろ信義則（信義誠実の原則、民法一条二項）の問題とみるべきであって、民法にいう同時履行の抗弁権に似てはいるが、民法五三三条適用の問題と考えるべきではない。同条は同一契約上の債権・債務の相関（対応）関係が明白である取引行為を前提にしているのであり、それぞれの規定がたまたま包括協約の体系化に併列されているに過ぎない労働協約の場合は、どの条項とどの条項とが同時履行の抗弁の許される双務契約を形成するのか必ずしも明らかではない。もしこれを認めると当事者が恣意的に選択をすることになり、労働協約を維持する基盤そのものが崩れてしまうであろう。

(3)　解　除

民法五四一条は、契約当事者の一方が債務を履行しないときは、相手方は「催告」したうえで契約の解除をなすことができるとしている。一般の取引行為では当然の原則であるが、(2)の場合と同様、労働協約の条項については適用が困難である。包括協約の一つの条項をとりあげてその不履行につき、その条項だけの契約解除を認めるのはいかにも不自然であるし、一部の条項の違反を理由とする協約全体の解除（破棄）が認められるかどうかは信義則の問題として考えるべきだからである。

協約の一部に労使関係の事情に基づく理由で履行不能な個所が生じた場合には、その部分の協約改訂か、合意による実質上の凍結で処理すれば足りるので、結局、民法の契約解除に関する規定は協約には適用の余地がほとんどないとみてよいであろう。

(4)　損害賠償

民法上、損害賠償責任が認められるのは、故意または過失による不法行為の場合（七〇九条）と契約違反、つまり債務者がその債務の本旨に従った履行をしなかった場合（四一五条）である。後者の場合、賠償の範囲は、債務不履行によって「通常生ずべき損害（相当因果関係のある損害）」（四一六条）である。賠償の方法は通常、金銭による（四一七条）。

労働協約の違反の場合、この原則はどのように当てはまるであろうか。

協約の規範的部分、つまり組合員の労働条件の基準に関する部分は個々の組合員の労働契約の内容をなしているから、使用者がこれを遵守しなかったことにより損害が生ずれば、組合員に対し契約上の賠償責任を負うことは明らかである（山手モータース事件・神戸地判昭和四八・七・一九）。

協約の債務的部分は、各条項が組合と使用者間の契約関係であるから、契約違反（債務不履行）があれば、いずれの側も、それによって生じた損害につき賠償責任を負うことになる。

しかし、そうだとしても労働協約の債務的部分は、労使関係の維持に関するものが主であるから、たとえ協約で定めた事項にどちらかが違反したとしてもそれによって生じた損害額を算定することはかなり難しいであろう。平和義務違反やそれに関連する争議行為に関するもの以外、訴訟になった事例はない。

五　労働協約の紛争規制条項の法的効力

労使が、包括協約にせよ、個別協定の形にせよ、労働協約を締結する意図は、そこでとり決めた内容の効果を一定期間（有効期間中）持続させることによって、その都度の交渉の煩わしさや紛争の発生を予防するところにある。労働協約が締結されていなければ、労働条件をはじめすべての労使間の問題はその都度の争議行為を含む団体交渉によって解決するほかないのであるから、労働協約がその意味において「休戦」協定であることは否定できない。これを逆にいえば、労働協約を締結したことは、当事者が、紛争はすべて協約の定めるところにより解決し、協定した問題については、あらためて団体交渉を行わないし、その改変を求めて争議行為に訴えないという意思を表示したことになる。また、そう解しなければ国家が労働協約を法的制度として認め、労使関係の安定に寄与させようとする政策的目的は失われてしまう。

そこで、労働協約のこのような性格にかんがみ、協約の法的効果として、それが一旦、締結されると、当事者は、少なくとも有効期間中は「その改変を求めて争議行為（団体交渉も含まれるが以下争議行為と表現する）に訴えない」という双務的義務を負うとする考え方が一般的である。これを一般的に労働協約の「平和義務」と呼んでいる。

労働協約の争議行為抑制の効力（平和的効力）については、大別して二つのとらえ方がある。その一つは、このような効力が（協約の具体的定めをまたず）労働協約という制度から本質的、一般的に生ずると考える立場である。もう一つの考え方は、協約のそのような義務は、当該協約の定めによってはじめて生ずるとみる立場である。後者の立場では、協約にその旨の条項（平和義務）がないかぎり、当然には争議行為を抑制すべき義務は生じないことになる。

労働協約にその旨の条項が置かれた場合にのみ争議抑制の義務が生ずるとみる後者の考え方では、協約中に、争議行為を行う場合の諸ルールを定めた「争議条項」も一種の争議抑制の効果をもつ点で平和条項と同一の性格をもつことになる。

かくして、「平和義務」、「平和条項」、「争議条項」という用語は、表現上も、概念上もまぎらわしく、どの説をとるかによってその意味するところが違ってくることに注意しなければならない。

3　労働協約制度と立法の関与

(1)　平和義務

労働協約の有効期間中は互に争議行為（ストライキを主体とする労働者側の労務不提供行為および使用者側の労務受領の拒否を主体とするロックアウト）をしない旨の義務を広く「平和義務」と定義づけるとすると、そこには、「一切の争議行為をしない」旨の包括的平和義務と、「協約所定の事項については争議行為をしない」旨の限定的平和義務の二つが含まれることになる。後者からみて前者を「絶対的」（あるいは「拡張的」）平和義務、後者を「相対的」平和義務として区別するのが通常である。

平和義務は協約の具体的定めをまってはじめて生ずるとみる立場では、絶対的平和義務はもとより、相対的平和義務も当然には生じないことになるが、平和義務が労働協約に本質的なものとしてその旨の定めがなくても法的に生ずるとみる立場でも、絶対的平和義務の概念は、（わが国では）憲法の保障する労働者の争議権保障の趣旨に反するという理由からこれを否定する説が強い。

平和義務が労働協約から本質的に生ずるかそれともその旨の協定をまって生ずるかについては諸外国でも説の分かれるところである。英米法系の国では、概して労働協約に契約以上の法的効果を認めない傾向が強いので、平和義務も契約上の合意の効果に過ぎないとみるのに対し、西ドイツをはじめ、労働協約に特別の法規範的効力を認める国では、早くから協約に本質的な義務として当事者の意思やその旨の条項の有無にかかわらずこれを肯定する考え方が強い。

わが国でも学説の対立するところであるが[1]、判例には、この種の紛争例が少ないこともあって十分な理論的考察を示したものがあまりない。最高裁判例には、相対的平和義務が労働協約に内在する、という見解を示したものがある（弘南バス事件・最三小判昭和四三・一二・二四）。私見としては、現行労組法が、一六条の規範的効力の定め以外にそのような本質的な法的効力の存在を認める定めをしていないこと、労働協約はほんらい労使間の自主的規範であって、協約に争議行為自制の効果をもたせるかどうかはもっぱら当事者の意思にかかる問題であること、協約の存在価値を否定するような争議行為に対しては相手方は解約をもって対抗できることからいって、協約の定めがない場合にも争議行為を禁止する（したがってその争議行為が違法となる）法的効果を認める考え方には賛成できない。

平和義務の効果は、これに違反して行われた争議行為の効力の問題と平和義務に違反したこと自体から生ずる相手方への法的責任の問題の両面を含む。もっとも、前者の問題は、そのような（違法）争議行為をしたことに対する相手方の責任追究という側面では後者とそう明確に峻別しえない。

労働協約の平和義務に違反する争議行為が争議行為としての一般的正当性を失うかどうかは、争議行為論の一般的テーマの一つである。つまり、争議行為は、特に労働者のそれについては憲法二八条の保障するところであるが、労組法は「正当な」争議行為に対してのみ免責を与える（一条および八条）という形で保護を与えているので、協約の平和義務に違反しているという事実によってその争議行為の「正当性」が失われることになるかどうかが問題となるのである。

平和義務を協約に内在する本質的なものとする内在説の立場では、一般に、それに違反することを正当性喪失の重要な要素として重視することになろうが（民事免責のみならず刑事免責をも失うという考え方もある）、平和義務を当事者の合意によるとみる考え方では、一般的に、その違反は約定上のものとして民事免責を失うにとどまり、相手方（使用者）が民事責任としての損害賠償を請求するかどうかはその意思いかんにかかる問題となる。ただし、「民事免責」という場合に、それは厳密な意味では、損害賠償責任の免除（八条）ということであるが、わが国では、争議行為における「民事責任」の概念の中に、従業員の使用者に対する服務規律違反の責任をも含ませるのが通例である。この責任は「懲戒処分」という形で行われ、違法な争議行為については、ほんらいの民事責任の追究である組合に対する損害賠償の請求よりも、組合幹部もしくは組合員に対する懲戒処分の形で責任追究がなされることが多い。したがって、協約の平和義務違反の争議行為の正当性の問題も、その違反の責任追究としての懲戒処分の正当性いかんという形で問われることになる。そうなると、そのような懲戒処分が形の上では組合活動のゆえをもってする「不利益な取扱い」に該当することになるので、協約の平和義務に違反するような争議行為をなすことは七条一号にいう「正当な」組合活動に含まれると認められるかどうかという不当労働行為の問題に発展する。もし不当労働行為と認められれば、懲戒処分の有効性は否定されることになる。

右に述べたところから明らかなように、協約の平和義務違反の効果は、なされた争議行為の違法性の（程度の）評価をめぐって意外に複雑な問題を含んでいることが分かる。その効果（責任といってもよい）を要約すると、第一は、違法な争議行為として争議参加者が国家の側から刑事責任を追究されること、第二は、同じく違法争議行為を理由として組合または組合員に対し使用者側から違法争議行為によって生じた損害賠償を求められること、第三に、違法争議行為に対して使用者側がその争議行為差止の仮処分を裁判所に求めること、第四に、使用者側が、違法争議行為を計画、指導、実行したとして従業員としての組合幹部または組合員に懲戒処分を行うことである。

第一の事例はまだない。第二の事例としては、平和条項違反の争議行為についてすべての損害賠償請求を認めた判例（電気化学青海工場事件・新潟地高田支判昭和二四・九・三〇）がある。

第三の事例としては、パン・アメリカン航空事件（東京地決昭和四八・一二・二六）において申請が認められ、日本信託銀行事件（東京地決昭和三五・六・一五）およびノースウエスト航空事件（東京地決昭和四八・一二・二六、同抗告審東京高決昭和四八・一二・二七）では申請が却下されている。

第四の事例については、前掲の弘南バス事件において下級審の見解が分かれ、最高裁の判断が示された。組合が協約の有効期間満了の二カ月半前に協約改訂を目的として指名ストを行ったため支部長と副支部長が平和義務違反、就業規則違反のかどで懲戒解雇となった事件である。一審判決（青森地判昭和三二・四・二三）は、平和義務違反の争議がなされた場合、これをなした組合自身ないし組合の指導的幹部として、あえてその争議を決定遂行せしめた者がその責任を負うのは格別、その他一般組合員が個々にその責任を負担すべきものとは解せられない、として懲戒解雇を無効とした。二審判決（仙台高秋田支判昭和三九・四・一四）は、協約の有効期間満了の相当の期間前に満了後の労働条件決定のため次期協約の締結を目的として争議行為をなすことは、平和義務違反にはならない、との見解を示したが、結論として一審判決を支持した。上告審で最高裁（三小判昭和四三・一二・二四）は、「平和義務に違反する争議行為は、単なる契約上の債務の不履行であって、これをもって企業秩序の侵犯にあたるとすることはできず、また、個々の組合員がかかる争議行為に参加することも、労働契約上の債務不履行にすぎないものと解するのが相当である。したがって、使用者は、労働者が平和義務に違反する争議行為をし、またはこれに参加したことのみを理由として当該労働者を懲戒処分に付し得ないものといわなければならない」と判示し、一、二審とは異なる観点から懲戒処分を無効とする判断を示した。一審では、平和義務違反の争議行為の責任の帰責主体が「指導的幹部」でない組合員には及ばないこと、二審判決では、「次期協約締結のため」という争議目的は、必ずしも現行協約の所定事項でないから、満期近くの「相当の」時期でなされれば「平和義務」違反に該当しないことを理由としているのに対し、最高裁は、平和義務違反の違法性は、労働契約上の債務不履行に過ぎないから、企業の制裁罰としての懲戒処分になじまない、という考え方をとっている。最高裁判旨のいう「労働契約上の」とは、組合員たる従業員のどのような契約をいうのか明らかでないし、労働契約上の債務不履行がどうして懲戒処分の対象にならないかはっきりしないが、最高裁が、平和義務違反という理由だけの争議行為の違法性を手続的なものに過ぎないとしてあまり重視していないことは確かである。そうだとすると、現在この問題、とりわけ、いわゆる山猫ストの問題を相当重要な社会問題として把えようとしているイギリス、アメリカ、西ドイツなどの諸国の対応のしかたに比してかなりソフトな立場だとみることができよう。

（1）　中嶋士元也「平和義務の法理」文献研究　労働法学二八〇頁、「労働関係法の解釈基準」（上）三頁以下参照。

(2)　平和条項・争議条項

労働協約の「平和条項」とは、通常、右に述べた平和義務を成文化した条項をいうが、その外に、紛争の調整、争議の予告、争議行為時のルールなど争議行為に関連する「争議条項」を含ませて使用される場合もある。法的には両者を特に区別する意味はない。

前者の狭義の平和条項の法的効果は、平和義務について述べたことと同一である。

争議条項は、協約に定めのない事項をめぐって、あるいは協約の失効後に労使が労働争議状態に入った場合などにそなえ、あらかじめ定めをしておこうという当事者の合意による。平和義務を協約に本質的なものとみる立場からはもちろん、これを成文化した平和条項の下では、争議行為は起こり得ないはずだから、ほんらいの協約の対象事項とはいえないが、当事者がいわば「戦時協定」として合意し、協約条項に含めることに何らの意味もないとはいえない。ただ、実際に争議行為が発生した時点でそれが守られなくても、もはや協約そのもの、あるいはその基盤は消滅しているのだから、当事者が協約に違反しているという理由で違法の評価を受けることはありえない道理である。その意味で争議条項違反の争議行為は、狭義の平和条項違反のそれとは違って、争議行為それ自体の正当性には影響がなく、単に手続を遵守しなかった点での信義則違反の問題を生ずるだけだと解すべきであろう。すなわちその法的効果として、相手方に争議手続違反による損害賠償の請求権あるいは協約の解除権を与えるにとどまる。ただ、争議条項の一つである保安施設の要員協定については、これに違反する争議行為が、労調法三六条により規制の対象となる争議行為等に該当するかぎり、法令違反の争議行為として違法とみなされ（罰則の適用はない）、争議行為に基づく法的責任の問題を生ずることがある。公益事業における争議行為の事前通知協定についても、同法による予告の義務（三七条一項）に違反する場合（罰則の適用あり）には、右と同じ問題を生ずる。

なお、以上述べたところに関連して、平和義務条項ないし平和条項の協定がある場合に、組合の意思とは関係なく、あるいはその統制に違反して組合員の一部が非公認の争議行為（山猫スト）を行った場合に、協約締結当事者としての組合がいかなる法的責任を負うかという問題がある。わが国の企業内組合ではこのような現象が起きることは今までのところ稀なため、労働協約において定めをした例はほとんどないようであるが、発生したとしても、組合としてその防止に最善をつくせば組合としての協約上の責任は免れると解すべきであろう。

右に述べたように、平和義務ないし平和条項が守られなかった場合の法的効果は、争議行為の正当性に伴う問題を別とすれば通常の契約違反（債務不履行）に伴うそれとやや違って、相手方による協約の破棄の正当化か、あるいは金銭による損害賠償という形になるであろう。その際の損害賠償額の算定であるが、考え方としては、損害を平和条項違反の争議行為による損害全体が含まれるとみるものと、争議行為による損害を除き、平和条項違反によって相手方が受けた損害に限られるとみるものがある。後者の考え方では、実害の算定が難しいから、せいぜい慰藉料程度にとどまることになろう。

先例では、古い判例（電気化学青海工場事件・新潟地高田支判昭和二四・九・三〇）であるが、地労委の調整によって暫定協約に関する紛争を解決すべき平和条項に反し行われたストライキにつき「労資間の争議によって必然的に生ずる勢力の濫費、従ってこれによる共倒れを防ぎ、延いては産業平和を確立せんがために一定期間一定範囲に於て相互の協定により、経済的闘争手段の使用を差控えんとする」平和目的に違反したものとして使用者側の請求どおり二〇〇万円の賠償を認めたものがある。

六　労働協約のユニオン・ショップ条項の法的効力

わが国の多くの労働協約で定められているユニオン・ショップ条項が「従業員はすべてこの組合に加入しなければならない」旨の組合加入強制のみを宣言したものと、これに加えて「従業員が組合に加入しないとき、あるいは除名、脱退した場合は、使用者は解雇する」旨の効力規定を併せ備えているものとの二種類があることについてはすでに述べた。それでは、これらの条項は、法的にはどのような効力をもっているであろうか。

労働者が企業に採用され従業員となった場合にその者が「組合に加入しなければならない」ことを労働協約で定めたとしても、厳密にいえば、それは企業と組合間の協定事項とはいえず、組合と従業員間の問題である。したがってそれだけの条項しかなければ、使用者側は何らの法的義務も負わない。ただ実際上は、組合と使用者間に非加入者を解雇する旨の暗黙の了解があったうえでの協定であることが多い。もっとも、労働協約は書面に作成、両当事者が署名することによって効力を生ずる（労組法一四条）のであるから、争いになれば解雇の定めのない右協定の効力は否定されることになる。

加入強制規定と非加入者または除名・脱退者に対する解雇規定の組み合わさった真のユニオン・ショップ協定が労働協約としての債務的効力をもつことは明らかであるが、使用者側が組合に対して負う義務が組合非加入者または被除名・脱退者に対する労働契約の解除＝解雇という対個人的措置であるだけに、かかる協定の効力の及びかたについて問題となることが少なくない。以下に、解雇措置を伴う真の意味のユニオン・ショップ協定が結ばれている場合について検討してみよう。

ユニオン・ショップ協定は、使用者と組合間のとりきめとはいえ、労働者にとっては解雇の脅威の下に組合員となることを強制される点で「団結しない自由」または組合選択の自由を侵害するものであること、あるいは、(特定の)組合に加入しないという理由だけで労働の機会ないし場所を奪うのは生存権の否定になることを理由としてその法的有効性を否定する考えかたがある。諸外国には、これらの点からショップ協定を立法上禁止または制限しているところもある。わが国では、その法的効果についての特別の定めをしていないとはいえ、労組法七条の不当労働行為禁止との関係において、ユニオン・ショップ協定を一定の要件の下に肯定している。すなわち、労組法七条一号但し書は、労働組合が「特定の工場、事業場に雇用される労働者の過半数を代表する場合」にかぎり、使用者がこの組合とユニオン・ショップ協定を締結することも「(特定の)労働組合に加入せず、もしくは、そこから脱退することを雇用条件とする」(そういう契約を黄犬契約とよぶ)不当労働行為に該当しない、と定めている。逆にいえば、その組合が右の過半数の要件を充たしていないと、使用者がこれとユニオン・ショップ協定を締結し、その結果、その組合への加入を労働者に強制することは、これによってその労働者の加入を排除された別組合に対する不当な介入として不当労働行為とみなされることになる。労組法が定めているのはそこまでであるが、その結果としていえることは、法が一定の条件つきにせよ、組織強制を目的とするユニオン・ショップ協定を適法なものとして公認しているということである。実定法上の根拠は、憲法二八条の団結権の保障ということである。したがって、この協定から一定の法的効果が生ずることも法が認めているとみるべきであろう。そして法的効果とはユニオン・ショップ協定に基づいて解雇することに外ならない。

ユニオン・ショップ協定は、例えば「組合が除名した者を会社が解雇する」というように、被除名者に対する会社の解雇は自動的かつ、無条件である。ところで、一方、会社の労働者に対する解雇については、その就労権(生存権)保護の見地から労働法は(判例法を含めて)種々の側面において制約を課し、労働協約や就業規則でも解雇事由を明示することでこれを制約している。協約や就業規則では、解雇事由の中にユニオン・ショップ協定による場合を加えることによって相互に矛盾が生じないようにしているが、ユニオン・ショップ協定による解雇を無条件に適法と認めることについては問題の生ずる場合がある。例えば、解雇の前提となる除名の決定過程に問題があり、その適法性が疑われる場合などである。組合非加入や脱退についても正当理由が認められる場合があろう。これらの事件は解雇無効の訴えとしてしばしば争われ、それに関連してユニオン・ショップ協定の法的効果が問題となっている。

最高裁は、日本食塩製造事件（最二小判昭和五〇・四・二五）において、組合の除名を無効とし、したがって解雇も無効と判断した一審判決と、ショップ制の下においては、手続的に正当な除名通知があれば使用者は解雇すれば足り、たとえ除名が無効であるとしても解雇は無効とはならないとして解雇を有効と認めた二審判決を受けて、次のように判示している。

「使用者の解雇権の行使も、それが客観的に合理的な理由を欠き社会通念上相当として是認できない場合には、権利の濫用として無効になると解するのが相当である。ところで、ユニオン・ショップ協定は、労働者が労働組合の組合員たる資格を取得せず又はこれを失った場合に、使用者をして当該労働者との雇用関係を終了させることにより間接的に労働組合の組織の拡大強化をはかろうとする制度であり、このような制度としての正当な機能を果たすものと認められるかぎりにおいてのみその効力を承認することができるものであるから、ユニオン・ショップ協定に基づき使用者が労働組合に対し解雇義務を負うのは、当該労働者が正当な理由がないのに労働組合に加入しないために組合員たる資格を取得せず又は労働組合から有効に脱退し若しくは除名されて組合員たる資格を喪失した場合に限定され、除名が無効な場合には、使用者は解雇義務を負わないものと解すべきである。そして、労働組合から除名された労働者に対しユニオン・ショップ協定に基づく労働組合に対する義務の履行として使用者が行う解雇は、ユニオン・ショップ協定によって使用者に解雇義務が発生している場合にかぎり、客観的に合理的な理由があり社会通念上相当なものとして是認することができるのであり、右除名が無効な場合には、前記のように使用者に解雇義務が生じないから、かかる場合には、客観的に合理的な理由を欠き社会的に相当なものとして是認することはできず、他に解雇の合理性を裏づける特段の事由がないかぎり、解雇権の濫用として無効であるといわなければならない。」

ユニオン・ショップの法的効力についての学説の見解は種々さまざまであるが、これに関する現行実定法規の乏しいこともあって、判例のもつ影響力が大きい。右に挙げた最高裁判決を含めて要約すると、結局、労組法七条一号但し書の要件に適合する同協定には、一応、債務的効力が認められ、それに基づく解雇は法的に有効なものとして扱われるが、その解雇には「客観的に合理的な理由」を必要とし、「社会通念上相当」なものであることを要する、ということになる。

ユニオン・ショップ協定の効果をめぐるもう一つの問題は、一つの組合と結んだこの協定の効果が他の組合の組合員にも及ぶかということである。これはいろいろな形で起こる。

その一つは、同一企業内に二つ以上の組合が併存し、そのうち従業員の過半数を組織している組合が企業との間に結んだユニオン・ショップ協定を根拠に、他の組合の組合員にも自組合への加入を求め、これに応じない者を解雇するよう企業に要求する場合である。これが適用されれば、併存する他の組合はすべて消滅を免れないことになる。学説、判例は、一般に、わが国の憲法二八条の団結権保障体制の下では、組合規模の大小にかかわらず、およそ自主的な労働組合はすべて対等に団結権を保障されているから、ユニオン・ショップ協定もこれを否定する形において機能させることはできない、として否定説をとっている（例えば友浦鉄工所事件・岡山地判昭和三九・七・七）。

その二つは、ある組合が企業とユニオン・ショップ協定を締結した時点では、併存する組合はなかったが、その後組合が内部的対立を生じて、分裂ないし集団的な脱退が起こり、その結果、新組合が生じた場合である。この場合、元の組合が従業員の過半数を割ると、それだけでユニオン・ショップ協定維持の有効要件を失うことになるが、組合員が脱退ないし除名された時点では、なお有効要件を充たしているといえるから、それに基づき別組合に走った組合員の解雇を使用者に要求しうるかどうかが問題となる。要求しうるとすれば、その別組合の団結を侵害することになって併存組合の場合と同じ問題を生ずるわけである。状況に応じて学説の見解は分かれるが、最近の判例の傾向は、組合選択の自由の原則に立って脱退の自由（組合によっては組合規約で脱退を組合の許可を要するという形で規制しているものがある）を強調し、「ユニオン・ショップ協定を締結している組合の組合員が組合から脱退し、あるいは除名された後、直ちに他の組合に加入し、または新しい組合を結成した場合においては、その効力は、脱退組合員あるいは被除名組合員には及ばない」（日本鋼管事件・横浜地決昭和五五・四・一）とする見解を示している。この見解を一般化すると、ユニオン・ショップの組織維持としての機能がほとんど実を失うおそれがあり、その点があらためて問題となっている。

七　労働協約の同意・協議条項の法的効力

労働協約には、組合員の異動、懲戒、解雇等の人事問題について「組合の同意または協議を要する」との定めをしたものが少なくない。これらの協定の趣旨は、人事問題はほんらい経営側の労務配置、管理としてその専権に属する事項であるが、これらは労働者側からみれば労働条件に深いかかわりのある問題であり、とりわけ解雇は生活の基盤を脅かすものとして組合員の最も関心の深い問題なので、その実施については事前に組合との話し合いを通じて納得のいく解決をはかろうとするところにある。解雇事由や基準の明示などとともに組合側が協約締結の大きなメリットとして目標とするところである。

ところで、このようにして協約の一条項となった「協議または同意条項」は、法的にどのような効力をもつと解すべきか。既述のように、労働協約の条項を「規範的部分」と「債務的部分」に峻別する考え方からすると、組合員の人事について組合と経営側が事前に協議するという組合と使用者間の手続を定めた協定という点では債務的部分に属する。しかし、「就業時間中の組合活動の取扱い」とか平和条項のように、純粋に労使間の秩序を定めた協定に比べると、むしろ、その重点は、個々の組合員の待遇条件として、組合との接渉を通じて利益を保護する点にあり、この観点からすれば規範的部分に属するとみることができる。規範的部分に属するとすれば、労組法一六条の適用を受けて規範的効力を与えられることになる。

しかし、労組法一六条は労働協約の「労働条件その他の労働者の待遇に関する『基準』に違反する労働契約」に対する協約の優越的効力を定めたものであるから、協議または同意条項がどのような「基準」として、どのような「労働契約」を無効ならしめるのか明らかでない。

そこで、このような協議条項の法的効力の及びかたについては学説、判例の見解の分かれるところである。考え方としては、大別して、この種の条項が厳密には規範的部分とはいえなくても、それに準じた規範的効力を認められるとするもの、反対に、この種の条項は待遇条件の基準それ自体を定めたものとはいえず債務的部分に外ならないとする否定説と、その中間説として、協議条項は会社の人事権に対する経営参加を認めたもので関係当事者に普遍的に妥当する法的規範をもつ「制度的部分」だとする説がある。この説の帰結は、労働者の待遇に関する基準に関連するものについては、その違反を無効とする効力を認めようとする点で第一説に近い。

判例は、とりわけ解雇については、同意条項、協議条項を問わず、使用者がこれを無視して協議することなく一方的になした解雇を無効と判断したものが多い。最近の例では解雇同意約款に違反する解雇を無効としたものとして徳島ゴール工業事件（徳島地決昭和五〇・七・二六）、ニチモウ事件（山口地下関支判昭和五二・二・二八）、光琳書院事件（東京地決昭和五二・九・二九）、大鵬産業事件（大阪地決昭和五五・三・二六）等があり、解雇協議約款に違反する解雇を無効としたものに阿部電気工業事件（仙台高決昭和五〇・五・二六）がある。反対に、解雇同意約款に違反した解雇につき、組合側の同意拒絶に同意権の濫用があったとして諸事情からみて解雇を有効とした事例がある（福岡小麦粉販売事件・福岡地判昭和五三・五・一〇）。

〔『新版　就業規則と労働協約』第二章V、一九八一年〕

4　労働協約の有効期間と終了

労働協約の締結が、まったく当事者の自由意思にまかされているわが国では、協約に定めた期限がきれると、当事者がこれを更新するか、新たな協約をむすばないかぎり、組合と使用者間の協約関係は消滅してしまう。そうなると、個々の労働者の労働条件はどうなるかという問題が起きるが、その前に協約の期間または期間内での解約という問題を検討しておこう。

一　労働協約の有効期間

労働協約の締結に際して、その有効期間をどう定めるかは、もっぱら当事者双方の意思によって決めることであり、国家や法律の干与すべき問題ではない。しかし、協約の期間があまり長期にわたると、その間に経済的または社会的事情が変化したにもかかわらず、当事者がその意に反して協約に拘束されるという理由で、労組法は協約の締結にさいして三年をこえる期間の定めをすることができない（一五条一項）とし、三年をこえる有効期間の定めをした協約は、三年の期間の定めをしたものとみなす（同二項）こととしている。これは、一期限が最高三年という意味である。したがって、「更新」によって協約を三年をこえて存続させることは、当事者の意思によるのだから差し支えない。

協約の期間満了前の一定期間内に、当事者のいずれの側からも改訂または破棄の申入れがないかぎり、もとの協約が自動的に更新される旨の協定を「自動更新規定」という。また、協約の期間経過後一定期間、または新協約が成立するまでもとの協約の延長を認める協定を「自動延長規定」という。次期協約の交渉のため、協約の空白期間が生ずるのを避けるための規定であって、どちらも有効である。

協約中にとくに期間の定めをしないことも自由であり、この場合は、当事者の一方からいつでも解約しうるはずであるが、協約のような長期的協定の場合に一方が予告なしに解約することの影響を考え、労組法は、その場合にも九〇日前に予告させることにし、かつ、署名をした文書による確実な解約の意思表示を要することにしている（同三、四項）。協約中に「協約の期間が満了した場合にも新協約が成立するまでは旧協約を適用させる」旨の「自動延長規定」がある場合にも、当事者はその間、九〇日の予告をおいて解約することができる。

二　労働協約の期間内解約

労働協約は、もともと、労使間の合意で成立したものであるから、両当事者が合意で期間内に解約することは差し支えない。また、それは労使双方当事者の信頼関係のうえに成り立つものであるから、どちらかにこの信頼関係を裏切り、協約締結の趣旨を根本から否定してしまうようなはなはだしい義務違反があれば、もはや協約存続の意義はなくなる。たとえば、使用者が、協約所定の労働条件を無視して労働者を待遇したり、あるいは組合側がその存続期間中に協約内容の改訂を要求して、みだりに争議行為に訴えたりした場合である。このような場合、相手方は協約の有効期間中でも解約することができる。しかし、労働協約は、労使関係の安定を維持することで適用下にある多数の労働者の保護をはかろうとする制度であるから、ささいな協定違反をとらえて解除の口実とすることは、権利の濫用として許されない場合がある。

三　労働協約の失効と余後効の問題

労働協約が、有効期間の経過その他の理由で失効すれば、協約それ自体の当事者に対する拘束力は当然に消滅する。しかし、労働協約の規範的効力によって、すでに協約で定めた個々の労働者の待遇に関する基準は、個々の労働契約の内容を規律しているから、協約が失効したからといって、労働契約の内容も当然に空白になるとはいえない。そこで、協約は消滅しても、新たな協約が出来るまでは、協約所定の基準は労働契約の内容として存続するという考え方が出てくる。これを協約の「余後効」（または事後効力）とよぶ。これに対し、協約の定める基準は、あくまで組合と使用者間で定めた一般的基準にとどまり、その規範的効力によっても各人の労働契約の内容となるのではないから、協約が失効すれば、これによって規律されていた労働契約の内容は、いわば空白となる。そこで、それから先の使用者と労働者の関係は新たな労働契約が締結されるか、労働協約の存否とは無関係に存続している就業規則によって労働契約関係が規律されるかのいずれかにならざるをえない。いずれにしても、協約の効力が残るという意味での余後効というものを考える余地はない、とみる否定説がある。

労働協約を締結する（または更新する）ことはあくまで当事者の自由であり（つまり、当事者はいかなる意味でも協約の締結を義務づけられていない）、また締結した協約に期間の定めがあり、とりわけわが労組法では、期間の定めをしない場合を含めて法律で最長期間の法的限度を定めているのだから、労働協約という制度には解約＝終了ということは不可避の現象である。したがって協約の失効後の個々の労働者と使用者の労働関係がどうなるかについては、ほんらい何らかの法的対応措置が立法で定められて然るべきである。げんに西ドイツの労働協約法は、「労働協約の終了後も、その法規範は、他の約定によって置き変えられないかぎり有効に存続する」（四条五項）と定め、フランス一九七一年労働協約法も「労働協約が解約された場合には、それに代わる新たな協約が発効するまでその協約が効力を維持する。新たな協約が締結されない場合には、解約の予告期間の満了から一年間効力を維持する。ただし特約によりそれより長い期間を定めることができる」（五条）と定めている。しかし、わが労組法にはこのような定めがないので、特に協約の規範的部分については余後効の存否という形で右にみたような説の対立が生ずるのである。

実際上は、協約締結の当事者たる労使が、あらかじめ協約の中で、協約が失効した場合の個々の労働者の待遇の扱いについて定めをしておくか（理論上は、その定めも協約の失効とともに消滅するはずであるが、これは当事者間の信義として守らるべきものである）、失効後、使用者が各労働者との間に労働契約を締結し直すなど、契約内容を再確認する手続をとれば、一応、法的に問題は解決するのであるが、使用者、組合、各労働者のいずれの側からも何の意思表示もしないままに就労関係が従来どおり続くと、今度は、逆にその状態（労働契約関係）を法的に説明する必要が生ずるわけである。

ところで、イギリスやアメリカのように労働者の組織化が進み、組合員の労働条件がすべて労働協約で律せられるようになると、もはやそれ以外の労働条件設定の方式はなくなり、協約の改訂期になると、その失効以前に新協約（または更新）の条件についての団体交渉が精力的に行われる。もし交渉がまとまらないまま失効してしまうと、組合員は新協約が成立するまでは就労しないのが例である。つまり、その時点からその協約の適用対象である組合員はすべて自動的にストライキに入ることになる（「協約なければ労働なし」という標語で表現される）。かくして鉄鋼、自動車産業のような分野では、二、三年毎の労働協約の改訂期においてしばしば長期、かつ、大規模のストライキが発生している。これはとても、余後効というような理論で片がつくような状況ではない。

この点、わが国では若干事情が異なる。わが国でも、大企業の組合の場合、一度、協約が締結されて、労働条件が協約で定められる慣行が出来上ったところでは、たまたま交渉不調で協約の空白期を迎える場合があっても、その状態がずっと続くという場合はむしろ稀である。すなわちある問題で団体交渉が難航したため、改訂または更新ができず、協約が一時的に失効しても、組合がそれだけでストライキに入るということはあまりない。無協約のままでも、就労は続けられ、そして新協約が成立すれば、賃金など改訂時に遡及して支払われることで解決するのが例である。この現象は、協約の終結時におけるわが国の労使関係の特色といえるかもしれない。

協約が失効して空白になった場合、使用者の側で、協約の失効と同時に待遇条件を協約成立前の「就業規則の時代」のそれに引き戻すというような強引なことはめったに起こらない。しかし、協約失効後に新たに定めた賃金規定による待遇が従来のそれを下回る場合とか、解雇の協議条項の効力などをめぐって争いが生じている。以下に、二、三の例を挙げ、判例の対応のしかたをみてみよう。

有効期間一年の労働協約（賃金協定）が期間満了によって失効した後、会社がその一方的作成にかかる新賃金案により賃金を支払ったため、組合員が協約の会後効により協約に基づく賃金請求権ありとしてその支払を求めた事件（朝日タクシー事件・福岡地小倉支判昭和四八・四・八）について、判決は、次のように説示し、原告らの請求を認めた。

「労働協約が期間満了等により消滅した場合において、新協約成立までの措置につき別段の合意が存しないときは、協約の効力は、その規範的部分たると債務的部分たるとを問わず、終局的に消滅し、協約自体のいわゆる余後効のごときものはありえない、というべきであるが、協約の成立により一旦個別労働契約の内容として強行法的に変更され、承認された状態ないし関係は、協約失効後における労働契約の解釈に当っても、できるだけ尊重されるべきが継続的労使関係の本旨に副う所以であって、特段の事由がある場合を除き、個別的労働契約は、協約終了時における労働契約の内容と同一内容を持続するものであり、使用者において一方的に労働契約の内容を改訂することは許されない、と解するのが相当である。しかして、協約失効後は、組合の団結権を侵害しない目的、性質、程度において、個々的に契約内容を変更すべき旨の個別的合意の成立により従来の契約内容を変更しうるが、その他、更に、労使間の諸般の事情が極端に変化し、従前の契約内容を持続することが信義則に反するに至ったと認められる場合において、当該事情の変更がそれを主張する者の責に帰すべからざる事由に基き、かつ、従前の契約成立当時予見することのできない性質・程度のものであるときは、事情変更の法理により、契約内容を一方的に変更ないし解除することが許されると解すべきである。本件の場合、労使間の事情の変更が被告の責に帰すべからざるものであるとは言い難く、また、失効した賃金協定の成立時及び失効当時と比較してなお労働契約の一方的変更を許容するに値する程度の事情の変更があるとは認め難い。よって、失効した賃金協定所定の賃金が支払われるべきである。」

この判決の考え方は、労働協約に固有の効力としての余後効があることは否定しつつも、協約内容が失効後の労働契約を規律するがゆえに、使用者の一方的変更は許されないと解する点で実質的には余後効を認めたのと同じことに帰するわけである。ところが、判決は他方で、協約失効後の個別労働契約は当事者の合意や「事情変更の法理」により変更ないし解除されるといい、またそれが「組合の団結権を侵害しない目的、性質、程度において（具体的にどういう場合をいうのか趣旨不明である）」のみ許される、という。要するに、協約失効後の将来の労働契約関係が何を基準にして判断されるのかについて理論的な整合性に欠けるところがある。

同じく、協約の解約後に会社の作成した賃金規程による賃金支払いを不当とし、解約前の協約所定の賃金算定方式に基づく賃金支払いを求めた都タクシー事件において、一審判決（京都地判昭和四九・六・二〇）は、「旧協約の内容が労働契約の内容となっているから、協約解約後も労働者の同意なくして一方的に右内容を変更することは、事情変更の法理の適用をみる場合のほかは許されない」として、組合員らの請求（仮処分）を認めたのに対し、二審判決（大阪高判昭和五一・一一・一一）は、

「労働協約失効後の労働条件は、これと異なる労働条件の定めが設定されない限り、失効した労働協約の基準的効力により修正されていた状態の労働協約によるものと解するのが合理的であり当事者の意思にも合致するものと考えられる。従って本件に於て旧協定が失効しても、失効時に適用されていた労働条件によるべきも

のと言うことができる。」

としながら、旧協約の基準的効力の内容は、労使間に「従来の慣行に従って、タクシー料金の改定（値上げ）がなされた場合は、改めて協約上賃金に関する部分を改訂する」旨の合意があって、それが基準の内容に外ならなかったと解し、したがって旧協約所定の算定方式そのものは失効後の労働契約になっているわけではないから組合員らの請求には理由がない、として原判決を取り消した。一、二審はともに、実質的意味の余後効を肯定しつつも、旧協約により労働協約の内容となった「基準」の把え方について大きな差異を示しており、そのことは協約条項の解釈の難しさを示すとともに、当事者が協約締結に際し、後々紛争の種を残すことのないよう十分に明確にしておくことの必要性を教えている。

人事協議（または同意）条項が余後効を認められるかどうかについては、すでに述べたように、この条項が規範的効力をもつかどうかの判断がさらに加わることになるが、判例では、これを「規範的部分」に属すると解しながら、労働条件を具体的に規定した条項とはいえないという理由で否定に解したもの（日本セメント事件・東京地決昭和二五・一・三〇）、これを「経営参加条項」と解し、協約失効後も労働協約が存在するかぎりその効力を有するとして余後効により転勤同意条項に違反する転勤命令を無効としたもの（大光相互銀行事件・新潟地長岡支決昭和四三・二・二三）、同じく協約失効後も解雇同意約款に基づく解雇を無効としたもの（大東相互銀行事件・仙台高判昭和四七・六・二九）などに分かれている。

以上、協約の余後効ということについて学説、判例の考え方をひと通り概観してきたが、結論的にいえることは、労働協約に固有の余後効という法的効力が認められるかどうかの論議をも含めて余後効の理論なるものは、現実の紛争に何程の役に立つものでもないということである。それは、もともと労働協約と労働契約との相互の法的関係いかんをめぐる一般的論議の一側面に過ぎず、多分に立法の不備による解釈のための補充的理論にとどまる。労働協約も労働契約もともに基本的には両当事者間の合意の所産であるから、変動を伴うのは当然であり、その一時的中断に伴う紛争の解決は、両当事者の合理的意思を総合的に判断して均衡のとれた解釈を通じて行う外ないであろう。

四　労働協約終了後の労使関係

労働協約の条項の中で、組合員の待遇条件に直接関係しない労使間の関係に関する部分、例えば、平和義務や争議協定、組合活動の保障あるいは規制に関する協定については、協約の失効後は、余後効の問題は生じない。いずれも失効と同時に効力を失う。

ところで、労使間の協定によって（あるいはそれに類した慣行等によって）会社が組合に貸与していた組合事務所、掲示板その他の施設の利用、または組合費の天引徴収などのいわゆる便宜供与関係を使用者側が組合の争議行為等を理由に無条件に打ち切ることができるであろうか。通常は、協約の失効が協約改訂交渉の不調による一時的空白であることが多いから、使用者側が協約失効と同時にこれらをすべて打ち切りにすることは稀であるが、たまたま労使関係が極度に悪化した時期に当たると、対抗上、便宜供与を解消することがある。

理論上は、労働協約によって貸与関係を認めている便宜供与である以上、その解約によって使用者側にその義務がなくなることは当然であるが、この問題は、協約の存否とは別に、組合に与えていた便宜供与（組合運営に対する「経費援助」は法違反として認められない）を拒否することが組合に対する団結弱体化の「支配介入」とならないかどうかという不当労働行為の側面でとりあげられている。労働委員会命令には、それら便宜供与の打ち切りの背後の労使関係からみて使用者側に支配介入の意図があったと認められるケースについて貸与を継続すべき救済命令を発している例がある。例えば、三菱重工長崎造船所事件において、労働委員会命令（東京地労命昭和四八・八・二一、同中労委命昭和四九・一一・二〇）は、協約失効後の会社側の組合（全造船長崎造船分会）に対する掲示板の使用、電話利用、チェック・オフ等の便宜供与の打ち切りにつき、これを不当労働行為と認めて救済命令を発した。しかし、組合側がこれら便宜供与の継続利用権の確認を求めた民事訴訟では、裁判所（長崎地判昭和五四・三・二六）は、当事者双方が合意した存続期間の満了によって原告（組合）の便宜供与を受ける権利が自然消滅したのだから、そこに使用者の意思や行為が介入する余地はなく、信義則違反、権利の濫用を論ずる余地もない、としてこれを棄却している。

〔『新版　就業規則と労働協約』第二章Ⅵ、一九八一年〕

〔判例研究〕

1 団体交渉の委任の対象――姫路赤十字病院事件

〔神戸地裁昭和五六年二月九日民事四部判決、労民集三二巻一号四四頁、判例時報一〇一二号一二二頁、労働判例三六四号六九頁〕

一 事実

原告姫路赤十字病院（X）は、日本赤十字労働組合姫路支部（N）の組合員であるTを懲戒解雇した。Nは、この件につきXに団体交渉を申し入れたところ、Xは団交の場に出席はしたが、組合が総評、地区評に交渉を委任し、これらの役員が出席していることを理由として交渉に入ることを拒否した。Nは、これを不当労働行為として被告地労委（Y）に救済申立てをした。Yは、Xの団交拒否に正当な理由がなく、総評、地区評等の役員が交渉に参加していることを嫌悪して団交を忌避したものと認め、Xに対し、右役員らの参加する団体交渉に応ずることを命じた。Xはこれを不服として命令の取消を求める本件行政訴訟を提起し、労組法六条は団体に対して団体交渉を委任することを認めていない、として交渉拒否に正当性があると主張した。

なお、Nの委任状の宛名および内容は、以下の如くである。

労組法第六条にもとづき下記の団体交渉権をO（兵庫県総評事務局長）、Hほか五名（総評姫路）、K（兵庫県総評オルグ）の各氏に委任します。

記

交渉内容　一懲戒解雇の件、二協定書並びに確認書の件

昭和五二年五月一八日

日本赤十字労働組合姫路支部執行委員長K

二　判旨（請求棄却）

一　労働組合法第六条は、労働組合は団体交渉権限を第三者に委任することができる旨規定しているが、同条に規定の受任者は、その文言上、また同法及びその他の法令上、自然人に限定されているものということはできない。労働組合運動は、団体相互の協力体制を通常の運動形態とするものであって、この運動形態に鑑みると、労働組合がその交渉力を強化するため他の団体の支援を要請し、これにその交渉権限を委任することは、特段の事由がない限り、容認されなければならないから、同条に規定の受任者を、自然人だけに限定して、団体である法人を除外するのは相当でない。さらに、労働組合は、自らが交渉当事者となって、第三者たる個人を交渉担当者に加え、またはこれを交渉担当者とする場合だけでなく、団体交渉事項の如何によっては、自らが交渉当事者とならないで、第三者たる団体に団体交渉権を委譲し、その団体の代表者をして団体交渉の当事者とさせるのが適当である場合もあるから、同条に規定の受任者を単に個人だけに限定し、団体たる法人への委任を認めないことは、団体交渉権を認めた労働組合法の法意に反し、同条を不当に狭く解釈するものといわなければならない。同条に規定する受任者は、個人のほか、法人をも含むと解するのが相当である。

二　Xが本件交渉を拒否した真の理由は、総評を嫌悪し、県評あるいは地区評の役員が団体交渉に参加するこ

とを忌避したところにあることが明白である。したがって、Xは正当な理由がなく本件団体交渉を拒否したものといわなければならない。

三 本件救済命令は、N組合は団体交渉権限を個人に対してだけでなく、団体である県評あるいは地区評に対しても委任できると判断するとともに、受任者である県評あるいは地区評の代表者としての役員が団体交渉の場に出席する場合だけではなく、役員個人が出席する場合をも含めて救済する趣旨のもとに、その主文で、XはN組合の委任に基づき県評あるいは地区評の役員の参加する団体交渉に応じなければならない旨、Xに命じたことが明らかであるから、救済命令がN組合の申立の範囲を超えるとのXの主張は採用できない。

参考 地労委命令主文（昭和五三・二・一〇決定別冊中労時報九一三号五四頁）

1 被申立人は、申立人との間で、Tの解雇問題、並びに昭和三五年一〇月四日付人事委員会に関する件につき、申立人の委任に基づき、総評兵庫県地方評議会及び総評姫路地区評議会の役員の参加する、団体交渉に応じなければならない。

三 解説

一 本判決は、労働組合がその加入する上部団体に団体交渉を委任できるかどうかについて裁判所が法的判断を示した最初の事例である。労働委員会でもこの点は問題になったが、労委命令は、本件におけるXの団交拒否の実質的理由は、X上部団体の関与を嫌い、これを排除しようとした点にあると判断し、これを正当の理由なき団体交渉拒否の不当労働行為として団体役員の参加する団体交渉応諾を命じた。本件訴訟では、労働組合は団体交渉権限を「団体」に委任できるかどうかについて労組法第六条の解釈が争点となり、本判決の判断が示された。

二 判旨**一**は、労組法第六条にいう「労働組合の委任を受けた者」とは、自然人に限られるべきでなく、団体たる法人を含むとした。その理由として判旨は、組合運動における「団体相互の協力体制」の必要性を挙げ、労働組合として団体交渉権そのものを団体に「委譲」することを必要とする場合もありうるとした。

労働組合が（加盟）団体に団体交渉を委任できるかどうかについては、学説には積極・消極の両説がある（拙稿「上部団体の団体交渉権」現代労働法講座4六四頁参照）。消極説は、団体交渉の「当事者」と「交渉担当者」を峻別し、労組法六条の「交渉権限」の委任は個人のみで、団体への委任を否定する（石川吉右衛門・労働組合法一四一頁、同旨、本件評釈花見忠・判評二七七号五三頁、ただし結論として判旨賛成）。思うに、労組法六条は、①組合の代表者、および②組合の委任を受けた「者」が使用者と団体交渉を行いうる権限を定めたものであるが、②は団体交渉の交渉内容の困難性や特殊事情から交渉権限者の範囲を拡げて組合の委任した者に参加させる趣旨と解される。確かに、同条は、団体交渉権の保障を定めた七条二号にいう「雇用する労働者の代表者」と整合しないところがあるが、右の立法趣旨からすれば、六条の法的効果は、委任を受けた交渉権者についても七条二号の効果が及び、その者との交渉を使用者が正当な理由なく拒否すれば不当労働行為に当たると解されるとはいえ、労組法六条の規定から、労働組合が直ちに総評や県評といった上部団体に団体交渉そのものを委任できると解することは疑問である。そうなると、当該労使間の団体交渉事項との関係が薄れてしまうからである。上部団体は、あくまで、判旨のいう交渉当事者の「相互の協力体制」として交渉「参加」にとどまるべきであろう。同条が団体への委任を当然に認めているとの解釈には疑問がある。

実際には、労働組合が上部団体等に交渉権を委任する場合には、交渉当事者として代表役員を指定するのが例であるから、受任者が個人か団体かということは、通常、あまり問題にならない。本件でも、組合は、団体名を付記した役員宛の委任状により団体に委任し、交渉に参加させたものであって、団体に交渉を一任したわけではない。とすれば、判旨が、労組法六条の委任が団体を含むかどうかの説示は必ずしも必要なかったと思われる。かりに、労組法六条の委任が団体を含まないとの消極説に立つ場合にも、本件委任状に「労働組合の委任を受けた者」が明示されている以上、それが同条の要件を充たさないと断ずることはできないであろう。

私見では、労働組合は、その上部団体に団体交渉を委任するに際しては、その委任の手続として、単に団体を指定するだけでなく、当該交渉者としての代表者が至当である。そして、そのようになされた委任は、労組法六条に適合するものとして同七条二号の保護を受ける、と解すべきである。

三 本件の委任につき、手続上、Xが主張するような労組法六条に抵触するところがない「団体への委任」を理由に団交を拒否することは許されない。

四 判旨三は、本件救済命令が救済申立の範囲を超えたかどうかである。Xは、本件救済命令は県評および地区評の役員の参加する団体交渉に応ずべきことを命じているが、申立人が救済を求めたのは、「県評あるいは地区評に委任した」団体交渉をXが拒否したことにあるのに、役員の「参加する」団交に応ずることまで命じたのは不当と主張した。判旨は、救済命令は、Xが申立人の団体交渉を拒否した真の理由が、総評を嫌悪し、県評および地区評等の役員が団体交渉に参加することを忌避したことにあると判断したうえ、受任者である県評あるいは地区評の代表者としてその役員が団体交渉の場に出席する場合だけでなく、受任した役員個人が出席する場合をも含めて救済する趣旨のもとに救済を命じたものであるから、救済申立の趣旨との間に齟齬はないと説示している。本件における救済申立は県評および地区評との排他的交渉をXに求めたものでなく、上部団体の組織的支援の下で単組と団体の代表者との共同交渉を求めるものであったことは明らかであるから、Xの主張に理由はなく、救済命令に誤りはないというべきである。

五 なお、本判旨は全く触れていないが、本件取消訴訟における原告の訴訟当事者能力につき、参考までに付言する。本件は、地労委において日本赤十字社の経営する姫路赤十字病院を被申立人とし、日赤労組姫路支部が申立人となって救済を申し立てたものである。日本赤十字社は日赤法に基づく法人であり、各地に病院を経営するが、病院自体は独自の法人格を有しない。そこで従来、日赤関係の係争は、法人である日本赤十字社を被申立人または被告として争われてきた。本件においても、Xの当事者能力（被申立人資格）が争われたが、命令は、病院が独立採算制をとること、人事管理が病院長の専決に任されていることから「事実上ほぼ完全に自主、独立かつ統一的に管理運営される一つの社会的存在」として、たとえ「権利義務の終局的帰属主体が日本赤十字社であるとしても」同病院が被申立人としての能力を有すると認めた。

独立の法人の下部機関として法人格を有しない支所等を被申立人とすることについては肯定、否定両論がある（花見・前掲評釈参照）。日赤の経営する各病院の場合は、「独立の機関として公認されている」か、「これに準ずる程度に独立性が強く、その責任者が労務管理の面で固有の権限を有している」（塚本重頼・労働委員会五四頁）ので、肯定してよいと考える。

労働委員会で病院が被申立人と認められた場合にも、その取消訴訟において直ちに当事者適格を認められるかどうかは別問題である。別病院だが否定例（済生会中央病院事件・東京高判昭和五六・九・二八労判三七五号八三頁、評釈秋田・ジュリ七六三号一五三頁）がある。

〔ジュリスト昭和五六年度重要判例解説、一九八二年〕

2 楽団員の労働者性・放送会社の使用者性――ＣＢＣ管弦楽団事件

〔最高裁昭和五一年五月六日第一小法廷判決、民集三〇巻四号四三七頁〕

一 事 実

中部日本放送株式会社（ＣＢＣ）との間に「自由出演契約」を締結して演奏していた管弦楽団員および合唱団員の組織する労働組合（X_1、X_2）は、一時金につき、それぞれ会社に団体交渉を申し入れたが、ＣＢＣが雇用関係のないことを理由に拒否されたため、愛知地労委（Ｙ）に救済を申し立てた。地労委は、ＣＢＣは労組法七条にいう「使用者」に当たらないと認めて、申立を棄却した（昭和四一・二・一九命令集三四・三五集）。そこで、両組合はＹ相手に命令取消の行政訴訟を提起した。一審（名古屋地判昭和四六・一二・一七労民集二二巻六号一一九四頁）、二審（名古屋高判昭和四九・九・一八）ともに、ＣＢＣの使用者性、組合員らの労働者性を認め、労委命令を取り消した。労委はこれを不服として上告した。なお、二組合のうち、合唱団労組は二審の審理中に解散し、上告審における被上告人は、ＣＢＣ管弦楽団労働組合のみである。本件最高裁判決により地労委命令の取消が確定し、愛知地労委は、行訴法三三条及び労委規則四八条によりＣＢＣに団交応諾を命ずる救済命令を発している。

二　判旨（上告棄却）

本件放送会社と放送管弦楽団員との間に締結された放送出演契約において、楽団員が、会社以外の放送等に出演することが自由とされ、会社からの出演発注に応じなくても当然には契約違反等の責任を問われないとされているが、会社が必要とするときは一方的指定によって楽団員に出演を求めることができ、楽団員が原則としてこれに応ずべき義務を負い、また、楽団員の出演報酬が演奏自体の対価とみられるなどの事情があるときは、楽団員は、労働組合法の適用を受けるべき労働者に当たる。

三　評　釈

一　本件は、放送会社とその専属に近い楽団員という、通常の雇用と関係を異にする特殊な労働関係の下で、労組法上の「使用者」「労働者」の該当性が争われ、最高裁が肯定の判断を示したものである。

楽団員等の「労働者」性、会社の「使用者」性が認められた事例として広島放送局事件・広島地労委命令昭和三六・六・三〇命令集二四・二五集一四四頁、広島中央放送局事件・広島地判昭和四一・八・八労民集一七巻四号九二七頁、ラジオ中国事件・広島地判昭和四二・二・二一労民集一八巻一号八八頁がある。

判旨は、簡単で、原判決に所論の違法はないと支持しているが、楽団員が労組法上の「労働者」に当たるとする判断の根拠について説示している。

二　本件地労委命令は、楽・合唱団員と会社との関係が自由出演契約にあり、一年期限で、その都度試験を行い更改されていること、団員の出演は、団員の自由意思により諾否を決めることができ、他社への出演が自由で、発注のない時も常時待機する必要がなく、拘束時間はない。発注に応じた場合には、プロデューサーおよび指揮者の指図を受けるが、これは使用者の指揮とは性質を異にする。出演報酬のうち契約金（月額最高六四、五〇〇円、最低三四、五〇〇円）は実質上の出演料に当たり、保障固定給ではない。団員の身分上の扱いは、労働時間（就業時間）、賃金、退職事項、休職、賞罰、停年制、タイムカード、年次休暇、旅費等の点で一般職員と異なることを総合判断すれば、団員は「企業内の組織に組み入れられておらず、使用者の労働力に対する一般的指揮権に服するものとは認め難い」と認定している。

判旨は、楽団員は「優先契約時代と違って自由契約の下では、他所出演が全く自由となり、会社の発注に対する諾否も自由であるが、契約締結時の実際の経緯、契約当事者の契約内容に対する理解の仕方ないし出演の実態、及び従前の契約関係との対比等諸般の事情を総合して判断すると、「会社が一方的に決定した契約内容に基づいて、年間を通じ芸術的労働力の提供者として、会社が一方的に指定した日時、場所、番組内容に従い、制作担当者の指揮監督の下に、会社に芸術的労働力を提供し、その対価として一定の報酬を受けているものであり、その限りにおいて参加人に従属する労働者であると解するのが相当」とし、「実質的には経済的弱者として相手方による労働条件の一方的決定を甘受せざるを得ない状態にあると認められる場合は使用従属関係にある」と認めることができ、「労組法の保護を受ける労働者であるかどうかは、必ずしもその者が雇傭契約関係にあるかどうかによって定まるものではない」のであるから、団員と会社との間には、いわゆる労使の対抗関係が存するものというべく、原告労組は、団体交渉権の主体として、会社は右相手方としての労組法七条二号にいう使用者に当たる、と判示している。

三　労組法七条二号にいう「使用者が雇用する労働者」の「労働者」とは、同法三条に定める「職業の種類を問わず、賃金、給料その他これに準ずる収入によって生活する者」をいうが、同法にはとくに「賃金」の定義がないので、労基法一一条の「……名称の如何を問わず、労働の対償として使用者が労働者に支払うすべてのもの」という定義を援用する外はない。とすると、「労働者」かどうかは、彼が「労働の対償」として報酬を受けているかどうかが重要なファクターであるが、労委命令は、本件の「契約金」は「賃金」であることを否定した。一・二審判決は、「芸術的労働力の提供の対価」としての賃金性を認めている。最高裁判旨は「楽団員は、いわゆる有名芸術家とは異なり、演出についてなんら裁量を与えられていないのであるから、その出演報酬は、演奏によってもたらされる芸術的価値を評価したものというよりは、むしろ、演奏という労務の提供それ自体の対価とみるのが相当で、契約金は『最低保障給』たる性質を有する」といっている。

労組法七条二号の、「使用者が雇用する」の意味が問題である。「雇用する」を、雇用契約が存在する場合にのみ限定する考え方があるが、実態論からすれば狭きに失するというので、「使用者」「労働者」の各概念を拡張して「雇用する労働者」の幅を拡げ、両者の間にいわゆる「使用従属関係」があると認められる限り、法にいう「雇用する」と認めるべきだとする考え方が有力になってきた。本件の労委命令および下級審判決もこの考え方に立つ。しかし、「使用従属関係」とは、それ自体が抽象的な概念であるから、実際には「使用従属関係」を認めるためのさらなる具体的基準を示すことが必要である。本件最高裁判旨が用心深くこの用語を避けているのは相当である。

使用従属関係の具体的指標である「拘束性」について、労委命令と裁判所の見解が全く対立した。労委は、自由出演契約を以前の優先出演契約と対置させ、団員の発注に対する応諾の可否、時間の拘束性および指揮監督の有無等の事情を総合して消極に解したのに対し、下級審は、自由出演契約下でも、専属契約関係が「同質的に」存続していること、団員が、労働条件の決定につき「経済的弱者」としてこれを一方的に甘受せざるを得ない状態にあること、を理由とした。これに対し、下級審は、本件の自由出演契約が、雇用契約ないし専属契約的性格を多分に保有していることは否定できないとしても、それは、判決がいうように、契約条件が一方の契約当事者の経済的弱者たることのゆえに附従契約化せざるを得ないことに起因するものではない。逆にいえば、たとえいかなる「自由」出演契約の下にあっても、出演契約条件は、出演機会の需給状況に応じて結果的に「一方的」にならざるを得ないのであるから、本件の自由出演契約下における契約者の地位の拘束性の判断につき、ことさら契約内容の点から契約当事者の一般的な経済的弱者性というような概念を持ち込むことは妥当ではない。

最高裁は、本件自由出演契約の下における楽団員の拘束性を、会社組織への「組み入れ」、出演義務の強度、会社の指揮命令権の観点から積極に解し、これと前記の出演報酬の賃金対価性の評価と合わせて、楽団員が労組法上の「労働者」にあたる、とする判断を、下級審の認定の原則的支持という形をとりつつも、なお、自らの見解として示したものである。

判旨が、会社組織への「組み入れ」という概念を持ち出したのは、「団員は企業内の組織に組み入れられておらない」とする地労委命令の判断を斥けたという意味のほかに、学説上のいわゆる編入説の考え方を取り込れたものと思われる。筆者としては、組み入れという考え方は、「使用従属関係」概念に比べ、識別基準として、より明確だと思う。

次に、判旨が取り上げている、会社の発注に対する楽団員の出演の「義務」という点は、必ずしも不可欠の基準とはいえない。問題は、むしろ、楽団員が会社発注の出演以外の自己の持ち時間を自由に使用しうるかどうかにかかっており、もし、それが全くフリーということであれば、会社による「拘束性」はきわめて稀薄だと見ざるを得ない。また、たてまえは自由に使用できることになっていても、実質上、拘束されていたり、そうでなくても、拘束による経済的不利益に対して会社が保障給でカバーしている場合には、「拘束」があるとみるのが自然である。楽団員の現実の会社出演時間が少なくても、拘束はあり得るとしている。

使用者―労働者関係（あるいは労使関係）の認定基準として、会社の指揮、監督が問題となる。芸能労働者の場合には、一般の労働者と違い、「指揮命令」の内容が検討されなければならない。一審判旨は、楽団員は「会社が一方的に指定した日時、場所、番組内容に従い、制作担当者の指揮監督の下に」芸術的労働力を提供していると説示している。しかし、楽団員が会社の指定した日時、番組に従って演奏するのは、その仕事の性質によるものであって、契約の差異によるのではない。

最高裁判旨は、楽団員が会社の発注に原則として応ずる義務がある以上、会社に「楽団員の演奏労働力の処分につき、指揮命令の権能がある」とする。この「指揮命令」とは、通常の雇用関係の下で労使間に存在する拘束を示していることは明らかであるが、私見では、楽団員の演奏という仕事は、会社の「指揮命令」の対象とはならず、したがって、その「拘束性」の判断は、その仕事に必要とされる所与の時間数に照らして、はかる外はないと考える。なお、判旨は、楽団員が、「いわゆる有名芸術家とは異なり、演出についてなんら裁量を与えられていない」し、「演奏によってもたらされる芸術的価値よりは、むしろ演奏という労務の提供それ自体を評価される」と説示するが、これは「芸術家」をもって自認する楽団員にとっては甚だ心を傷つけられる説示ではないか。蛇足ながら芸術家のために一言しておきたい。

本件は、労組法にいう労働者の認定をめぐって労委と裁判所の判断が全く対立したところからもうかがえるように、実態的には甚だ微妙なケースである。最高裁判旨は、本件楽団員の「自由出演契約」が、以前の、雇用契約的性格の強い専属出演契約の性格を多分に残し、会社の中に組み入れられている事実に重点を置いて、原審の判断を支持したものであり、実態が認定の通りであれば、その結論に賛成である。

本件のようなケースでは、契約形式の詮索よりも、楽団員や合唱団が労働組合を結成して、団体交渉により労働条件の改善を図ろうとした事実の方に重点を置き、使用者に団体交渉の窓口を開かせるにつき、支障があるかどうかという観点から問題が取り扱わるべきであると考える。この点、労委命令の見解は、自由出演契約の「自由性」に捉われるあまり、救済申立機関としての委員会の窓口を狭くしすぎた感があり、また裁判所の判決も、労委側の裁量権の適否判断という行政訴訟の主旨から離れて、徒らに契約論に立ち入りすぎているように思われる。最高裁判旨を含めて、団体交渉の必要性という点についての積極的説示が見られないのは、一考を要すると思う。

本件は、不当労働行為事件における最近の動向である使用者概念の「拡張」の一事例であるが、理論的には、新しい理論が示されているわけではなく、事例判断に過ぎない。射程距離も大きくない。しかし、放送会社所属の演奏団が合理化によって切り捨てられる傾向が強い今日、参考例として、それなりの意義を持つといえるであろう。

〔ジュリスト六五二号、一九七七年〕

3　賃金協定としての八〇パーセント条項の効力
――日本シェーリング事件

〔大阪地裁昭和五六年三月三〇日判決、労働判例三六一号一八頁〕

一　事　実

被告Yは、医薬品の輸入、製造、販売を業とする会社で、従業員数は約八〇〇名である。Yには、本件原告Xらの所属する総評化学同盟日本シェーリング労働組合（以下日シ労組という）の外、全日本シェーリング労働組合（以下全日シ労組という）、「職場と生活を守る会」の二組織がある。Yは、昭和四〇年以降、業績が悪化し、同四九年には赤字経営となったため従業員の稼働率を高める必要があるとして、昭和五一年における組合との賃上げ交渉に際し、前年度の稼動日数（約二七〇日）中の所定労働時間から不就労時間を控除した時間を所定労働時間で除した稼働率が八〇パーセント（約五四日）以下の者（および正規社員外の者）については賃金引上げ対象者から除外する旨の規定（本件八〇パーセント条項）、および、新賃金は、妥結した月から適用する旨の規定（妥結月払条項）を挿入するよう提案した。同五一年五月八日全日シ労組はこれを容れて協定が成立したが、日シ労組は同条項に反撥し、同年八月六日に至ってようやく協定が成立した。以後、五四年まで、毎年、同旨の賃上げ協定が両組合との間に締結され、五一、五二年度は妥結が遅れた日シ労組員については妥結月から引上げが行われた。

右各年協定の八〇パーセント条項は、適用上、稼働率の算定の基礎となる不就労時間に、欠勤、遅刻、早退によるものの外、年次有給休暇、生理休暇、慶弔休暇、産前産後の休暇、育児時間、労働災害による休業、労働災害の治療のための通院、組合活動、団体交渉、ストライキによる不就労が含まれるものとされた。そして、日シ労組員であるXら二四名（ほとんど女性）は、昭和五一年から五四年までのいずれかの年度において稼働率が八〇パーセント以下であったことを理由に、次年度の賃金引上げの対象者から除外されたので、右協定の八〇パーセント条項および妥結月払条項を違法、無効と主張し、右条項の適用がなければ受くべきはずの賃上げ相当額、これに対応する一時金および退職金（六名の退職者につき）差額相当額、右措置による精神的苦痛に対する慰謝料ならびに訴訟弁護士費用を請求した（仮執行付き）。

なお、日シ労組は、他の問題とともに、昭和五一・五二年度の右八〇パーセントおよび妥結月払条項の導入を不当労働行為として大阪地労委に救済申立をしていたが、地労委は、本判決に先立ち、これを不当労働行為と認めてYに対しその撤回と賃金の回復措置を命ずる救済命令を発している（昭和五五・六・六労判三四七号六六頁）。

二 判旨

一部認容

一 年次有給休暇、生理休暇、産前産後の休暇及び育児時間を取得すること、労働災害による休業及び通院をすること、ストライキ、団体交渉等をすることは、強行法規である労基法その他の法律等によって保障された権利であるから、労働者が使用者との契約により、右各権利を行使したことを理由に、賃金引上げその他において不利益な取扱いを受けることを内容とする本条項（八〇パーセント条項）は、前記立法の各規定に違反して無効である。右各権利を有する個々の労働者ではなく、その労働者の所属する労働組合が、個々の労働者の意思とは関係なく右不利益な取扱いを受けることを認める趣旨の協定を締結することは許されず、締結しても労基法等の各規定に違反して無効である。

二　本件八〇パーセント条項が無効なために、賃金引上げを含むその他の本件各協定の全部が無効であると解するのは著しく不合理であるから、（妥結月払条項を除く）その余の条項はすべて有効と解するのが相当である。

三　賃金引上げの実施時期を交渉妥結の日からとする旨の条項は、賃金引上げの実施時期が最終的には労使の合意によって決定されるべきものであるところからすれば、これを直ちに違法とすることはできない。しかしながら、右要求や回答の一部に強行法規違反のものがあり、相手方がその受諾をしなければ賃金引上げ交渉は妥結させないとの態度を堅持しながら、賃金引上げの実施時期を妥結の月からとすることは、右強行法規秩序を乱すことにもなりかねないし、また、公平ないし信義則にも反することになるから違法たるを免れない。また、日シ労組が本件八〇パーセント条項および妥結月払条項を受諾するに至るまでのYの団体交渉態度は、使用者としての誠実な団体交渉を怠り、ひいては組合運営に対する支配介入ともなるから昭和五一年度および同五二年度の本件各協定中の妥結月払条項は、この点でも無効というべきである。

三　評　釈

判旨に疑問

一　本件「八〇パーセント条項」は、賃上げの最低基準を稼働率（出勤率）八〇パーセント以上の正規従業員に限定するというものであるが、出勤率算定の目安となる「不就労」時間に、欠勤、遅刻、早退など、その不就労についての責任が一応、本人に帰属する事由の外に、労基法上、権利として認められた諸休暇、労災事故による休業・通院および、ストライキ、団体交渉その他の組合活動など、それによって生じた労務の不提供につき適法性ないし免責が認められる種類のものまで一率に含まれていること、そして、この条項を含む協定が多数派組合およびXらの所属組合の承諾を経て締結されたものである点に特異性をもつ。

Xは、この条項および妥結月払条項は、Xの組合が賃上げ協定を呑むためにやむを得ず認めたものであるが、強行法規に違反するものであるからいずれも無効と主張、Yは、右法規に基づく権利の保障と賃上げの欠格条件とは別問題で、経営難打開の方策として組合も同意した以上、協定は有効と反論する。ところで、Xは、本訴において、Yがこのような条項の「導入」を図ったことそれ自体が不当労働行為を構成するもので無効と主張し、また、労委事件において大阪地労委はこの主張を容れて不当労働行為と認めているが、本判決は、この論点については何も言及するところがない。これは、労使協定の効力を不当労働行為法における使用者の動機の側面のみから判断することの問題性にかんがみ、あえて判断を避けたものであろう。労働委員会と裁判所の扱い方の差異ともいえる（岸井貞男・昭和五六年度重要判例解説二二二頁参照）。

二 判旨一は、右のYの意図の問題は別として、本件八〇パーセント条項（厳密には、「稼働率八〇パーセント」の算定基準である「不就労時間」の解釈条項）の内容を個々に判断したのち、結論として「本件各協定中、稼働率八〇パーセント以下の者を賃金引上げ対象者から除く旨」の条項は、全面的に違法であり、従って、私法的には無効と断ずる。

ところで、本件協定の八〇パーセント条項を構成する「不就労時間」には、適用上、大別して⑴欠勤、遅刻、早退によるもの、⑵労基法上認められた権利行使の結果、生じたもの、⑶労基法に定めはないが、労使の合意で認められた休暇（慶弔休暇など）の行使によるもの、⑷組合活動により生じたものの四つが含まれる。従って、同条項が、それ自体、全体として無効と判断するためには、右⑴⑵⑶⑷のすべての側面について違法だという判断が示されねばならないはずである。ところが、判旨が立ち入った判断をしているのは、⑵と⑷であり、⑴と⑶

には触れていない。⑴については、判決は、恐らく適法性に問題がないとみているのであろう。⑶は、強行法規には関係がないが、本件の八〇パーセント条項のような扱いが許されるかどうか、労働契約上、一つの問題である。判決がとりあげなかったのは、あるいはXらの中には適用者がいなかった故かもしれない。

⑵の中には、年次休暇のように有給の休暇と生理・産前産後休暇、育児時間のように法律上有給が義務づけられていないもの、労災休業・通院のように使用者補償責任が前提となっているもの、の各種が含まれているが、判旨は、そのすべてについて、結論として八〇パーセント条項扱いを強行法規違反としている。

⑷についての判旨の扱いは、やや微妙で、「組合活動」による不就労のうち、ストライキおよび団体交渉によるものについては、八〇パーセント扱いは、不利益取扱いの不当労働行為に該当するものとして認められないが、それ以外の日常の組合活動については、①使用者の承認を得た場合、②労働者が雇傭契約の義務の履行としてなすべき身体的精神的活動と何ら矛盾なく両立し、業務に支障を及ぼすおそれのない場合、③その他緊急の必要性がある場合を除けば、八〇パーセント条項の適用は何ら違法ではない、という。

以上のところからみると、本件八〇パーセント条項には、その運営上、必ずしも違法とみられない部分も含まれているにもかかわらず、判旨が本件八〇パーセント条項を結論として全面的に無効と判断しているのは理解に苦しむところである。あるいは、八〇パーセント条項の主要部分の違法性の強さの故に、有効な部分も含めて全体を違法と評価したのかもしれない。しかし、そうだとすれば、後述の、判旨の協定一部無効論と平仄が合わないことになる。

一般に、労使間の協定または契約の中に、強行法規に違反するが故に無効とみなされる条項が含まれることは少なくない。この場合、協定そのものが全面的に違法・無効であることが自明であれば問題はないが、部分的ないし適用上問題がある場合の法的処理としては、適用無効説、つまり、当該条項が適用される労働者について属人的に有効・無効の判断をすることで足りると考えられる。

本件の場合、原告Xらが、ある年度において稼働率八〇パーセントを割ったことは明らかであるが、その「不就労時間」が、Yにより右にあげた類型のどれに該当するものとしてなされたのか全く明らかでない。判旨は、八〇パーセント条項の抽象的違法性の論断を急ぐあまり、適法、違法の両側面をもつ本条項の個々の原告に対する適用状況の認定を疎略に扱ったきらいがある。仮に、原告らのうち、ある年度の不就労時間がその適法性に問題のない欠勤あるいは判旨のいう日常の一般的組合活動によって生じた者があるとすれば、その者については「八〇パーセント条項が違法、無効」という判旨の適用を受けるに由ないことになるわけであり、その点についての厳密な検証をすることなく、一率に八〇パーセント条項を違法・無効と判断した判旨の取扱いは疑問である。

三 労基法上認められた休暇権の行使または労災による休業等のために生じた不就労につき、使用者が、これを後刻の勤務評定（皆勤手当の対象、一時金、賞与、昇給、昇格等の査定）において欠勤と同様に扱いマイナス評価を加え、賃金算定上不利益な措置をとることが許されるかどうかは、労働者側の権利の保障の及ぶ範囲いかんの問題として論議を呼ぶところである。判例上、年次休暇、生理休暇については先例があるが、見解が分かれている（例えば、年休について大瀬工業事件・横浜地判昭和五一・三・四労判二四六号三〇頁は否定、生理休暇についてNBC工業事件・東京地八王子支判昭和四九・五・二七労判二〇三号五四頁、同控訴審・東京高判昭和五五・三・一九労判三三八号一三頁は肯定）。

休暇については、理論上、年次休暇のように有給の場合と有給とするかどうかが労働契約に任されている場合とで差異が生ずるという考え方も成り立つが、判旨一は、年次休暇、生理休暇については、これをとったことを賃金引上げのうえで不利益扱いの理由とすることは、当該休暇をとることを抑制させることになるという理由により、産前産後の休暇および育児時間については、それぞれ労基法六五条・六六条の趣旨から（判旨は、「憲法一八条によりその期間に強制的に就労させることができない」という意味不明の理由を付加しているが）、これをとったことを理由に賃金引上げ等において不利益な取扱いをすることが禁止されているとの解釈により一率に否定説をとっている。産前産後の休暇および育児時間は、その取得がほとんど不可避で年次休暇や生理休暇と違って出勤率低下による不利益を回避するための「抑制」の余地がないところから、労基法の立法趣旨に違法性の根拠を求めたのであろうが、その使い分けの論理にはやや無理が感じられる。

もともと、労基法は、これらの諸休暇を労働者に必要に応じてとらせること、逆にいえば使用者にその付与を義務づけることを目的としており、使用者によるその不履行（不付与）以外の措置については処罰の対象としていない。しかし、これらの休暇の付与と賃金の査定とは、労働契約上、相関性をもつから、労基法上の権利または労使間の約定による休暇が一旦使用者によって承認されながら、それを行使することによる不就労時間を出勤率算定の対象に含ませマイナス査定を加えることは、これらの休暇を完全な意味において付与したことにならないとみるべきである。それは、労基法上の休暇の「不付与」とはいえないが、それらの休暇を付与すべき労働契約上の義務に信義則の点で違反すると考えられる。「休暇は与えるがマイナス査定の対象とされる」ことが労使間の合意（協約・協定の形をとっていても）になっていたとしても、それは公序良俗に違反して法的効力を有しないと解される。以上の理は、労基法上義務づけられた休暇に限らず、労使間の約定によるそれにおいても原則的に変りがないと考えるべきであろう。

労働災害による休業および通院時間については、判旨は、労働災害の特質に照らし、また労基法七五条、七六条、七七条、一九条、三九条五項の規定の趣旨により、たとえその間の賃金が全額支払われている場合にも、それによる不就労を理由に賃金引上げ等において差別することは許されない、としている。労災事故による休業や施療のための不就労は、その範囲や手続等の具体的取扱いについて労使間の取りきめが必要とはいえ、一旦、使用者側が認めた時間は、もっぱら使用者側の補償責任として付与したものであるから、これを労働者側に責任のある不就労時間と一緒にしてマイナス査定の対象とすることは許されない。その時間は就労していたものとして扱うべきである。「不就労」の意味が「休暇」の場合とやや違うが、労働者側に責任がないという理由で不利益査定の対象となしえない点では結果として同じことになる。

四 判旨は、本件八〇パーセント条項を構成するストライキ・団体交渉その他の組合活動による不就労についても、これを賃上げの際の不利益算定の対象とすることを原則として認めず、従ってこのような取扱いが含まれている本件八〇パーセント条項を違法、無効とする。ストライキおよび団体交渉は不就労と「表裏一体の」必然的関係にあるから、これを理由とする不利益な取扱いは不当労働行為になるとの考え方によるものである。ただし、前記のように、日常の勤務時間中の組合活動については、使用者の承認を得た場合等例外的な場合を除き、本件八〇パーセント条項の不就労時間に算入することは違法でないとする。

本件八〇パーセント条項の下では、ストライキや団体交渉に要した「時間的長さ」が、何人の、またどのような計算により労働者個人の稼働率に算入されるのか実情は分からないが（判決は事実認定すべきである）、どのような形にせよ、正当な組合活動をしたことを理由として不利益な取扱いをすることは不当労働行為を構成すると考えるべきである。もっとも、この点で従来の判例の見解は分かれている（例えば西日本重機事件・福岡地判昭和五三・五・一六労判二九八号一九頁は一時金の算定においてストによる不就労を欠勤扱いとしたことを不当労働行為と認めているが、岩手医科大学事件・盛岡地判昭和五二・一〇・二七労判二八六号八三頁は勤勉手当の期間率の計算につきストライキを不就労時期とすることを正当と認めている）。団体交渉では、通例、勤務時間中の団交を有給としているところが多く、この慣行の下でさらにこれを不就労時間として昇給、一時金等につき不利益に扱った紛争事例は見当たらない。

判旨が適用外とするその他の日常組合活動についても「労務の不提供それ自体によって発生する労働契約上の不利益を越えて加重された不利益を課すこと」は不当労働行為となるとして判旨を疑問とする見解（前掲岸井二二二頁）もあるが、使用者の承認等によらない勤務時間中の組合活動は原則的に「正当な」組合活動とはなりえないのであるから、加重された不利益が個々に不当労働行為に問われるかどうかは別として、八〇パーセント条項として違法といえないとする判旨はその限りで正当と考えるべきである。

以上、要約すれば、本件八〇パーセント条項は、強行法規により保障された労働者の権利を実質的に侵害する部分は公序良俗に反するが故に、その適用としてなされた不利益措置は無効であり、判旨は、結論として支持すべきものと思われる。

五 判旨は、本件八〇パーセント条項の労働協約としての効力または日シ労組の「追認」との関係について、強行法規や公序良俗に違反して無効な八〇パーセント条項は、追認によって有効となるものではなく、追認があったとしても日シ労組と法的人格を異にするXらが、本訴において、もともと無効な右条項の無効を改めて主張することは禁反言に反するものではない、としてYの主張を却けている。

労働協約の規範的拘束力も、強行法規に違反する条項を適法ならしめるような効力をもちえないことは、ほぼ通説といってよい。判旨のように、労働組合とその組合員は「法的人格を異にする」が故に組合のなした追認が組合員を拘束しないと解する必要はない。かかる場合には「禁反言」の原則は最初から妥当しないのである。

六 判旨二は、本件八〇パーセント条項が無効であれば、それは本件賃上げ協定の基本的部分として、停止条件を形成しているから、本件協定全部が無効となるはずで、そうなればXらは何らの賃上げ請求権を有しないことになる、とのY側の主張を却けたものである。

判旨は、八〇パーセント条項は協定条項の一つに過ぎず、停止条件とは認め難いこと、Xは、八〇パーセント条項を有効なものと考えて本協定を締結したが、日シ労組は必ずしもこれを有効と考えていなかったと認められること、契約の要素に錯誤があるとしても、使用者に、契約全部の無効の主張を許すことは、強行法規によって経済的弱者を保護しようとした法の趣旨に反して許されないこと、など諸般の事情を考慮して、そう判断している。本件八〇パーセント条項を直接、強行法規に違反して違法とみる判旨の立場からして、その違法部分のみを無効として排除し、救済の実を挙げようとする一部ないし相対的無効論は政策的には首肯しうるものをもっている。

たしかに、判旨がいうように、本協定の文言からは、八〇パーセント条項が有効であることを条件として本件各協定が締結されたこと、あるいは同条項が無効であれば各協定も効力を生じない趣旨であることを表した部分はない（そのようなことを予測して労使間に協定が締結されることはほとんどないであろう）。しかし、Y側は経営建直しのため賃上げと稼働率の向上を組み合わせることを本協定に期待しており、その方法に労働常識を逸した面があるとはいえ、八〇パーセント条項の本協定に占める位置は少なくともY側にとっては決定的に大きい。従って労使間協定であるところの本協定の「一部無効」という法的操作を「経済的弱者」たる労働側の有利性の立場からのみ行うことは衡平の原則上問題がある。また八〇パーセント条項の違法部分を理由として、有効部分も含めて同条項をすべて無効と断ずる前記の判旨部分とも適合しない。すでに二で述べたように、八〇パーセント条項の違法部分が原告らに適用される限りにおいて無効とする適用無効説を採れば、判旨のように、論理的にやや無理な一部無効説に依らなくて済んだと思われる。なお、判旨のとる一部無効説は、八〇パーセント条項のみならず、妥結月払条項の効果についても貫かれている（すなわち他の協定を無効としない）と思われるが、判旨は何も触れていない。

七 判旨三は、本協定中、賃金引上げの実施時期を定めた「妥結月払条項」の効力に関する判断を示したものである。判旨は、昭和五一・五二年度のそれにつき、かかる条項も労使の合意の問題として原則的に自由であるが、（使用者側の）「要求や回答の一部に強行法規違反のものがあり」、（使用者側が）「相手方がその受諾をしなければ賃金引上げ交渉は妥結させないとの態度を堅持しながら」締結した場合は「右強行法規秩序を乱すことにもなりかねない」し、また「当事者双方の公平ないし信義則にも反する」から違法とし、加えて本条項の締結（日シ労組の受諾）に至るまでのYの不誠実な団体交渉態度が組合運営に対する支配介入として不当労働行為になることをも理由に挙げて無効と結論する。

判旨の右の論理は、簡に過ぎてフォローすることが容易ではないが、要約すれば、本条項を私法的側面と不当労働行為の両側面から観察し、前者の面では受諾を強いられた本条項が使用者の強要により二者択一を迫られた日シ労組の意に反して締結された点において違法性をもつこと、後者の側面では、協定成立の過程において、二者択一を迫る使用者側の態度が実質上、「団交拒否」と「支配介入」を犯すものと認められ、従って、結果として締結された本条項も、不当労働行為の所産として無効になる、というにある。しかしながら、その結論はともかく、判旨の論理構成は、いずれの面でも杜撰に過ぎる。確かに、本件八〇パーセント条項の大部分は、違法で無効とみられるが、それはあくまで同条項の内容の問題であり、妥結時期の問題ではない。また、日シ労組の交渉力が全日シ労組に比して弱体であったことは明らかな事実であるが、それにもかかわらず多数派組合に同調せず、自主的に協定締結に至ったのであるから（八〇パーセント条項違法部分は別として）、妥結月払の条項までが「強行法規秩序を乱す」ことになるとは思われない。妥結が遅れたことが何故「当事者双方の公平ないし信義則に反して」「違法となる」のか、判旨には何の説示もない。取引または交渉の私法的側面における威圧の問題は、強迫という動機の不法が当該合意を無効ならしめるかどうかに尽きるわけであり、その存否により合意の締結時期が左右されることにはならないのである。判旨がそこで持ち出している「公平」の原則は、不当労働行為の領域においてのみ問題となることである。

その不当労働行為の側面についての判旨の判断であるが、Yの団体交渉態度が力にまかせた威圧的なものであったとしても、すでに団体交渉が行われ、協定が成立した以上、法的には「団交拒否」は問題にならず、また、たとえ妥結の結果が組合にとって不利であったとしても、それだけで組合運営に対する支配介入になるとみることはできない。「妥結月払条項」の強要が不当労働行為となるのは、併存する複数組合があって一方の組合に対して同一内容の協定につき使用者がことさらに適用日について差別をする場合に理由なき差別行為として成立するのである。本件では、八〇パーセント条項が違法、無効となるのは日シ労組の賃上げ協定についてだけであり、全日シ労組の同協定は争いがない以上、少なくとも労使間ではそのまま適用されることになるので、奇妙な結果ではあるが、両組合間の協定は同一内容とはいえない。従って、日シ労組についてだけ八〇パーセント条項および妥結月払条項を無効とすれば、両組合間に逆差別の現象を生ずることになる。八〇パーセント条項をなかなか呑もうとしない日シ労組に対してYの嫌悪意思があったことは本件の状況上、否定できない事実であるが、日シ労組との協定妥結が全日シ労組より遅れたこと、そして賃上げ実施を全日シ労組とのそれと同一日に遡及させないことがたとえ不当労働行為となるとしても、そう認定するには、それに足る理由が示されねばならない。判旨は併存組合間の差別性の問題には全く触れておらず、「妥結月払い」が何故、支配介入の不当労働行為として無効となるかを説明していない。これは、判旨が、労使間協定の私法的効力と不当労働行為の法理を安易に短絡させた結果と思われる。

〔ジュリスト七八〇号、一九八二年〕

第三部　争議行為・組合活動の法理

〈解　題〉

山川隆一

団体行動、すなわち争議行為及び組合活動の分野においては、秋田教授が発表された論文は必ずしも多くはない。しかしながら、この分野の問題は、次項においてとりあげる不当労働行為法の分野において検討の対象とされていることも少なくなく、また、労使関係における損害賠償をめぐる問題に関する業績についても次項でとりあげるので、ここでは、団体行動そのものを取り扱った論稿のみを解題の対象とする。

まず、「山猫ストの法理」（一九七五年）（本書第三部**1**）は、表題のとおり、いわゆる山猫ストについて検討したものである。本論文は、まず、「組合員の一部が組合による公認（決議・指令等）を経ずに実行した争議行為」と広範に定義したうえで、その形態を、⑴純粋山猫スト、⑵職場独行型山猫スト、⑶組合関与型山猫ストに分類する。次いで、山猫ストが発生するメカニズムや比較法的に見た山猫ストの法的取扱いを概観したうえで、わが国における判例・学説を検討し、秋田教授自身の見解を提示している。

こうした山猫ストの正当性に関して、本論文は、労働組合が組合員の一部の組織的行動につき何らかの形で支持を与え、または関与している場合には、組合が責任を負い、当該行動を行った組合員が使用者から損害賠償責任を問われることはないという意味での免責を受けるとの見解を提示する（組合責任負担説との呼称が用いられる）。他方、このように組合の支持や関与がないままで職場組織が単独でストを行ったような場合には、使用者が職場組織を交渉相手として承認していたなどの事情がない限り、当該行動を行った組合員自身が責任を負うとしている。

こうした本論文の見解の基礎にあるのは、通説とされる合法説に対する、本来は組合自身が主体となって行うべき団体交渉や争議行為につき、組合の関与のないまま実施された山猫ストにも正当性が与えられるとする根拠が十分でないとの批判である。こうした批判は、とりわけ、団結権・団体交渉権・団体行動権という三つの労働基本権の相互関係につき団体交渉権を中核とする考え方からは、正鵠を射たものと位置づけられるであろう。

もっとも、本論文の提示した見解については、組合が組合員の何らかの形で支持を与え、または関与している以上、その他の点で正当性のある争議行為であれば、組合員の一部が実施したとしても正当な争議行為であり、組合が責任を負うこともないのではないか、他方で、組合自身が責任を負う争議行為であれば、組合員個人が責任を負わないとしても、正当な争議行為とはいえないのではないかとの指摘も考えられないではない（この点は「正当性」という概念をどのような意味で用いるかの問題であり、秋田教授は、以上の点も重々承知したうえで、上記のように「正当性」という概念を組合員個人の免責要件ととらえているのかもしれないが）。

次に、「順法闘争の論理と法理」（一九七五年）（本書第三部**2**）は、主として昭和四〇年代に盛んであったいわゆる順法闘争について検討を行ったものである。本論文は、順法闘争と言われる争議行為を、「請求権行使型」、「超過労働拒否型」、「規則順守―怠業型」に類型化したうえ、それぞれの法的問題を整理する。

そのうえで、本論文は、最後の「規則順守―怠業型」に焦点を当てて詳細な検討を行い、このように企業における安全規則など業務運営上の規則を厳格に解釈する争議行為については、一企業の運営規則の解釈は、一応、日常の慣行的運営に基づいて適法の推定がなされるとの見解をもとに、当該順法闘争の目的が、真に当該上の規定の狙いとする安全の確保等に向けられているのではなく、規則をことさらに厳格に解して業務を阻害することを目的とする争議行為（怠業）と評価されると説く。

その後の学説においては、組合員が、当該順法闘争につき問題となっている法規等が客観的に要求する程度や内容を超える態様により業務を遂行することは、怠業類似の争議行為に当たる（正当性についても怠業と同様に判断される）という見解が有力になっており(1)、本論文はこうした見解に先鞭をつけたものと位置づけることができそうである。

以上のような秋田教授の団体行動に関する論稿の特色は、比較法的な視点を取り入れていることに加えて、問題となっている行動を類型化するなどして、当該論点において法的に検討すべきことは何かを正確にとらえる態度がとられていることである。こうした特色は、他の分野においてもみられるところであるが（組合の内部問題につき、具体的な紛争類型を整理したうえで検討を加える点など）、団体行動の場合は、「山猫スト」や「順法闘争」のように、日常的に用いられる用語の法的な輪郭が必ずしも明確化されていないことが少なくないため、上記特色は特に際立っているように見受けられる。

（1）　東京大学労働法研究会『注釈労働組合法（上）』五三〇頁（有斐閣、一九八〇年）、菅野和夫『労働法（第九版）』六三五頁（二〇一〇年）など。

1　山猫ストの法理

はじめに

労働法史の教えるところによれば、ストライキ権の法理は、一人の労働者がやった場合に特に違法とされない行為（就労拒否）が、集団（組合）でやれば何故違法とされるのか、という疑問に対する解明に始まった。そして今日では多くの国でストライキ権が確立された。ところが今や、疑問は逆の形で提起される。集団（組合）でやれば合法なストライキが個人（またはその集団）でやれば何故違法となるのかと。

ストライキが合法化され、しかもその範囲が益々拡大されるのに対応して、皮肉にも、組合による正規のストは減少し、代わって山猫ストが相対的に安定化した労使関係の唯一のガンとされているのが西欧諸国（イギリス、西ドイツ、フランス、イタリア、スウェーデン等）の一般的風潮である。わが国では、第二次大戦直後の全逓労組の地域闘争が「山猫スト」というキャッチフレーズをもってにわかにクローズ・アップしたのが記憶に残っているが、その後は散発的に現われたにすぎず、それも大した社会的関心をひくこともなかった。しかし昨四四年末、同僚運転士の踏切事故による殉職を契機として起った数日にわたる東武鉄道組合員による安全運転事件が「山猫スト」として世の関心をひいた。一方、一評論誌は七〇年に反戦委労働者の少数グループによる工場占拠型山猫ストの続発を予言している。ここでは、主として、わが国における山猫ストの法理上の問題をその合法または違法とされる意味を中心に検討してみようと思う。

一　山猫ストの意味

「山猫ストライキ」（wildcat strike, Wilde Streik）という言葉の語源については今これをつまびらかにしえない。ストライキそのものは合法と認められている国家にあって組合による正規のストライキに対応する意味において使用される、一部組合員のストライキを指すことは明らかであるが、こういう定義を立てると、組合（本部）の公認（anthorisation, Genehmigung）を得ない非公認スト（unofficial strike, Unorganisierte Streik）、または組合規約所定の手続に違反するストも、その中に含まれるので、「山猫スト」という概念にこれらを含めて考えるかどうかによってその内容は大分違ってくる。このように各国あるいは人によってそれぞれ使い方があるが、言葉自体としてはむしろ俗称のように思われる。しかし俗称として使われる「山猫スト」も、これを社会学的にではなく、法的効果の問題として考える場合には、その意味を不明確なままにしておくことは許されない。もちろん、山猫ストをどのようなものとして対象化するかは法律学の場合にも研究者の自由であるが、山猫ストの合法性を論ずる場合は、筆者が常にそれをどの範囲のものとして捉えているかを明らかにしておくことが論議のための最低条件として必要であろう。さもないと、考察の対象を異にした合法説と違法説とでは議論のかみ合いが不可能だからである。

学説にもいろいろの定義の仕方があるが、一例として久保教授はこれを「組合内の一部組合員が規約に違反し、または組合の指令指導に反して行なう争議行為」と定義づけて「非公認争議と類似の争議行為」をそこから排除され[1]、加藤助教授はこれを「組合全体の意思と統制を離れておこなわれる争議行為[2]」として非公認ストと同一のものとされ、大野氏は「組合の指令に基づかずに開始され、かつ、事後（争議終了後）においても組合によって追認されない組合員のスト」[3]と定義され、後述の西ドイツの諸説と同じ立場をとられる。これに対し、全訂判例労働法の著者らは「一部の組合員、または単独組合もしくは支部・分会などが、労働組合、または連合体もしくは単一組合の全体的な意思を無視し、すなわち組合員大会の決議、執行機関の指令などに違反して争議行為を行なう場合」[4]とし、総合判例研究叢書における窪田教授もこれと同じ定義のようであるが、[5]この立場では組合の意思と山猫ストライカーのそれとが完全に断絶したケースをその対象としているかに思われる。

判例では、使用者側が、「山猫スト即違法争議」の主張をする関係上、裁判所自体も、自然この発想に従うことが多く、事例の多いわりに山猫ストの定義を試みたものは意外に少ない。一例を挙げると、「組合員の一部が組合全体の意思を無視し勝手に争議行為をなすこと」[6]という前掲の最後の定義に近い。

私はここでは「山猫スト」の概念を広義に捉え「組合員の一部が組合による公認（決議、指令等）を経ずに実行した争議行為」と定義づける。その理由は第一に、山猫ストという言葉がすでに社会学上のみならず、法律学または判例の中で広く用いられていること（すなわち、敢えて非公認ストの名称を用いなくてもよい）、第二に、山猫ストを狭く解して、初めから、組合全体の意思に反し組合員が勝手に行なったものに限定してかかれば、理論上の考察はむしろ簡単で済むが、わが国では、裁判上問題となる一部組合員のストライキは、必ずしもそのような単純な形態のものではなく、ストライカーと組合（員）全体の意思との関連において微妙なものが多く、山猫ストの適法性はまさにその点において解明すべきものを残しているところから、むしろ広義の概念のものを対象とした方が実際的であることである。右に「一部」とは、単組の下部の組織単位をなしている場合も当然含まれる。そして「規約違反のスト」との関係でいえば、右のような広義の山猫ストは規約に違反している場合もあり（多くの場合そうであろう）、そうでない場合もあることになる。

山猫ストを右のように定義するとすれば、それは幾つかの類型ないし形態に分類することができる。山猫ストの類型化を試みたものとして島田教授、[7]加藤助教授[8]のそれがあるが、ここでは行論の便宜上、次の三つに分けることにする。

(1)　純粋山猫スト

単一組合の一部の組合員が組合の意思または運動と全く別個に行なう争議行為、狭義の山猫ストである。ストライカーが組合における統制、規律を最初から無視し、全く独自の要求をもって使用者に対抗する場合であり、時としてその対抗が使用者よりも組合（指導部）に向けられることがある。このようなストライカーの一団の抗争意思が、実際に「組合」自体と全く相反する方向にあったのかどうか事実関係をつまびらかにしえないが、判例がそのようなものとして認定している事例としては、西鉄福岡支部事件等、幾つかを挙げることができる。(9)

(2)　職場独行型山猫スト

組合の支部、分会、職場組織等の下部組織が単位となって組合の支持を受けることなく実行する場合である。(1)の類型のものに比べるとストライカーの組織としての独立単位性が強く、一定職場についてみれば圧倒的な集団意思に沿っている。したがって(1)のように組合全体の意思と無関係ではなく、むしろ組合自体が何らかの程度で使用者と対抗抗争関係にある場合に生起することが多い。しかし、(3)の組合関与型と違うところは、組合全体としてはこのような下部機関が実力行使に出ることを期待しておらず、あるいはすでに組合としての争議の収拾段階にあるにもかかわらず下部組織が組織独自の争議行為として実行する点である。事例としては広島電鉄事件、その他を挙げることができる。(10)

(3)　組合関与型山猫スト

組合としては使用者との間に全体として争議状態またはこれに近い緊張状態にある場合に、一部の組合員が組合の公認は得ていないが、そこから何らかの支援を得て行なう場合である。組合が下部機関に明示のスト権を授権してしまう場合は、もはや山猫ストとして捉えるよりも部分ストとみた方がよいであろう（判例が合法としたものは多くこれに近い）。組合関与型のものは組合自体としてストライキに突入するだけの態勢にない場合、下部組織からの気勢（突き上げ）を期待している状況において起こり易く、使用者に対する対抗意思の方向においては組合もストライカーも一致する。ある意味では組合が下部の実力行使を誘導したといってもよく、共謀とみらるべき場合もあるであろう。外国にも例が多くGouldnerはこれをpseude-wildcat strikeと名づけている。(11)裁判例に登場するのもこの型のものが多く、宝製鋼所事件をはじめ幾つかを挙げることができる。(12)

(1)　浅井教授還暦記念「労働争議法論」昭四〇、二五〇頁。
(2)　新労働法講座4労働争議（加藤俊平）昭四二、二一九頁。
(3)　争議行為法総論昭四二、二一〇頁。
(4)　柳川外・全訂判例労働法の研究下、一〇三〇頁。
(5)　窪田「争議行為と解雇」叢書労働法7、四八頁。
(6)　日本化薬厚狭作業所事件・山口地判昭和三〇・一〇・一三労民集一〇巻三号五七〇頁。
(7)　野村教授還暦記念「団結活動の法理」昭三七、三三七頁以下。
(8)　加藤俊平前掲書二二〇頁以下。
(9)　西鉄福岡支部事件・福岡地判昭和二五・四・八の外、日本製鉄事件・福岡地小倉支判昭和二五・五・一六、国際電々事件・大阪地判昭和三六・五・一七、山田漁業部事件・長崎地判昭和四〇・六・一八、明治乳業事件・東京地判昭和四四・一〇・二八。
(10)　広島電鉄事件・広島地判昭和二五・五・一一の外、杵島大鶴鉱業所事件・佐賀地判昭和二五・五・三〇、日販大阪営業所事件・大阪地判昭和三四・五・一八、興人パルプ事件・大分地判昭和四一・一〇・二五。
(11)　Gouldner, Wildcat Strike, 1954 pp. 90
(12)　宝製鋼所事件・東京地判昭和二五・一〇・一〇の外、日通秋田事件・秋田地判昭和二五・九・五、日本化薬厚狭作業所事件・山口地判昭和三〇・一〇・一三、広島高判昭和三四・五・三〇、三井玉野造船所事件・岡山地判昭和三一・五・七、昭電川崎工場事件・東京地判昭和三一・八・一五、米軍羽田輸送部隊事件・東京地判昭和三二・一〇・一五、西鉄到津自動車分会事件・福岡地判昭和三六・五・一九、福岡高判昭和三七・一〇・四、川崎重工事件・大阪高判昭和三八・二・一八、三井三池鉱業所事件・福岡地判昭和三九・一〇・二。

二　山猫スト発生の基盤とロジック

右に述べたような山猫ストの発生原因としてはさまざまな理由が考えられる。

強力な組合統制の下に産業別ないし地域別の団体交渉制度を主軸とする今日のイギリスの労使関係の下では、公式のストライキがほとんど影をひそめ、これに代わって unofficial strike としての山猫ストが続発していることについてはすでに広く知られるところである。そしてこの山猫ストの主要な原因が組合の職場組織＝交渉の軽視という組織的欠陥に基づくことも多くの学者の一致して指摘するところである。[1] かくして山猫ストの多くは、社会学的に見る限り、それ相当の理由をもっており、いわば起こるべくして起こっているのである。とはいえ、それは「山猫」ストという名称が示す通り、一般社会の目には、秩序を無視した一部不満分子による恣意的行為として社会的にも許容しえない行為と見られがちである。しかしストライカーの側のロジックはこうである。労働組合はもともと職場の組合員の要求に耳をかたむけ、これをとりあげて使用者と交渉するための組織であるはずである。ところが、今やその代弁者は職場にめったに姿を現さないし、われわれの職場での要求はとりあげられない。とすれば、職場の仲間が一致して職場の意思としてストライキに出ることに何の不都合があろうか、と。今日の労使関係を支配する近代主義的な collective bargaining または industrial democracy の理念は、組合が巨大化するほどに組合の原点ともいうべき職場のこのロジックに対応しえなくなっているようである。

右のような背景をもつ西欧労働組合における unofficial strike に対比した場合、わが国のそれとの間にはかなりの事情の差があることに気づく。おおよそ次の点が指摘できよう。

第一に、わが国の企業内組合組織は、まさに西欧の組合において欠如している職場組織であり、団交は職場交渉そのものである。その点で組合と組合員間の組織的な断層を生ずる余地がほとんどない。同一企業の従業員の運命共同体としての組織はショップ制を通じて閉鎖的となる反面、統制力はより強固である。わが国で純粋の山猫ストや組合幹部に向けられるレジスタンス的山猫ストが少ないのはこの理由による。

第二に、組合（本部）の組合員に対する統制を争議公認制——スト手当制によって担保するという制度がわが国では明確でなく、この意味の中央統制は弱い。すなわち、組合員から拠出された組合費はしばしば下部組織に留保されてスト資金として使用されており、下部の独立性を支えている。組合がストに反対でも、ある場合は中止指令が出ても、一支部が単独ストを敢行できるのはこの理由による。

第三に、多くの組合の運動方針で「職場闘争」という大衆運動方式が理念的な支柱として機能していることである。わが国では山猫ストライカーに、それが組合の統制に違反しているという点での罪の意識はほとんどないように思われる。

第四に、わが国の山猫ストの多くが、遵法闘争や時間外拒否等それ自体としては権利行使の一側面をもっていることである。(2)

以上、要するにわが国における山猫ストのストライカーのロジックは西欧型のそれに比してきわめて複雑だということを指摘するにとどめる。

（1） Knowles, Strike, 1952, p. 32, Turner, Clark, Roberts, Labour Relations in the Mortor Industry. 1967. Donovan Report, 1968 p. 100, p. 108.

（2） 遵法闘争とくに時間外労働拒否の形態における山猫ストについては、その就労義務との関係で別個の考察が必要であり、本稿では紙数の関係から割愛する。

三　山猫ストの適法性

山猫ストの適法性（legality）はどのような山猫ストをもって、どのような観点からその合法または違法を考えるかという問題である。最初から「違法」な一部組合員のストという枠組みを作ってこれに当てはまるものを「山猫スト」と定義するような発想では、山猫ストの「適法性」を問題にする余地はなくなってしまう。「合法」、「違法」という意味はその法的効果との関連で考える必要がある。この点でもわが国と諸外国との間に若干の違いがある。例えば、イギリスでは山猫ストの違法性は、契約上の予告義務との関係で、西ドイツでは不法行為責任との関係で捉えられるに過ぎない。これに対してわが国では両国にない不当労働行為制度があり、また争議権の保障に「正当な」という限定がついているために適法性の意味はより複雑である。それはともかく、わが国で山猫ストの適法性を考える場合には、一応、その対使用者民事責任、服務規律違反責任、刑事責任および組合内部における責任の各視点から考察する必要がある。

以下に山猫ストの適法性とその根拠についての外国およびわが国における判例・学説の考え方を素描してみよう。

(1)　イギリスおよび西ドイツにおける考え方

イギリスでは少なくとも法的観点からは、wildcat strike と unofficial strike との間に差異はない。後者は通常、「組合の公認を経ずに、支部役員等の組合役員または組合役員に非ざるショップ・スチュアード等の被傭者に指導された組合員のストライキ」と定義されるが(1)、前者も法的にはこれ以外の特別の属性があるわけではないから、結局同じ定義となる。

ところで、イギリスではストライキの合法性は組合と組合員のそれぞれの責任の両側面から考える必要がある。組合員の立場からみれば、ストライキの合法、違法はもっぱら個別契約の解除に必要な予告をしているかどうかによって定まる。そしてこの点は unofficial strike についても差異はない。つまり、組合の公認を得ない unofficial strike であっても右の予告があれば、法的には lawful strike であり、逆に official strike でも予告がなければ違法なストライキとしてストライカーは個人的責任を負う（この点は一九〇六年法、一九六五年法によっても変化はない）。この責任は使用者の損害賠償請求または雇傭契約の破棄―再雇傭の拒否（実質上の解雇）である。一方、正規の組合のストライキについての第三者としての組合の不法行為責任はほとんど完全といってよいほどに免責されており、そして unofficial strike についてはそもそも組合の関知しないところであるから、法的にはもとより責任を負ういわれはない。要するに、ストライキが合法かどうかは予告の有無だけが問題となるに過ぎない。ただし unofficial strike が法的に問題となる場合が一つある。すなわち unofficial strike には組合がスト手当を支給しないが、組合が公認を与えることなく実質上これを支援したり、これを追認したりする場合に、もし本部が規約に反してスト手当を支給したときは、これを不服とする組合員から、この支払いを差し止める差止命令を裁判所に訴求しうることとである。こうして unofficial strike を法的に阻止することができるのは組合員だけであり、使用者は労働協約で組合との間に平和義務を定めていても、その協約自体に法的拘束力がない以上、法的措置に訴えてこれを阻止することはできない。使用者の報復措置としての解雇や賠償請求も実際上はほとんど行なわれないし、実効をもたない。(2)

西ドイツでも最近は Wilder streik という言葉が通称として使われるが、一般に、「労働組合に組織されないストすなわち組合の指令も受けずまた追認を受けないスト」と定義される。追認を得たものを明確にはずす点を除けば山猫ストの対象はイギリスと同じである。

西ドイツでは、従来、山猫ストについての争訟が少なかったせいもあって、連邦労働裁判所の大法廷はまだ明

確な判断をしていないが、比較的、最近、一九六三年の一判決がこれを違法と判断した。(3)

右にいう「違法」(Rechtswidrigkeit) とはストライカーの個人としての対使用者不法行為責任の意味においてである。判旨は、本件を一応、争議行為と見て、それが組合の承認も追認も得ていない点で「違法な」ストライキとし、参加者に連帯して損害賠償することを命じたが、その理由は要旨次のとおりである。

(イ) 協約制度は法秩序の本質的な構成要素であるが、労使対等の観点から労働者側では組合だけが協約能力をもち、この能力のない個々の組合員や単なるその集団にはスト権がない。

(ロ) 各ラントの規定は労働者側の争議行為を「Verbänden (労働組合) の」と明示している。スト権が団結権に由来するものとしても、それは労働者の団結のプロトタイプとしての「労働組合」を保護しようとする趣旨に外ならない。

(ハ) 労働争議は国民経済に損害を与えるものとして一般的には望ましくないが、それが一定の場合に免責を受けるのは、これを統制下におく労働組合の、労働生活、経済関係に占める重要性あるいは争議権の範囲についての彼らの造詣に拠るものである。従って一般社会の利益が要請する争議準則に遵うようなストライキであって初めてこの免責が与えられる。

(ニ) ストライキは、すべて労働契約を通じて労働者が負う労働義務の一方的停止であるから、その停止が合法とされるのは、一定の場合に、この義務の不履行が例外措置として許容される場合だけである。一般的な「ストライキの自由」や、山猫ストが法により明示的に禁止されていないということは、それを合法化する理由とはならない。

以上、要するに判旨は、争議行為の Träger は労働組合だけであり、この基本事実 (Grund satz) に反するストライキは本来的に違法であって、また社会的相当性の問題にも親しまない、と結論するのである。(4)

この判決は主として Nipperdey の考え方に依拠しているようであるが、右判決前の学説は、山猫ストを禁止する明文の法規がないこと、ストライキには迅速性（Schnelligkeit）が必要であり、短期間の山猫ストでは組合の支持を待っていられない場合があること、ストライキは制度としての協約より古い歴史をもつこと等をその根拠とする合法説[5]と、山猫ストを「争議行為」とみるかどうかは別として、ともかく組合の事前または事後の承認を得ない点に違法の契機を求める違法説[6]とに分れていた。

（1）Grunfeld, Trade Union Law, 1966, p. 325
（2）近年における山猫ストの続発とそれが国民経済に与える影響の大きさにかんがみ、その対策を考える意味で設置された「労使関係に関する勅命委員会の報告書」も結局、山猫ストを直接違法化したり、組合に責任を負わせようとする試みを放棄している。
（3）1 Senat. Urteil vom 20. 12. 1963, A. u. a (Bekl) w. Fa. V. F. S. (kl) I AZR 428/62 事案。ニュールンベルグの製靴工場で五百人の工員中、四五四人までが加工賃の賃上げを要求して就労しなかった。組合はこれを公認せず追認もしなかった。被告側は民法上の Zurückbehaltungsrecht と抗弁したが容れられなかった。
（4）Hueck-Nipperdey, Lehrbuch des Arbeitsrechts, 6 Aufl. Bd. 2 s. 641～643. 但し同書で Hueck の方は合法説をとる、S. 643.
（5）Byldinski, Die Kollectiven Mächte im Arbeitsleben. Hueck, Die Grenzen des rechtmässigen Streiks, “Festschrift für Herschel” S. 42
（6）Hertel, Der Arbeitskampf im Spiegel der Rechtsordnung. 1962 Dietz, Streik zur Durchsetzung von arbeitsvertraglichen Ansprüchen “Festschrift für Herschel” S. 47 ff., Hoeniger, Eninge Gedanken zum Recht des Arbeitskampfes, RdA 1953 S. 207

(2)　わが国における考え方

山猫ストの適法性（legality）の意味はとくにイギリスとわが国で全く違っている。わが国ではストライカーの予告義務違反による契約違反という観点からではなく、ストライカーの行為が最初から集団としての「争議行為」として捉えられ、組合自体の争議行為が合法か違法かという角度からみられるのと全く同様な意味において、その適法性が問題とされる。また、その適法性も、ドイツにおけるようなもっぱら損害賠償責任という視点ではなく、使用者によるストライカー個人に対する懲戒処分の有効、無効を決定する前提として考えられる傾向がある。少なくとも判例法ではそうである。もっとも、裁判では、当該懲戒処分の不当労働行為性や権利濫用性が争われるから、最終的結論は必ずしも、当該山猫ストの合法・違法の認定が直ちに処分の有効・無効に帰するわけではない。争議行為自体は山猫スト（非公認スト）であっても、ストライカーの行為が「正当な組合活動」とみなし得る場合があるからである。右に挙げた第一類型の純粋山猫ストではその余地が少ないが、第二、第三類型の場合にはかなりその余地が残されるであろう。

(1)　判例における合法説

少数であるが、組合（本部）の公認を経ない山猫ストを結果として合法と認定した事例がある。宝製鋼所事件、富士精密荻窪工場事件[1]、日本化薬事件、本田技研工業事件[2]、日版大阪営業所事件等である。その論拠としては、それぞれ組合が明示の承認を与えたこと、賃金遅配という緊急状態にあったこと、組合全体の意思に副うと認められる支部指令によること、執行部の意思に基づくものと推認されること、支部組合として独立の存在を認め得ること、等が挙げられている。これらの認定はそれぞれの状況に照らしてあながち不当ということはできないが、これらの事案を次に述べる違法の結論の出された事例に当てはめてみた場合、果して両者を截然と区別しうるだけの根拠があるかどうか疑わしい。逆にいえば、合法説の論拠をもってすれば、違法とされる事例の多くがその中に含まれてよいように思われる。結局、判例にはこれまでのところ、山猫ストをそれ自体、正当とする判旨を打ち出したものはまだないといってよいと思う。

(2)　判例における違法説

一定の独立した下部組織としての実態をもたず、また組合の公認も得ていない純粋山猫ストについて違法説はまず、「労働組合の正規の争議行為が合法とされる理由は、組合の各組合員の労働力に対する統一的支配（コントロール）そのものが合法とせられ、権利として認められるからである。ストライキが使用者に対する債務不履行にも不法行為にもならないのは、集団的な労務の停止自体にその合法性の根拠があるのではなく、それが組合の組合員各個の労働力に対するコントロールの発現なるがゆえに合法視されるからである。このような組合のコントロールとして現れるのでなければ、どれほど多数の組合員が参加しても債務不履行や不法行為を構成する」(3)という考え方の中にその根拠を求める。これはいわゆる労働力コントロール理論として戦後かなり早く樹立され、その後の違法説の基底になっているように思われる。しかし、欧米の組合と違って、組合におけるコントロールの構造が、組合の主要機能である団体交渉の側面においても、必ずしも統一的でないわが国の組合の場合には、単純な山猫ストを別とすれば、このロジックはそう簡単に適用しえない。そこで、次にストライカーの組織が現実に組合の団体交渉の主体たり得るかどうかという、より現実的な基準が樹てられた。この団体交渉単位説ともいうべき考え方によれば、団交の責任主体たりえない、組合の一部組織に実力行使権を認めれば、使用者は団交によって問題を解決することのできない相手方によるストライキを受忍する義務を強いられる結果になり、(4) あるいは逆に使用者が「一職場と有利な協定を結ぶなど、支配介入的な不当労働行為を誘発するおそれ」があるというのである。(5)

ところで、判例法の違法説は、職場限りの事項について一定の交渉権をもつような組合の下部組織がその権限ありとして実行する職場独行型や有形無形に組合自体が支持している組合関与型の山猫ストについても、原則としてその対使用者関係における正当性を認めようとしない。

その第一の論拠としては、個々の組合員がそれぞれ固有の団体交渉権や団体行動権をもつとしても、それは規約上組合執行部に委譲されているから、組合内の一構成部分に過ぎない職場大会は争議権行使について独自の決議と執行の能力を有しない、(6)という考え方である。

第二に、単一組合の支部、分会のように独自の組合規約をもち、独自の活動をなしうる組織体が団交ないし団体行動をする権利をもつことは否定できないが、それは一地域内の組合員に関する特定事項に限られるから、それが組合内の一団体たる資格において組合自体の団体交渉を排除する形で重複的に、使用者との交渉を強制することは違法とみるものである。(7) 職場交渉といえども、組合の明示または黙示に反することはできず、また職場事項であっても上部機構がこれを吸い上げ、自ら交渉する段階に立ち至った時は重ねて交渉することはできない(8)のだから、まして争議権は認められないと考えるのである。

(3)　学説における合法説と違法説

学説において山猫ストが扱われる場合には、判例法と比べて抽象的、論理的次元でその適法性が論じられる傾きが強い。ここでも大別すれば合法説と違法説に分かれるが、すでに述べたように、山猫ストという現象が多種多様でその定義いかんによって広義にも狭義にもとれるので、各説いずれもその対象との関係で検討する必要がある。

まず違法説からみると、山猫ストについて既述のような定義をとる大野氏は、それが「組合と別個の団体の構成員として参加したストであって、労働秩序形成機能をもつ正規の組合の意思にそぐわない反労使自治的性格をもつ(9)」点に違法の契機を求められる。この考え方は、結局、山猫争議の正当性を判断する基準を、その争議の主体が団交の当事者たる資格を有するかどうかに求める(10)（従ってその定義もそれによって定まる）団体交渉単位説とでもいうべき考え方に帰するとみることができる。この考え方によれば、組合の授権や追認によって団交の主体たる地位を認められれば、それはもはや山猫ストではないのだから、逆にそう認定されない山猫ストは常に違法ということになる。

違法説の第二の類型は、山猫ストが他の組合員の団結権または生存権を否定する側面にその違法性の契機を求める。(11) ところが、この立場では、組合員の主体的意思が「争議行為自体によって形成せられた」と解すべき場合には団結の侵害ではなく、むしろ団結の強化に資するものとして違法視されない。このような観点から評価の対象となる山猫ストは当然多様のものを含むことになるであろう。そこでは第一説のような団交当事者たりうるかどうかといった制度的基準でなく、組合員の総体的意思や意識が基準となるであろうから、違法説というような類別は正確でなく、場合によっては合法説の論拠ともなりうるものである。

合法説の論拠は大別して三つに分けることができよう。今これを（用語の当否は別として）責任内部吸収説、職場交渉権説、団結擁護説と表現しよう。

責任内部吸収説は、山猫ストをもって、それが規約や統制に違反しているという組合内部の責任問題を別とすれば、法的には通常の争議行為との差異は全くないとするものである。[12] この説は、山猫ストの違法の意味を専ら組織内部における規律（自主法）違反として捉え、山猫ストライカーは組織内部で何らかの統制処分を受けるであろうから、責任はそれで十分問われたのであり、重ねて使用者による処分を科せられるのは是認できないという。しかし問題は、使用者が通常、団交や争議の対象として予定していない一部組合員の行為によって蒙った損害に対する責任が免責されるのかどうか、そして免責されるとすればいかなる理由によるのかということであり、その点を説明しない限り合法説の論拠とはなし難い。

職場交渉権説は、わが国でいわゆる職場が組合（規約）組織上、あるいは実質上、団体交渉の単位としての地位を得ており、またそれが全体としての組合の闘争時の拠点となっているという事実から、交渉権をもっているような組合の組織単位ならば当然にその団交行詰りを争議行為によって打開しうるはずだというロジックである。それは、必ずしも組合員が個人として団結権、団体行動権をもつ以上それが複数人による権利の行使として合法化されるはずだ、という単純な権利説によるものとは思えないが、少なくとも部分組織の団交権と争議権の直結部分には抽象的な権利説の性格が濃厚である。この考え方は、組合関与型の山猫ストはもとより、職場独行型ストの場合にも、組合自体と考えることによって合理性を得るが、純粋型の山猫ストについては帰責主体を組合がスト中止指令をもって、当該実力行使の支援拒否を明示している以上、これを「正当」と評価することに伴う問題点をよく説明しえない弱さがある。判例が職場組織に固有の交渉権を認めながら、組合自体の団交権の侵害等を理由に職場ストまで肯定しないのはこの理由による。組合は必ずしも常に職場における「労働秩序形成機能」をもつものではないし、またその義務を負うわけではないが、少なくとも同一組合による労使関係は同一方向において解決さるべきであり、内部対立から生じた対使用者責任を抽象的な職場交渉権論で押しきるわけにはいかない。

団結擁護説は、すでに説明した違法説としての団結侵害説の裏返しである。久保教授は、山猫ストから争議公認制、および争議決議制違反のそれを除外して狭義の山猫争議を前提としつつ「組合の争議態勢を強化し、あるいは執行部の反組合的行動と目される行為を是正する意図をもって」なした場合、「一般組合員の暗黙の支持があれば」「団結にふさわしい争議行為として」正当と評価される。[13] 欧米の山猫ストの社会学的分析が一様に指摘しているように、山猫ストがしばしば日和見的幹部に対するプロテストとして打たれているという事実はわが国にも妥当する場合があるし、山猫ストライカーの行動の動機が真に団結擁護の心情に出ている場合は多いであろう。しかし個々の組合員の内心の動機を（個別的な不当労働行為の成否の基準としてならばともかく）集団的現象としての山猫ストの法的正当性の要件とするのは余りにも抽象的に過ぎるという批判を免れないであろう。また前説に対する批判もそのまま妥当する。

以上を総括して私見を述べることとする。山猫ストが合法か違法かの視点を、私はまずそれが対使用者関係において生ずべき民事上の責任（不法行為または債務不履行）という点におき、損害が現実に発生して、しかもそれを山猫ストライカーが負担しなければならない場合にこれを「違法の」スト、特にストライカー自体が負わなくてよい場合を「合法の」ストと考えてみたい。そうすると、広く山猫ストをいわれるものの中には、その全体の経過からみて、その親組合との関係において、必ずしも山猫ストライカー自体がその責任を負わなくてよいという意味において「合法」な場合があると考える。何故かといえば、組合がその組合員の一部の組織的行動に何らかの形で支持を与え、または関与している場合には、組織統制の原理からいって当然一定の責任を負うのが筋であり、そうだとすれば対使用者関係においてその責任を負いうるのは組合自体を措いて外にないからである。もちろん、山猫ストは組合の公認を得ていない以上、組合自体の行為ではないが、少なくとも対使用者関係においては、これを組合の行為とみなすべきである。組合は自ら関与した山猫ストの発生についての責任を、対使用者関係における相矛盾した労使（団体交渉）関係の事後処理という形で使用者側に補償（必ずしも損害賠償とは限らない）することによって果すことになる。そうすれば、爾後、山猫ストによって破壊された統一的な労使関係も回復され、組合の団結もまた回復される。山猫ストライカーの、組合による単一交渉を通じての統一的な労使関係を攪乱したことによる違法性（責任）は以上のように考えることになって、より広い団結体（組合）の団結活動の中に吸収、消去されるから、もはやこれを違法ストの範ちゅうに入れて考える必要はなくなるし、山猫ストに参加した組合員の行為も「正当な組合活動」として使用者による不当労働行為から保護を受けることになるであろう。この場合、組合は使用者側が蒙った現実の損害の賠償を求められることがあるかもしれないが、それは組合の正当な争議行為の中でたまたま派生した個々の違法行為についての責任と同質のものと考えればよい。組合関与型の山猫ストについては、特にこのような、いわば組合責任負担説が妥当するものが多いと思われる。

下部組織が組合の意思とは独立に、自らスト権行使の主体として行なう職場独行型の山猫ストの場合は、右の関係は一応、成立しない。そしてかかるストライキによって、組合と使用者間の協約上の平和義務（それがない場合にも単一交渉を前提とする期待権）が侵害されるので、そこから実害が生ずれば、その負担者は山猫ストライカーであり、その意味で「違法」のストライキの範ちゅうに入る。ただしこの場合にも、使用者のこれに対する対応関係いかんによって事情が変わる。例えば使用者側が自ら職場組織を交渉相手として承認し、かつ、かかる職場交渉がとくに、組合そのものの団交権を侵害するものでなければ、使用者側もまた、これを「違法」ストと主張してその責任を問うことはできない。そこにはクリーン・ハンドの原則が成立するからである。

次に山猫ストが対使用者民事責任の点で有責（違法）と認められた場合には、その参加者の企業における服務規律違反責任が初めて問題となる。そして違法ストへの参加が参加者の右規律違反を理由とする懲戒処分を合法化する場合があるであろう。しかし前述のように、懲戒処分の有効、無効は個々人の個々のケースにおいて不当労働行為または懲戒権の濫用の有無という角度から再検討さるべき問題であって、山猫ストの違法性が直ちに処分の有効性をもたらすものではない(14)。

また山猫ストの刑事上の責任も、山猫ストが a priori に合法か違法かに応じて決まるのではなく、それが特に山猫ストとして社会的法益（威力業務妨害罪におけるような私的法益を含む）を侵害したかどうかにより決せらるべきものである。

四　山猫ストの法的効果について

私見では、山猫ストが合法な場合とは、それによって生ずる対使用者責任が、組合自体に吸収されると認めるべき場合をいうから、その場合には組合自体と使用者間に新たな法（請求）関係が生ずる可能性があるが、これについてはすでに述べた。通説の合法説は、山猫ストを合法と認める場合の、組合と山猫ストライカーのそれぞれの対使用者関係を説明していないが、恐らく「正当な争議行為」として一切の責任が免責され、違法説が指摘する使用者側の損害のごときは甘受すべきもの、という前提がそこにあるように思われる。しかしそう考えた場合、組合の締結した労働協約の平和義務違反の責任はどのように解決されるのであろうか。

ところで「違法」な山猫ストについては、使用者に対する民事責任の問題以外に次のような法的問題が生ずる。

第一に、使用者は山猫ストを違法な組合活動として、つまり正当な組合活動であれば受け得るはずの法的保護を与えられない集団的違法行為として、ストライカーに対する服務規律違反責任追及とは別に、当該争議行為を差し止める仮処分を訴求しうるか、という問題がある。山猫ストが正当な「争議行為」としての評価を一切受けないということになると、それは単なる従業員の事実行為に過ぎなくなるから、もしストライカーが単純なウォークアウトから積極的に職場占拠や就労阻止を試みれば、裁判所としては要件の充足により業務妨害排除の仮処分を容認せざるを得ないであろう。

第二に、使用者は山猫ストの参加者に対してはもちろん、これを理由として他の就労組合員に対してロックアウトをすることができるであろうか。組合関与型の山猫ストの場合は、すでに述べたところから組合の行為として、部分ストの場合に準じて考えるべきであろう。しかし組合自らがこの関係を拒否または否認している場合には、使用者と組合自体の間には何らの紛争、対抗関係もないのだから、その参加者がたまたま当該組合の組合員だからという理由だけで、組合に対するロックアウトをすることは攻撃的ロックアウトとして許されないと解する。山猫ストライカーに対するロックアウトは要件を充足する限り当然なしうる。

第三に、山猫ストと組合の統制権との関係についても若干の法的問題が生ずる。ストライカーの行為が組合の内部統制または規約に違反する場合には、制裁として懲戒処分がとられることがあるが、ストライカー側には当然、いい分があるから処分の根拠、方法、量刑等をめぐって法的問題が発地する余地は大きい。しかしそれは組合内部における一般的統制違反による処分の一つであって、特に山猫ストだからという理由で質的な差異があるわけではない。ただ組合関与型の山猫ストについては、クリーンハンドの原則により、組合のストライカーに対する一方的責任追及は許されないであろう。

統制違反の山猫ストが発生した場合、組合としては規約違反または協約の平和義務の侵害を予防する意味で当該ストライキを差し止める法的処置をとり得るであろうか。イギリスでは規約違反の行為は ultra vires の法理を通じて injunction による差し止めができるし、また前記のようにスト手当不当支出を差し止める請求が認められるが、わが国では組合自体がストライキを差し止めるような仮処分を求め得る実定法上の根拠に乏しいところから、否定的に解する。組合としてはせいぜい無効確認の判決を得る程度であろう(15)。ただし、損害賠償の訴求は可能であろう。職場独行型の山猫ストについては、組合が使用者に対し平和義務違反の損害賠償を負担し、これを当該下部職場組織に求償するという場合がありうるかもしれない。

（1）東京高判昭和二八・四・一三。
（2）東京地決昭和三二・一〇・一五。
（3）前掲「日本製鉄事件」労民集一巻三号三一七頁。周知の吾妻教授の学説に依拠するものである。本判決は今日でもリーディング・ケースの一つと考えてよいと思われる。
（4）前掲「明治乳業事件」労働判例九〇号五六頁。
（5）前掲「国際電々事件」労民集一二巻三号三一八頁。
（6）前掲「川崎重工事件」労民集一四巻一号二一二頁。
（7）前掲「全日通事件」労民集二巻二号一二二頁。
（8）前掲「三井三池鉱事件」労民集一五巻五号一〇八八頁。
（9）大野・前掲書二一〇頁。
（10）石井照久・労働法一一一頁以下。加藤・前掲書二二五頁。
（11）沼田稲次郎・団結権擁護論下一五一頁、三五一～三頁。
（12）松岡三郎・労働法概論二一六頁。
（13）久保・前掲書二五六頁、島田・前掲書二五四頁も論旨同旨と思われる。
（14）現に判例でも当該山猫ストを違法と認定しつつも、必ずしも不当労働行為上の救済まで否定しなかった幾つかのケースがある。最近の明治乳業事件でも一部救済している。
（15）拙稿「争議行為と組合規約」労働法大系三巻一四六頁。

〔季刊労働法七五号、一九七〇年〕

2　順法闘争の論理と法理

一　順法闘争とは何か——意味と概念

「順法闘争」（初めは「遵法」と書かれていたが漢字制限で「順法」となった）とは何か、というような質問は、現在のわが国では、もはや必要がないと思われるほどに日常用語化している。春闘の時期ともなると、「またジュンポウか」といってため息をつく大衆の脳裡には、すでに一定のイメージができ上っているように思われる。

順法闘争の原形（つまり狭義の順法闘争）である「法規または規則の通りに働く（英語の work to rule）」ということは、裏を返せば「それ以上には働かない」という消極的労働様式であり、むしろ、そちらに重点がある。文字通り法規に順って働くという意味の「順法」は、「順法精神」旺盛というような積極的意味に使われるが、いわゆる「順法闘争」の順法はそれとは縁遠い。規則通りに消極的に働くという意味の順法労働は、人が何らかの理由で積極的に仕事をする意欲がない時、規則所定の最低限のことをやるという形で意識的、無意識的にやっているもので、少し度をこすといわゆるサボタージュとみられるから、そこまで行かない程度に行なわれる。「部内」規則に精通した「古兵《ベテラン》」は巧みにこれをやってのける。そこで順法は古来、抵抗運動（レジスタンス）として闘争に使われた。とくに法規（万能）主義が支配している官庁や大企業は、規則の数も多いからその豊かな土壌を提供しやすい。順法は真の意味では、「良いこと」、少なくとも「非難しえないこと」であるから、その正当性を利用して減産という効果を挙げることは誰もが考えつく戦術であり、多分、組合運動では、ストライキが禁圧された時代にひそかに行なわれていたことであろう。

わが国の組合運動で、順法闘争が正式に採用されたのは何時で、官民何れが先なのか今のところ私には分からない。

それはともかく、順法闘争という言葉を正確あるいは適確にどう説明するかとなると意外に難しい。手近の辞書を引くと、「労働争議における闘争手段の一。法律に背かない手段によって生産その他の業務を渋滞せしめる合法的な闘争手段」とある（新村出編・広辞苑より）。これは、その後に、「……と主張して労働者側が行う行動」と付け加えるべきであろう。というのは、それが「法律に背かない」とか、「合法的」といいきれるだけの根拠はないからである。労働運動用語辞典には「公労法、地公労法、公務員法の適用をうけ、争議行為を禁止されている組合が主として行うサボタージュ（怠業）の一種」と説かれる（大河内一男編・岩波小辞典）。しかし、法的に厳密にいうと、順法闘争を「怠業」だと割りきってしまうのは問題なのである。というのは、「怠業」とは、法的に「争議行為」の一種であるから、順法闘争が怠業だというのはそれを「争議行為」ときめてかかることであり、これは多くの場合、実行する側の意に反する。かれらは、争議行為ではなく、正当な権利または適法行為を行使していると主張するからである。法学関係の辞典になると、「遵法闘争が平素の企業運営を阻害することは明らかなので、社会的には争議行為であることは確かである。しかしそのような法規がある限り、それを遵法するための行為が、法律上も争議行為であるとして公務員法や公労法等で禁止している争議行為に該当するとはいえない。遵法闘争は正当な行為であるとする見解が多い」と説明している（有泉＝外尾・労働法辞典（一粒社））。少々、断定的説明だが、学界の支配的見解を代表していることは確かである。

ところで、わが国では一般にどのような争議戦術を「順法闘争」と呼んでいるのであろうか。普通、安全・衛生保安闘争、点検闘争、業務規制闘争、定時出・退勤・超過労働（時間外・休日・宿直・日直）拒否、および、時間外協定締結拒否闘争、一斉（年次）休暇闘争などがそうだとされている。[1]

ちなみに、順法闘争なる争議戦術は、よくいわれるように、全くわが国の組合独特のものなのであろうか。前記の順法の意味からしてそうでないことは容易に想像がつく。しかし、ストライキが合法化した国ではそういう形の闘争はいったん、存在理由を失って表面には出なくなった。ところが、高度の産業社会の国では、新たにストライキに対する公的・私的制約が登場するに従い、もう一度、息を吹き返すことになった。とくに伝統的な労使関係・紛争のパターン（統一団交—統一スト）が変化を示しはじめた一九六〇年代以降になると、西欧社会でも、山猫ストとともに、この種の変形争議行為があちこちで登場し始めた。イギリス、フランス（grève du zèle といわれる）、イタリー等でそれが見られるようになり、特にイギリスでは、この国の置かれた特殊の状況から work to rule という戦術と用語が生まれ、鉄道労働者を主体として、組合自体が正式にこれを採用している。

この国の work to rule の指令は「通常出番《でばん》の日曜および時間外勤務を除く一切の日曜勤務、時間外勤務および休日・明番《あけばん》勤務を禁ずる」ものと、「業務規則を厳格に遵守して働く」というのと二種類ある。ところで、この闘争形態は（今では労働党政権によって廃止された）一九七一年の「労使関係法」の下で裁判所による適否の判断を受けることになった。[2] 紙面の余裕がないので詳細は省くが、有名なデニング（Denning）判事を裁判長とする控訴院の判決で一九七二年の国鉄三組合が実施した work to rule は、「雇用契約の履行はその目的が損われないようなやりかたでなされなければならない」という契約の黙示の条項に違反し、同法三三条四項にいう「変則争議行為」irregular industrial action に該当する、と判示された。

わが国の順法闘争ではイギリスの work to rule に当たるのが安全闘争と超勤拒否であるから、一斉休暇闘争の分だけ範囲が広いことになる。

本稿では現下の労使関係上、問題の一つとなっている順法闘争について、法的側面から検討してみようということである。当然のことに主たる対象は官公労のそれである。前記のように労働法学界の学説はこれにかなり同情的であるが、社会の「ジュンポウ」に対する目は必ずしもそうとはいえない。ある裁判官は、国鉄のATS順法闘争について「この種行為を遵法闘争と称するが如きは利用者たる国民を欺罔し、愚弄するものである」(後掲前橋地判昭和四九・四・三〇)ときめつけている(きっと順法電車に乗り合わせて腹にすえかねる経験をされたのであろう)。

しかし、順法闘争は、前記のように多岐の内容をもった組合活動である。組合活動としての労働者の行動にはそれなりのロジック(論理)がある。それを明らかにしたうえで法理を考えるとしよう。

(1)　わが国の順法闘争の諸形態および法的問題点については大脇雅子「順法闘争」日本労働法学会編・新労働法講座4労働争議および同書に引用された諸論文に詳しいので、本稿では特に学者の説には触れない。最も新しい研究としては有泉亨「労働組合の争議戦術」第五章「順法闘争」労働法実務大系五(総合労働研究所、昭五〇年刊)。

(2)　判決名は、Secretary of State v. ASLEF C. A. (No. 2)〔1972〕2 W. L. R. 1370. なお、一九七一年法は日本の公労法一七条のようなスト禁止規定ではないので、判決で順法が違法とされてもその意味が少し違う。参考になるのは雇用契約との関係に関する部分である。

二　順法闘争の論理

順法闘争の組合運動におけるロジックは、必ずしも法的正当性の主張でないかもしれない。「たとえ違法でもやらなければならない時はやる」、というのがレジスタンス運動のロジックだからである。しかし、官公労諸君の順法闘争には、相手方として、当局の外にサーヴィスの利用者としての国民(範囲が広いからそういうだけで大衆というべきかもしれない)がいる。こういう大衆の声はあまり「声」にならないが、鬱積すると先年の上尾駅事件のような現象が起きる(法を守ることで有名なイギリス国民も鉄道員の順法闘争という形態の法の守り方にはかなり感情的になったという)。順法のロジックはまず大衆を納得させるものでなくてはならない。そのことが、現在のところでは必ずしも固まっているとはいえない順法闘争の「法理」が今後、形成されていくうえで大きなプラスになる、と私は信ずる。

さて、順法闘争に対する大衆の疑問は次のような形で提起されるであろう。

(イ) 順法闘争は「争議行為」でないと主張されているけれども、組合が計画、指導し集団的に実行され、業務に障害が生じるのであるから、実質上、争議行為なのではないか。争議行為でないという積極的理由を示してほしい。もし、争議行為でないとすれば、平常の勤務体制の下で規則や業務命令に従わないのはサボタージュであり、服務規律違反になるのではないか。サボタージュにも規律違反にもならないという理由を示してほしい。規則の解釈にはいろいろあることは分かるが、日常、ある点で労使が了解に達した一定解釈というものがあるのではないか。それとも日常から担当者の判断に任されているのか。

(ロ) 順法闘争に入る時の組合の具体的要求がはっきりしない。法規の遵守それ自体、または正当な規則の実施、不当な規則の改正が闘争の目的または要求というが、それならばそれを要求した団交をまずやるべきで、それをやらないで、規則はこう解釈すべきだとして直ちに実力行使に入るのは性急ではないか。実はその真意は争議行為の場合と同じく、労働条件の改善や合理化反対にあり、順法要求は口実または手段に過ぎないのではないか。不思議なことに、順法闘争期間が終わってしまうと、問題の「規則」がどうなったかは、労使どちらからも何の説明もない。安全闘争の「安全」は闘争時以外はどうでもよいことなのか。

(ハ) 順法闘争をやる理由として争議権の剝奪ということがいわれるが、順法闘争という規則通り働く闘争とそのような政治的・立法要求との関連性が必ずしも第三者に明らかでない。

(ニ) 順法闘争は多くの場合、利用者である第三者に迷惑をかけ、苦痛を強いる方法で行なわれるが、なぜそういう方法をとらなければならないのか。業務阻害という効果は別の方法で可能ではないか。業務の部分的麻痺による苦痛を当事者は知っているか。知った上でやるのは乗客の声を闘争に効果的に利用しようとするものではないか。それはマイナス効果の方が大きくないか。

(ホ)　規則通りに運転する順法闘争によって損害を受けた利用者は誰に対して損害賠償を請求すればよいのか。

(ヘ)　順法闘争が個々の労働者の規則通り働くという要求ならば、それは任意のものか、そうでなくて、組合の指令下に集団行動として参加を義務づけられたものであれば、ストライキに準じて組合員投票を行ない、過半数の賛成を得たうえ公共機関の労働者の行動として闘争場所や態様を公衆に予告、公示して行うべきではないか。もし、組合の統制下に置かれているのなら「内ゲバ順法」というような現象はなぜ起きるのか。

これは、順法闘争に対して相当辛らつな批判を含んだ疑問提起だと思うが、利用者の中には私企業の労働者もいて、共通の理解といったものを求めてこの問題に注目する人もあるだろう。

こういう疑問に対しては、青木実蔵氏（ジュリスト五八五号八〇頁）の論文が組合側の見解を代表する形で回答されていると思うが、私なりに先取りして想定すれば、次のような主張になるであろう。

(イ)　法令は規定の趣旨に則し字義通りに解釈、実行されるのを本則とする。順法闘争は安全と労働強化の防止のためこの当然に行わるべきことを使用者に行わせるための組合活動であるから、そういう組合員の気持ちが集団的に昂まり、組合がそれを指導する形で実行させ、その結果、業務に多少の停滞が生じたとしても、これを「争議行為」とみることは正当でない。組合は「争議行為」と順法闘争を分けており、争議行為としての怠業をしているわけではない。

(ロ)　順法闘争は、法的に認められた労働者の個人的権利（例えば年次休暇の請求や定時間内の労働など）の行使であり、あるいは、自ら、または利用者の安全のためになされる目的々行為として適法行為である。順法闘争中でも、ストライキと違って就労の拒否はなく、また怠業でもないから業務は「規則通りに」平常と同様遂行されているはずであり、結果として業務阻害が生じたとしてもそれは服務規律や業務命令に違反せず、契約違反（債務不履行）を生じない。業務阻害による損害および責任は、すべて違法状態を生じさせている使用者側の負うべきものである。

(ハ)　順法闘争が「争議行為」だとしても、それは適法目的の適法行為として憲法に保障された争議権の行使である。利用者に多少の迷惑がかかっても、国民生活を危険に陥れるほどの順法はないのだから、公労法一七条の適用を受ける「違法な」争議行為には当たらない。

(ニ)　官公労働者が順法闘争を行なうのは不当に争議権を奪われた労働者の団体行動権に基づくもので、闘争の目的が順法と並んで争議権の回復に向けられるのは当然である。

(ホ)　順法闘争は対内的には、職場の要求にもとづく民主的な大衆行動であり、組織内の見解の対立は、特定の職場単位の行動の適法性に影響を及ぼすものではない、と。

要約すると、順法闘争の正当性は、それが個人の権利の行使の要求であり、時間外に働かない自由の行使であり、また規則を正しく守らせるプロテストとしての規則通りの労働の遂行という個人的権利闘争だから「争議行為」ではないが、争議行為とみても正当な争議行為である、ということである。

三　順法闘争の法理

順法闘争の「法理」とは、ここでは順法闘争という行動が法的にみて正当か不当（必ずしも違法ということではない）かについての法的根拠づけのことである。

ところで、すでに述べたように、わが国の順法闘争には種々の形態が含まれていて、その正当性の判断もその形態に応じて差異があり、またその判断の基準も、特に官公労のように複雑な法関係の下では幾通りもある（刑事、民事、懲戒処分等各側面で必ずしも一致しない）のであるから、順法闘争を一括して、法的に正当とか不当と断ずることはあまり意味がない。もっとも、順法闘争は「組合」の「闘争」の一つであり、またその闘争結果として何らかの形で業務の阻害が生じるのであるから、どの形態のものにせよ、それが集団的業務阻害行為としての「争議行為」に該当するかどうかという法的問題がある。しかし、その前に、順法闘争の形でなされる各労働者の行為を使用者との個別的労働関係において検討してみることが必要である。

そこでわが国の順法闘争の具体的形態を権利の行使型、超過労働の拒否型、就労態様の規制型の三つに分類し、それらが個別的労働関係の側面においてもつ性格を考えてみよう。

(1)　順法闘争の各類型とその法的問題

(1)　請求権行使型順法闘争

年次休暇など休暇権を一斉に行使することによって実質的に争議行為同様の業務阻害を企図する休暇闘争などがこれに入る。労基法三九条の年次休暇権の法的性質や時季変更権との関係をめぐり長年、訴訟でその適否が争われたが、先年の最高裁判決（二小判昭和四八・三・二）で一応、結着を見たところである。判決は、一斉休暇闘争が、所属事業場の正常な運営の阻害を目的とした職場放棄であれば「同盟罷業」となり、そうでなければ、年次休暇の利用目的の問題として使用者の「干渉」が許されない、と判示した。明快のように見えるが、休暇権の行使という個々の行為が所属事業場（国鉄の場合などどの範囲がそうなるのかはっきりしないが）の内外の差により「ストライキ」になったり、ならなかったりするという点に立法政策的な不自然さが感じられる。ともあれ、これで最高裁が「休暇闘争」という順法闘争に一定の法的わく組を示したことになる。年次休暇以外の他の請求権闘争についてもほぼ同じことがいえるであろう。

(2)　超過労働拒否型順法闘争

時間外または休日労働など基準時間以外の超過労働を拒否することによって、日常、超過労働を見込んで組まれている就労体制を混乱に陥れ、業務の阻害を企図する闘争形態である。わが国では強行法規である労基法が原則的に、一日八時間、一週四八時間の最高労働時間を定めているが、所定の手続によって超過労働の就労を認めているところから、その上に立って、労働協約や就業規則が時間外勤務を前提として、これを就労体制に組みこんでいる（具体的には超過労働を命じられた場合にはこれに応ずる義務ありと定める）ため、超過労働の労働契約上の義務の存否をめぐって否定、肯定の両説の対立を生じている。判例は、超過労働につき個人のその都度の合意を要するかどうかという点からみるかぎり否定、肯定説全く相半ばし(1)、いまだ最高裁の判定をみていない。

しかし、平常時はともかく、順法闘争としての超過労働拒否が行われる場合には、組合自体が三六協定を破棄または停止させるか、そうでなくても組合の集団意思で超過労働に服しないことを明示しているかぎり、労働契約上の超過労働就労義務は停止しているとみるべきであるから、この形態の順法闘争を労働契約違反の点で違法と解することはできないであろう。

ちなみに、イギリスでも前記の超過勤務拒否型の work to rule については、前記判例は、「労働者は彼の雇用契約が要請する以上に雇主のために働く義務はないし、彼の goodwill（特別の労務をなす意思）を雇主に提供しない自由をもつ」として、これを雇用契約の違反にならないと判示している。

もっとも、この見方に対しては、超勤拒否が適法だとしても、それを組合が集団的に行なわせ、それによって業務を阻害させることは「争議行為」に外ならず、そのゆえに公企業では違法となるのだという反論があるかもしれない。しかし、勤務の義務のない者が職場を去ることによって生ずる業務阻害をそれだけの理由で「争議行為」とみなすのはおかしい。ただ問題は超勤拒否の意思表示が合理的長さの予告と業務運営を危険に陥れない配慮をもってなさるべきことである。これは私企業でも致命的損害を与える抜打ストや怠業(2)が争議権の濫用とみなされるのと同じ理くつである。

業務阻害を目的として、集団的行動としてなされた点に重点をおいて、この形態の順法を法的に「争議行為」とみるとしてもそこには「権利争議」の性格が強く、これを直ちに公労法違反の争議行為ということはできないであろう。ただし、国労熊本地本事件におけるような、操車掛等によるダイヤ回復のための休憩時間の繰下げ命令拒否の順法闘争では、休息権の行使とはいえ、その判断が微妙になってくる。判決（熊本地判昭和四八・一〇・四）は後述のように結論において懲戒処分を無効としたが、争議行為に該るとみた。

以上述べたところからも察せられるように、同じ順法闘争といっても、(イ)(ロ)のいわば個人の権利行使型のものについては、原則として合法の範囲が広くなる。これは、公企体のようなある程度、公共的性格をもった企業体にあっても、個人の意に反する労働を強いることはできない、という個別的労働関係法の原則が重視さるべきだからである。

これに比べると第三類型のものは、個別的労働関係法の下でもかなり問題を含んでいる。

(3)　規則遵守——怠業型順法闘争

法令、規則を厳格に遵守することによって結果的に生ずる業務の阻害を意図するもので、言葉の厳密な意味での（狭義の）順法闘争である。

この種の闘争の法的性格を考える場合には、「規則を規則通り守るのに何が悪い」というような抽象的一般論や、「国民の安全や自己の生命を守るための安全運転は人権問題だ」というような大上段の倫理論だけでは説得力が弱い。それはプロパガンダ的テーゼで真の順法のロジックとはいえない。

次に、順法における規則遵守闘争の適法性を、法規や規則のありかたの違法状態に求める見解がある。これも一般論としては問題がある。柴田光蔵教授はある評論の中で(3)順法闘争を引合いに出して、これを交通法規とともに「法に対するわれわれの日常的なうけとめ方を端的に示す」好例として挙げられている。確かに、規則通りに行われない「正常な（普通の）状態」が、厳密にいえば規則に牴触する「違法な状態」である例はあるだろう。しかし、以下に考察する安全闘争の諸形態においては素人目にみても、明白に違法ときめつけることのできる事例は見出せない。あったとしても稀有であろう。違法状態が普通状態として日常的に受けとめられている例は、むしろ三六協定なき時間外労働のような場合であって、順法闘争における「違法」は、違法の主張にとどまる。違法の常態化理論は規則遵守闘争を一般的に正当化する根拠とはなりえない。これを安易に認める学説は、次のような安全闘争の実態をよくみるべきである。

問題をより具体的に検討するために規則遵守闘争のうち最も典型的な国鉄関係の「安全運転闘争」をとりあげ、それが技術的にどういう形で展開されるのか検討してみよう。列車運行の安全を維持するため厳格に安全規則(4)を遵守しようという安全闘争には、「運転保安規則」、「構内走行禁止」、「入出区規制」、「ATS闘争」、「見切り発車拒否」などの戦術がある。主要なものを挙げよう。

㈠「運転保安規制闘争」は、「安全の確保に関する規程」(綱領五)にいう「疑わしいときは、手落ちなく考えて最も安全と認められるみちをとらなければならない」、同規程一七条の「列車、自動車の運転並びに船舶運行に危険のおそれがあるときは、従業員は、一致協力して危険をさける手段をとらなければならない。……直ちに列車又は自動車を止めるか又は止めさせる手配をとることが多くの場合、危険をさけるのに最もよい方法である」また、運転取扱基準規程四条の「異例の事態が発生したときは、その状況を判断したうえ、列車の運転に対して最も安全と認める手段により、機宜の処置をとらなければならない」旨の規則により、あるいは、運転取扱基準規程(一三四条)に定める制限時速に従って、車両入替時や、線路内に人影、車馬を認めたときや、保線作業箇所通過時などに、機関士の裁量で必要以上に速度を落したり、停車したり、列車遅延の場合の回復運転を拒否する戦術である。

これに対して当局側の見解は次のようにいう(5)。列車の運転は所定のダイヤにより定時に運転されることが安全確保上最も重要であり、運転取扱基準規程も「列車は定められた運転時刻により運転するのを原則とする」と定め(四三条)、また「機関士は、列車が遅延したときは、許された速度の範囲内で、これを回復することに努めるものとする」(四七条一項)と定めている。そしてダイヤは、運転規則に則り安全かつ適正な運転速度、停車時分等を基礎とし、それに余裕を加えて作成され、かつ、先行列車との間には常に二以上の閉そく区間を隔てるとの原則があり、これに基づいて各列車および関係部門が相互に有機的関連を保ちつつ一体として運行管理されるのが通常の業務の実態である。時として事故によってダイヤが乱れることがあるが、その場合でも信号機の指示と所定の制限速度に従って運転されることにより安全が保たれている。「〇〇キロ以下の速度」といっても、どの程度の速度で運転すべきかは慣行的にきまっている。組合が闘争手段として規程の正しい意味や業務運営の慣行を無視して恣意的な判断で必要以上に運転速度を低下させるのは業務上の規程に背反する、と。

㈡　次に動力車の「入出区規制闘争」と呼ばれるものは、運転士の勤務規程（内達一号）に定められている出庫時間と各現場で定められている出区時刻との間に若干のズレのあるところから、前者を厳格に守って時間を遅らせるもの、あるいは、動力車の入出区にあたり、基地側と駅側の授受地点について駅区協定で定められる地点と現実の授受地点とが若干異なるところから、その是正要求を出すことで業務を停滞させるもので、交渉がまとまるまではピケ等で動力車の入出区を規制するというやりかたがとられることもある。

これに対し、当局側は、内達一号で定める出庫時間というのは、乗務員の超過勤務手当支給の必要上、全国一律に計算さるべき時間として定めたものにすぎず、動力車の出区時刻は、区長の業務命令により出区すべき時刻、すなわち、駅区協定により定められた時刻ないしは従来の作業慣行により正常に出区していた時刻である。また、駅区協定で授受地点を定める趣旨は、区と駅の境界において動力車が安全かつ円滑に引き継がれることを目的とするものであって、停車位置が少し離れたからといって、右協定や安全規程に違反するとはいえない、と反論する。

㈢　ＡＴＳ（自動列車停止装置）闘争は、安全運転闘争の中でも最も新しく、かつ、技術的意味において問題の多いものである。ＡＴＳは、「運転取扱標準について（昭四〇・二・一六運保一九二号通達）」や「ＡＴＳの警報表示の際の動力車乗務員の処置について（昭四三・九・一二運保一三〇五号通達）」によれば、ＡＴＳ警報が鳴ったとき、それが場内信号機と出発信号機の直下の場合には停止すべく（規程三六四条）、それ以外の場所では、一旦「ブレーキ手配を行なった」のち確認ボタンを押して（これを確認扱いという）ATSの作用を解除し（同三六五条）、そのまま停止することなく信号機に向って進行し、その間に信号が注意信号（進行現示）に変わっておれば、それに従って進行する。もし停止信号のままならその手前約五〇米の地点に至って停止すべきものとされ、通常はその通り運転されている。順法闘争では、組合は右規程三六五条にいう「ブレーキ手配を行なう」の意味を「停止」と解釈し、ATS警報が鳴った時は、安全を期して確認ボタンを押すことなく、直ちに列車を停止させるよう指示する。

当局は、右三六五条は、ATSの確認ボタンを押す順序等を規定したものであって、警報が鳴った場合、必ず停止することを義務づけたものではない。列車の運転は信号に従ってなされるべきで、ATSはその補助手段であり、かつ「確認扱い」を的確に行なうことによって正常にして安全な運行が保たれる。それがまた、従来から適法とされている慣行である、と主張する。

以上、国鉄の運転規則の正確な内容や運営のしかたなど、第三者にはよく分からないが、安全闘争という順法闘争の正当性を検討するには、問題の安全規則の規定と解釈のしかたを具体的に考慮する必要から煩をいとわず述べてみた。

(2)　安全規則の「解釈」闘争と労働契約

さて、法的に問題なのは、第一に、規則の「解釈」と労働契約との関係ということであり、次に、規則の「解釈」闘争における真の意思または目的の問題である。

思うに、法律や規則は厳格に解釈、運用されねばならない。特に人命や安全がかかっているものはそうである。この意味で規則に順って働く（work to rule）ことは、全く当然の理をあらわす。もし、一見、明白な規則違反で安全が脅かされていることが判明した場合には、規則に従って「働く」のではなく、労働者はそれを指摘して就労（というより業務運営）を拒否するのが当然であり、これをしも「順法」というのは言葉の用法を誤っている。もし、その違法状態が常態であっても、危険が明白であれば、拒否は絶対的、かつ（匡正されるまで）永続的でなければならない（そうでなければ利用者はたまったものではない）。

しかし、通常、闘争としての順法はそのような緊急避難、あるいは自力救済的措置をいうのではなく、業務の運営方法または慣行的取扱において、一応、適法と解され、日常それに従って運営されているが、厳密には解釈上問題があるような規則の規定を順法という手段として一時的に一定の厳密な解釈の下に運用することによって、当然起こりうる業務の停滞を企図する目的行動をいっている。右に例を挙げた安全闘争における組合側のきわめて技術的な解釈と闘争がこれを物語っている。しかし、それだから順法は不当だとか違法と断を下すのは早計に過ぎる。

安全規則には、その目的に応じて確かに解釈の幅がある。そして技術的性格が強く、かつ、状況判断を要するものほど現場の運営担当者に現実の解釈を委ねられている。では、その解釈権者は誰なのか。それは業務命令を下す立場にある者（管理者）という答えがはね返ってきそうである。しかし、とっさの判断となるとそうではあるまい。現場一体の総合的判断というのが実態であろう。つまり、業務命令権のない現場担当者でも何がしかの規則解釈権をもつのである（げんに日本国有鉄道就業規則五条の二は「疑わしいときは、手落なく考えて、最も安全と認められるみちを採らなければならない」と定めている）。

ところで、労働者は使用者の指揮、命令下に労働する義務を負うから、労働中、上司の解釈に基づく運営規則および業務命令に従う義務を負う。順法はこの機能を意識的に乱そうとするものであるから服務規律違反であり、雇用契約違反となる、という見方がある。

確かに、組合が順法闘争において安全規則等の守りかたについて指令を出せば、当局はこれを否定して「そういうやりかたをしてはならない」旨の業務命令を出すであろうから、それを無視した就労のしかたは業務命令違反となる。しかし、ここで法的には、規則違反ないし業務命令違反が直ちに雇用契約違反となるかどうかが問われねばならない。というのは、法理論上は、職場の業務規則はそれ自体が直ちに労働契約の内容とはいえないし、業務命令が拘束力をもつのは、それが適法であって労働契約にもとづく遵守義務となるからである。さきに述べたように、業務規則に一定の解釈権をもつ労働者に対し、その余地を全く認めない業務命令が適法な拘束力をもつかどうかが契約の解釈上問題となる。少なくともそれは法的に争わるべき問題であり、自明のことではない。

しかし、規則の客観的、かつ、正当な解釈は裁判所の判断に任せる外ない、といって、判決が下りるまでは業務の運行ができないとすれば、社会の機能はほとんど停止してしまうであろう。また、裁判所はそんな大きな権限と義務を負わさるべきではない。とすれば、一企業の運営規則の解釈は、一応、日常の慣行的運営に基づいて適法の推定がなされることになる。これはもともと国家の行政行為の理論であるが、ある意味では私企業にも適用さるべきことである。もちろん、適法の推定の結果として違法が生ずれば、それについては企業の運営者としての使用者がその責を負わねばならない。このことは、安全闘争における規則の当局による解釈が常に正当化さるべきだという意味ではなく、規則の解釈をめぐる争いの基本的ルールを述べたに過ぎない。

順法闘争における規則の解釈の問題は、つきつめれば、規則の規定の意味をことさらに厳しく解釈することの目的が、真に当該規定のねらいとする安全の確保、または運行の正常性の確保に向けられているか、それとも、単にそれが業務阻害のための手段であるかによって判断するほかないであろう。その場合、規則はそれだけを切り離して解釈さるべきではなく、関連する他の規則と相関的に解釈されねばならない。例えば、安全闘争において乗客、人命の安全のための規則は、他方で列車の正常な運行を確保することを目的とする規則（それによって混乱から派生する安全が確保される）との関係において総合的に解釈されることを要する。たとえば、公共的施設としての輸送機関の機能は利用者にとってただ安全でさえあればよいというものではなく正確に運行されることが望まれる。究極的には一つであるが、個々的には目的を異にする二つの規則がともに適用さるべき場合に、一方の規則の要請を犠牲にする形で、他方をことさらに厳格に解釈する場合には、その行為の目的が主として業務阻害にありと認められてもやむを得ないであろう。

労働者がこのように規則に合目的的に従って就労すべき要請は、規則にそう定められているからではなくて、そのような配慮の下に就労することが労働者の労働契約上の義務とみなされる（黙示の推定）がゆえに適法なのである（みなされるかどうかの終極的判断は裁判所の認定に任せるほかはない）。

組合側の安全闘争のロジックが果たして以上の法のロジックに十分に適合しているかどうか疑問なきを得ない。多くの判例もこの点、消極に解している。(6)

最後に安全闘争における安全規則の特別の解釈の仕方が、たとえ労働契約違反になるとしても、それはより高度の安全の確保と究極的目標である労働条件の維持改善という適法目的のため労働者が団結して行なう一種の争議行為であるから、その効果として個々の労働者の契約違反性は争議行為に吸収されて消去されるという主張を検討しなければならない。確かにこの主張の方が運動論としても正論である。ただし、そう主張される場合の順法闘争はもはや個々の行為ではなく、全体として「怠業」という一つの「争議行為」である。

「争議行為」とは法的に何を意味するかは難しい問題である。労組法も公労法もそれ自体の「争議行為」の定義をもたない。順法闘争は争議行為かどうかという果てしない論議が生ずるゆえんである。そこで、もし、一歩踏み出して、順法闘争を「争議行為」とみる立場に立てば、次にそれと公労法一七条の禁止する「争議行為」との関係が問題となる。しかし、官公労の「争議権」自体の問題は、すでに本稿で予定したテーマのワクを超えることになるから、現時点での公的な取扱の情況を示すにとどめよう。

政府・当局筋では、国鉄職員の順法闘争について戦後、早くから一貫して、順法闘争は「争議行為」であると断じてきた。(7)

裁判所は、どうみているかというと、安全闘争に関する限り、これを争議行為とみるのがほとんどである。例えば、民事事件についてみると、動労四国地本事件（高松高判昭和四五・一・二二）、動労岩見沢事件（札幌高判昭和四八・五・三〇）、動労高崎地本事件（前橋地判昭和四九・四・三〇）はこれを「争議行為」で、かつ、公労法一七条に違反する違法争議行為（もっともそれを理由とする懲戒処分自体は諸般の事情を考慮して無効とされたケースがある）とみるのに対し、熊本地本事件（熊本地判昭和四八・一〇・四）は「争議行為」ではあるが、国民生活に重大な障害をもたらしていないという理由で、公労法一七条の禁止する争議行為には該当しないとみている。そして、最高裁のいわゆる四・二五判決以後でも一般に公企体労働者の争議行為につき公労法一七条の適用を受けない——その意味で正当な争議行為の余地を見出しうるかどうかが判例上なお、問題となっている（最も新しい肯定説は順法闘争事件ではないが動労天王子地本事件についての大阪地判昭和五〇・三・一四）。官公労働者の争議権の問題は順法闘争を含んだ形で今や立法上の解決をまっている情況である。

(1)　否定判例として明治乳業事件・東京地判昭和四四・五・三一、広島西郵便局事件・広島地判昭和四五・七・二一、肯定判例として日本鋼管事件・横浜地川崎支判昭和四五・一二・二八、日立製作所事件・東京高判昭和四六・一・二二などがある。
(2)　スローダウンを消極的サボタージュの一種で争議行為としては正当であるが無通告であれば違法とした最近の判例として日本T・I・J事件・浦和地判昭和四九・一二・六がある。
(3)　読売新聞昭五〇・三・一四付「日本人にとって法とは」。
(4)　参考のため安全運転に関連のある部内法規を挙げておこう。
国鉄運輸関係の法規としては、基本に「鉄道営業法（明三三・三・一六法律六五号）」があり、これに基づく現行規則として日本国有鉄道運転規則（昭三〇・三・一二運輸省令五号）」がある。そしてその細則として「運転取扱基準規程（昭三九・一二・一運達三三号）」が置かれ、これに基づき各支社段階で「運転作業の内規の作成基準」が、各駅単位で「運転作業の内規」が定められる。一方、運転の安全に関しては、「運転の安全の確保に関する省令（昭二六・七・二運輸省令五五号）」があり、また国鉄総裁は「安全の確保に関する規程（昭二六・六・二八総裁達三〇七）」を定めている。
(5)　当局側の主張については堀部玉夫「いわゆる順法闘争について」公企労研究一八号を参考にさせていただいた。

（6）　ＡＴＳ闘争に関する判例は動労高崎地本事件の前橋地判昭和四九・四・三〇が一件あるだけである。判旨は、規則三六五条の当局側の解釈を支持し、合法かつ正当適切だといっている。判旨は順法闘争を組合による一種の生産管理闘争とみているようであるが、これは行き過ぎである。生産管理とか業務管理は労働者による排他的施設占有を伴うものをいう。入出区規制闘争に関する札幌高判昭和三九・二・一五は組合の主張する「悪しき慣行の是正」は、「むしろ規制の対象となった列車の遅延またはそのおそれを惹起せしめるのが、真のねらいであると認めて差支えない」と判示し、福岡高判昭和四二・一・二五は、「規程違反があったとはいえず、かりにあったとしても安全規定違反とはいえない」と判示する。ただし、判旨は、安全規定違反がある場合には、「その違反の種類、程度に応じて相当と認められる時期、手段で、その違反を当局者に是正させるため、国鉄の業務を妨害することは正当なもの」といって順法闘争の余地のあることを認めている点で注目される。

（7）　例えば検察関係では次長検事電信通牒「国鉄における遵法闘争について」（昭二四・七・六）、検務局長通牒「国有鉄道職員の遵法闘争について」（昭二四・七・二九）、刑事局長通牒「日本国有鉄道の列車等の正常運転確保について」（昭二八・八・一三）。このような基本方針のゆえか、順法闘争の刑事被疑事件では有罪判決が多い。長崎機関区事件・長崎地判昭和三九・四・二〇、福岡高判昭和四二・一・二五、最高決昭和四五・一二・一五、池田機関区事件・釧路地判昭和三七・三・三〇、札幌高判昭和三九・二・一五、最高判昭和三九・一二・一一など。政府では、昭三二・九・二七閣議了解「公共企業体等の職員の労働組合の争議行為について」において「従来の業務運営の慣行が法令又は業務上の規程の合理的な解釈から正当と認められている場合に、組合の指令等に基づき、その主張を貫徹することを目的として職員が、当該の法令又は業務上の規程をほしいままに解釈して従来の業務運営の慣行を違法であると主張し、その慣行を無視してほしいままの仕方で業務を行ない、又はなすべきことを行なわないいわゆる順法闘争は、業務の正常な運営を阻害するものであるから争議行為である」と述べている。国鉄当局の見解としては、昭和四七年七月付日本国有鉄道「いわゆる『順法闘争』に対する見解」が、(1)いわゆる「順法闘争」とは、組合がその要求貫徹の手段として、法令、規則等の特定の規定をとらえて一方的に解釈し、その解釈に基づいて作業を厳格に行なうべきことを主張し、かつ、組合員に指令して集団的、組織的に、従来からの慣行的な作業方法、作業基準等によらず、平素と異った作業又は行動を行ない、またはなすべきことを行なわず、その結果作業能率を低下させて「業務の正常な運営」を阻害する行為であって、公労法一七条に違反する違法な行為である、としている。

〔ジュリスト五八五号、一九七五年〕

〔判例研究〕

1　ビラ貼りと損害賠償——国鉄事件

〔東京地裁昭和五〇年七月一五日判決、判例時報七八四号二五頁〕

一　事　実

国鉄動力車労働組合（動労）は、昭和四四年四月の臨時大会において「助士廃止粉砕」を掲げてストライキ体制の確立を決議、闘争戦術としてビラ貼り等を決定、闘争拠点として甲府支部を指定した。支部組合員らは、管理局事務所の壁、扉、窓等に「助士廃止断固粉砕」などと書いたビラ約三、五〇〇枚を糊で貼り付けた。動労執行委員らも指導した。

国鉄は右ビラの除去、清掃、塗装などの修復作業を業者に外注、三日間延べ九名の作業員にビラ剝がしを行わせ、また、塗装会社に二日間にわたり、延べ二六名の作業員で塗装作業を行わせた。

国鉄は動労中央本部及び組合員二〇名を相手として、不法行為による損害賠償一四万二、〇三〇円を請求した。

二　判　旨

一　原告は、甲府総合事務所について、その所有権が内容とする機能の範囲において自由にその権能を行使することができるから、本件ビラ貼りの如き施設利用行為を許容しないで同事務所を使用することの利益を享受することができる。さらに施設管理権に基づいて同事務所の管理及び運営の目的に背馳し、業務の能率的かつ正常な運営を阻害する行為を一切排除する権能を有するから、本件ビラ貼りの如き業務阻害行為を禁止することができる。したがって、本件ビラ貼り行為は原告の所有権ないし施設管理権を侵害した。

二　労働組合は、いわゆる企業別労働組合の場合においても、使用者の施設を利用してビラ貼り活動をするには、当該施設にビラを貼る権原（使用者がその施設の利用を許容しなかったことによって不当労働行為が成立するに至った客観的事情を含む）を要するところ、被告動労には権原があることの主張及び立証がない以上、動機たる目的がなんであろうと、その手段及び予想される結果において原告の事務所に対する所有権ないし施設管理権を直接に侵害し、いたずらに原告に対し嫌がらせを仕掛けること施行したものというほかはない。原告がこれを受任しなければならない理由はない。

三　本件ビラ貼り行為は、被告動労が、「その組合活動として」「組織的一体性をもって強行した組合行動」であるから、これによって生じた全損害につき、被告動労は法人たる不法行為者として、それ以外の被告は共同不法行為者として賠償の責に任ずる。

三 評釈

一 本件は、わが国の組合運動とりわけ争議時を中心に付随的に行われるビラ貼り活動につき、使用者側からの損害賠償の訴えがはじめて取り上げられた事件で、注目を引くところである。

ビラ貼りをめぐる判決は、少なくないが、その多くは、これを理由とする労働者個人に対する使用者の懲戒処分の可否という形で争われてきた。そして、その場合の裁判所による適否判断の根拠の理論(1)は、必ずしも納得すべきものとはいえない。ビラは企業内の施設に無許可で貼付されるかぎり、その行為の服務規律違反性という側面において、また、それを指令した組合の不法行為責任においても、「権原」としての使用者の「施設管理権」が争点になるのは当然であり、本判決でも、判旨一、二に示したように、賠償責任の成否が施設管理権の侵害の有無の問題として取り上げられている。

二 使用者の施設に対する無許可のビラ貼りの結果生じた損害または撤去ないし修復費など具体的損害については、原則的に責任を認めざるを得ないと考える。

判旨は、いささか感情に走ったきらいはある(2)が、要するに、権原なくして強行貼付されたビラの後始末費用が損害賠償請求の対象となることを肯定したものである。

(1) 判旨一は、企業施設内では使用者が特に認めた以外、原則的にビラ貼りが許されないことの根拠を「所有権の権能」及び「施設管理権」に求めている。ところで、使用者がその施設についてビラ貼りの如き施設利用行為を許容せず、業務の能率的、かつ正常な運営を阻害する行為を排除する権限を持っていることは確かであり、また、それが所有権や施設管理権に依拠していること自体についてもこれを積極的に否定することは困難であろう。しかし、その「施設管理権」なるものがいかなる権利なのかについては、判旨は何も説明していない。このことは本件判旨のみならず、従来この言葉を使用してきた多くの判例も同様であり、今や「施設管理権」という用語は一つの法律用語として定着したかの如くにさえ見える。とはいえ、私も、使用者がその施設を「管理」する権限ないし権利をもつことは否定しないし、こういう用語を使うことが特に不当だというつもりはない。

しかし、このような事実的かつ包括的な権限を一つの法的権利として認めるには、まず、その正確な定義が必要である。定義をするとすれば、施設管理権とは、「使用者が自己の所有に属する企業施設をその目的に従って使用するために管理上必要な措置をとりうる権利」ということになろう。

ところで、「施設」とは、通常、物的施設をいうが、ある場合には「施設内の静穏状態」もまた管理の対象となる。物的施設には、通常、工場、事業場、機械設備、事務所の外、それに付属する部品、備品等、間接施設としての門、塀、廊下、電柱、車庫、洗面所、食堂等が含まれ、管理権が及ぶ。しかし、他面、貸与された組合事務所や掲示板、私物等は施設管理権の及ぶ「施設」には含まれない（貸与され、利用しているロッカー等では、厳密にはその内部と外部で管理のあり方が異なることがある）。損壊の危険性があるなど、不当利用の場合には、施設管理権が働く施設管理の実態からすれば、わが国の事業所内の多くで、事実上認められている組合活動との関係において、何らかの制約を受けており、その意味では企業の「絶対的」権利とはいえないのである。

(2)　判旨二は、組合が使用者の施設を利用してビラ貼りをするには相当の「権原」を要すること、権原なき使用は「企業別組合」であろうと、「動機たる目的」が何であろうと使用者側に受忍する義務はなく、施設管理権の侵害となる、としている。

判旨の考え方は、恐らく、従来の学説・判例が懲戒処分のケースにおいて、免責ないし懲戒権の濫用の論拠として企業別組合（機能）論（企業別組合では企業内を団結の場とするから、それを認めないのは団結侵害となるとする考え方）や団結目的論（業務を妨害する目的ないし意図ではなく、団結の強化や連帯を施行する点において正当目的を有するという考え方）、あるいは、右の考え方を前提とした「使用者受忍義務説」を念頭に置いたものであろう。

もっとも、判旨は、組合がビラ貼りをなしうる権原をもつ場合がありうることを示し、その一つとして「使用者がその施設の利用を許可しなかったことによって不当労働行為が成立するに至った客観的事情」を挙げている。しかし、判旨の立場では、施設の利用についての「権原」とは、単に組合活動にとって必要というようなことではなく、使用者による明示の許可を要すると思われるから、かかる許可がなされていないにもかかわらず、組合側に使用権原があって、これを使用者が認めなければ不当労働行為が成立する場合がありうるのか、疑問に思われる。もっとも、判旨は労使間の慣行等による黙示の許可をも「権限」になりうることを認めているのかもしれない（その場合に、ビラ貼りが組合の「権利」として認められるのか、それとも免責ないし情状酌量の問題となるに過ぎないのか、判決では不明である）。もし、そうだとすると、従来、国鉄施設で日常貼られるチラシの類などは、果たして当局の許可を得ているのであろうか。判旨は「ビラ貼り」についての権原があることの主張及び立証がない」としている以上「客観的事情」なるものは不明である。いずれにしても、施設管理権と組合活動の自由との一般的関係について、本判決を施設管理権の一般論を樹て、従来、多数説であった比較衡量説や受忍説を誤りとして許可説に踏み切ったのだと解する必要はない。ただ、一般論としては、違法性阻却か受忍義務かという「二者択一の発想」（小西・前掲論文参照）は若干問題であり、私見では、使用者に施設を組合活動に利用せしめる受忍義務があるかどうかは当該契約関係から推認して組合の免責の有無が決定されると考える。

(3) 本件判旨は、本件のビラ貼り行為が労組法にいう「争議行為」に該当するかどうかについて全く触れていない（この点を取り上げたのが山口浩一郎「争議行為綺論三則」石井追悼論集三七頁、ビラ貼りやリボン戦術の法的性格をとことんまで追求していけばこの問題に行き着かざるを得ないと思う）。

本件判旨が特にこの点に触れていないのは、当事者間の争点でないことによるが[3]、組合のビラ貼り行為が不法行為を構成すると見る場合にも、その賠償責任の主体論としても、それが、組合の「集合的」単一行為なのか、それとも個々の参加組合員との共同不法行為なのか、が問題となる。判旨三は、本件動労が「組織的一体性をもって」行った組合行動とし、参加者を共同不正行為者とした。

私見としては、組合が正式活動として指導、指令した場合には、原則的に組合単独責任説を採りたい。そこでは、個々の参加組合員が従業員としての服務規律違反を問われているわけではないからである。ただし、大衆行動系のビラ貼りでは行為の主体が明確でないので共同不法行為説の考え方が成立しうる。山猫型であれば第二の考え方が妥当であると思う。要するに損害賠償だけが争われているケースでは、損害は賠償の支払によって塡補されるのであるから、それが組織体によって計画、指導、指令する当該組合自体が責任を負うのが本筋である。

本件は、いうまでもないが、ビラ貼りという違法争議行為によって使用者が蒙った「精神的」障害は請求されていない。使用者側としては、本件提訴の主眼が「ビラ貼り正当争議行為説」や「免責説」を斥けることにある以上、困難な慰謝料請求問題を回避したのであろうが、今後は、「過激な」、「大量ビラ貼り」による企業の信用性の侵害に対する慰謝料も問題となるであろう。

本判決の影響としては、判旨が企業の施設管理権を強調し、その権限なき使用を構成することを正面から肯定したことは、これまで歯切れの悪い議論を展開してきた、ビラ貼りの懲戒処分のケースに、少なからぬ影響を与えるであろう。懲戒処分のケースでは客観的な免責の立証技術が必要になると思われる。「ビラ貼り」という組合活動が現下の組合運動上、少なくとも当事者にとっては重要な意味を持ち、特に争議権のない労働者の場合にはそれに代わる唯一の選択肢となっている事実を考慮すべきである。目的達成のための手段であるから、実行者は当該運動の終結とともに、自らそれを撤去し、原状に復せしめる同義的責任を果すべきである。それをしない以上、賠償責任が生ずることはやむを得ないであろう。

(1)　従来の判例を多角的に検討したうえ、疑問点を明快に指摘したものとして小西國友「ビラの貼付と使用者の施設管理権」季労九五号三〇頁。

(2)　横井芳弘・労判二三三号一〇頁、竹下英男・ジュリ五九五号四一頁、籾井＝角田＝雪入＝山本「座談会」労働法律旬報八

八八号四頁。横井教授は、これを「裁判官の情緒的組合観」として批判されている、一二頁。

(3) 現公労法の下では「争議行為」なるものが存在するかどうかは最高裁四・二五判決とその後の下級審動労天王寺地本事件大阪地判昭和五〇・三・一四等の対立に見られるように依然として微妙な問題である。

〔判例時報七九五号(判例評論二〇三号)、一九七六年〕

2　ロックアウト継続の適法要件——第一小型ハイヤー事件

〔最高裁第二小法廷昭和五二年二月二八日判決、労働判例二七八号六一頁〕

一　事　実

上告人会社Yでは昭和三七年二月六日から被上告人Xを含む訴外第一ハイヤー労働組合Aとの間に春闘要求をめぐり労働争議が発生した。Aは、当初時限ストを繰り返し、Yの事務室、社長室、配車室、車庫等の壁、天井、窓ガラスなどに連日数十枚、数百枚のビラを貼り、また同年六月一九日以降占有排除等の仮処分が執行された八月四日まで約一カ月半にわたって本社事務室を占拠し、さらに会社の指揮管理を排除して営業車タクシーを運行した。その間、四月一二日に、訴外第一ハイヤー新労働組合Bが結成され、以後、Aを脱退してBに加入する者が増大した。

Yは六月二二日Aに対し全事業所のロックアウトを通告したが、他方、両者間に和解の話も進み、正常勤務に戻るための和解条項も一応、成立した。しかし、最終意見の一致を見ないままに、Aは本社事務室の占拠および営業車の占有運行を続けたため、YはAによる本社建物および営業車八台、車の車検証・エンジンキーの占有排除並びに会社事業場に対する立入禁止などの仮処分を申請し、その決定（七月三一日）を得て八月四日執行した。営業車八台は執行吏保管となったが、Aは車検証およびエンジンキーについては見当らないとして執行吏に対する引渡しを拒否し、ロックアウトが解除されるまで返還しなかった。Aはさらに八月六日、階下が車庫となっている本社建物に接着してその入口前歩道に天幕を張り、板囲いをするなどして約一ヵ月にわたり車庫への自動車の出入り、本社建物の使用を妨げた。

Aは、七月三一日、八月六日、同一四日の三回にわたりYに対して就労要求および団体交渉の申入れをしたが、Yは、八月一八日、Aおよびその組合員が(イ)会社の指揮管理の下に入ること、(ロ)本社社屋に掲げている組合旗を撤去すること、(ハ)車検証、エンジンキーを返還すること、(ニ)菊水支店から持ち去った寝具を返還すること、(ホ)就業後三ヵ月間一切の争議行為をしないことの五項目の条件を履行するならばロックアウトを解除し就労を認めると答え、現状ではこれらが履行されていないとして就労拒否継続の回答をした。

その後、九月六日からYA間に団体交渉が断続して行われるようになったが、A側はやがて春闘要求を口にせず、立上り資金および処分問題に限定して交渉を進める態度に変わったが、YはAが前記五条件を履行することが先決として交渉は平行線をたどり、一年後の三八年九月六日に至ってロックアウトが解除された。

なお、Yは、ロックアウト期間中もB組合員および非組合員を就労させ、その当初三七台しか実働していなかった営業車も同年九月頃には四五台運行できるようになっており、また同年九月頃には当初約五〇名いたA組合員は三〇名を割るまでに減少していた。

A組合員二〇名は、Xを選定当事者とし、Yの本件ロックアウトを違法とし、ロックアウト当初からの賃金等を訴求した。一審判決(札幌地判昭和四五・四・一〇別冊中央労働時報八〇七号八四頁)は、本件ロックアウトの成立についてはこれを適法としたが、Yが昭和三七年八月一八日Aの就労申入れを拒否した時点以降はもはや「企業防衛の性格を失った」ものとして、Xらに対するYの賃金支払義務を認めた。Yは控訴したが、二審判決(札幌高判昭和四七・二・一六別冊中央労働時報八四〇号九四頁)も原判決を支持、控訴を棄却、Yは同判決の一部破棄を求めて上告した。

二　判旨（棄却）

「個々の具体的な労働争議の場において、労働者の争議行為により使用者側が著しく不利な圧力を受けることになるような場合には、衡平の原則に照らし、労使間の勢力の均衡を回復するための対抗防衛手段として相当性を認められるかぎりにおいては、使用者の争議行為も正当なものとして是認されると解すべきであり、使用者のロックアウトが正当な争議行為として是認されるかどうかも、右に述べたところに従い、個々の具体的な労働争議における労使間の交渉態度、経過、組合側の争議行為の態様、それによって使用者側の受ける打撃の程度等に関する具体的諸事情に照らし、衡平の見地から見て労働者側の争議行為に対する対抗防衛手段として相当と認められるかどうかによってこれを決すべく、このような相当性を認めうる場合には、使用者は、正当な争議行為をしたものとして、右ロックアウト期間中における対象労働者に対する個別的労働契約上の賃金支払義務を免れるものというべきである（最高裁昭和四四年(オ)第一二五六号同五〇年四月二五日第三小法廷判決・民集二九巻四号四八一頁、同昭和四八年(オ)第二六七号同五〇年七月一七日第一小法廷判決・裁判集民事一一五号四六五頁参照）。そして、このようなロックアウトの相当性の要件は、その開始の際必要であるのみならず、これを継続するについても必要であると解すべきことは、当然といわなければならない。」

三　評　釈

判旨簡に過ぎ説得性に欠ける。

一　本件は、一旦、適法に開始されたロックアウトがその後の労使関係の変化に応じて継続の必要性＝適法性を失うかどうかについての最初の最高裁判決であり、ロックアウト成立（開始）の相当性についての最初の最高裁判決である丸島水門事件（最三小判昭和五〇・四・二五）を承け、その判旨をロックアウトの継続についても適用すべき旨を判示したものである。

二 本判決は、原判決がA組合員の就労に関しYのロックアウト実施を相当としながら八月一八日以降Yがこれを解除しなかったことはYの責に帰すべきものとして賃金の支払を命じたことは「理由齟齬」、「事実誤認」等の違法をおかしたとして原判決の一部破棄を求めた上告理由に答え、すべてこれを却けたものである。まず、「判旨」記載の理由を述べたうえ、原審の認定事実を要約し、結論として「上告会社が組合の就労要求を拒否した昭和三七年八月一八日ごろには、組合はその組合員数を半減し力も弱くなっていたのに対し、上告会社は組織の大きくなった第二組合の組合員及び非組合員によって車両数も次第に増やして平常に近い営業を行い、経営内容も著しく改善されるなど客観情勢は上告会社にきわめて有利に変化していたのであるから、車検証、エンジンキーを返還しないなど組合に種々非難されるべき点があることを考慮しても、本件ロックアウトは前同日以降企業防衛の性格を失ったというほかな」い、とする原判決の判断を正当として上告を却けた。従って、本件における最高裁の純粋の判旨部分は、「このようなロックアウトの相当性の要件〔筆者注—最高裁がすでに示した丸島水門事件およびノースウェスト事件におけるそれ〕は、その開始の際必要であるのみならず、『これを継続するについても必要であると解すべきことは当然といわなければならない』」と述べている部分だけといってよい。

三 本件判旨は、ロックアウトの正当性および相当性（または要件）に関し、丸島水門事件でやや詳細に判示された判旨を結論的に要約した。今後、ロックアウトに関する「最高裁判旨」としてはこの形で援用されることになるであろう。本件判旨は、その意味でも実務的意義をもつといえる。

ところで、本件は、ロックアウトの「成立」ではなく、その「継続」が問題となったものであるが、本件判旨は、成立の相当性の要件が「継続」についても妥当する、というのであるから、その評釈においても、先例としての丸島水門事件のそれをも併わせて検討の対象とすることが必要かもしれない。しかし、丸島水門事件判決については、多くの評者によってすでに論点がつくされていると思われる（例えば、岸井貞男・判時七八〇号、同・ジュリ五九四号、角田邦重・季労九七号、中嶋士元也・判タ三二六号、下井隆史・民商七四巻一号。以上を総括して久保敬治・ジュリ昭和五〇年度重判解説一七三頁）ので、重複論評は省略し、ただ、いずれの論評においても、判旨が、正当性に関する「一般的」あるいは「具体的」判断基準の提示に欠けている点を指摘していることに注目したい。本件判旨についても全く同じことがいえるからである。

四　さて、本件判旨が「ロックアウト」の相当性の要件は……これを継続するについても必要と解すべきことは当然」といっているのは、いかなる意味であろうか。

この場合、「成立」（開始）と「継続」とは、時間の経過をはさむという点で相異なる概念であるが、ロックアウトは、もともと使用者の対抗的「争議行為」なのであるから、一旦「開始」された以上、それが「解除」されるまでは当然に「継続」する性格のものであって、その意味では、「開始」と「継続」とは不可分の関係にある。従って「開始」のための適法要件が「継続」中も妥当するということは、ある意味で当然である。少なくとも、その「継続」中に「成立」のための適法要件が緩和される方向には働かないことは明らかである。

判旨は（先例を承けて）、ロックアウトの使用者の争議行為としての正当性を、個々の労使関係の具体的諸事情に照らし、「衡平の見地からみて」労使間の均衡回復のための対抗防衛手段として相当と認められるものに限る、とみる基本的立場に立つのであるから、ロックアウトはその開始から解除まで一貫して「防衛的」であるべきだ、という意味において、判旨は理論上当然のことを述べたまでだともいえる。

五　しかし、問題は、ロックアウト「開始」の適法要件が、その継続中のいかなる時点においてもそのまま適用され、その適法性を検証する基準として機能する、という意味で判旨が「当然」といっているかどうかである。この点、判旨は簡単すぎて不明であるが、重要なポイントなので検討を加えておきたい。

まず、ロックアウトの「継続」はいかなる場合に法的に問題となるかである。

一般に、ロックアウトの「継続」の適法要件が法的に問題となるのは、ロックアウトが開始されて一定の期間が経ち、就労拒否の効果が出て、労働側がその圧力に耐えかねて就労ないし、それに関する団交を申し出た段階においてである。この場合、もし労働側が争議行為を終了ないし終熄させれば、ロックアウトはもはや存続の意味を失うのであるから、「開始」の要件がそのまま妥当する。というより、要件の基盤が失われる、ということになる。この場合は、確かにロックアウトの「開始」の適法要件がそのまま「継続」の適法要件になるとみてよい場合である。労働者の争議行為が存在しなくなったのに、使用者側がなお、自己の側の要求が受け入れられないことなど口実をかまえてロックアウトを解除しなければ（事実上の就労拒否や賃金不支給も同じ意味をもつ）、ロックアウトの継続（実体的には労働側の就労申入以後の就労拒否）は、いわゆる「攻撃的」なロックアウトを行うものとして違法行為に転化するとみるべきである（下級審の事例として西日本新聞社事件・福岡高判昭和四〇・一一・一労民集一六巻六号八一九頁、博多自動車事件・福岡地判昭和四二・七・一〇労民集一八巻四号七二八頁、高知放送事件・高知地判昭和四三・三・八労民集一九巻二号三五一頁、宮崎放送事件・宮崎地判昭和四六・七・三〇労判一三三号二八頁）。

しかし、ロックアウトの開始後、ある期間が経過した段階で、労働側が全面的に争議行為を解除することなく、あるいは闘争体制をそのままにして就労を申し出る場合（本件がまさにそれに当る）がある。これは労働側からの一応のロックアウト解除の要請であり、使用者側がそれに応ずるのであれば、争議行為を全面中止するが、使用者側の出かたによっては、なお闘争を続ける和戦両様の体制である。そこで、使用者側が戦術上、ロックアウトの継続を主張する場合には、労働側の「争議行為」と使用者側のロックアウトが微妙な関係に立つことになる。

このような労使関係の段階では、一方で、すでに相当期間にわたる就労拒否の効果として労働側が物心両面および組織力に相当の影響を受けているという状態の下で、なお、使用者側にロックアウトを維持する必要性が残っているかどうかが問題となるのであるから、ロックアウトの適否の判断基準がその「開始」の時点とは質的に変わっているはずである。少なくともロックアウトの開始の要件と継続の要件とが同じだとはいえないであろう。判旨は、何れの場合についても労使関係の均衡からみてロックアウトは防衛的なものに限るべきだというのであるから、両者に共通するnegativeな基準としてはこれを肯定することができるけれども、労使均衡に変化の生じたある時点でのロックアウトの継続についてのactiveな基準を考える場合には、より具体的な基準を示すことが必要であると思われる。

もっとも、本判決では、原判決の事実認定部分を支持する形で、判旨適用の事例を示しており、そこで挙げられている（第二）組合の弱体化、第二組合員・非組合員による操業の回復、経営内容の向上などの指標は典型的事例として実務的には有用である。しかし、それは「基準」とはいえず、例示に過ぎない。

最高裁としては、ロックアウトの「継続」が特に問題となる場合の真の意味を考えるならば、単に衡平とか労使均衡の回復といった漠然とした指標を示すことが下級審にとっていかに適用を難しくし、また、適用のしかたによってはロックアウトの理論の否定につながるおそれのあることに留意すべきである。というのは、「労使間の勢力の均衡」というような基準は、第三者の立場では容易に判定しにくいものであり、裁判所がそれによって単に労働争議という労使間のタグマッチの一方に力を借すだけのことになりかねない危険性を含んでいるからである。一旦、適法に成立したロックアウトが、とかく主観的評価に陥り易い労使の力の均衡の判定いかんで常に「違法な」ロックアウトの烙印をおされる危険があるというのであれば、ロックアウトを使用者の「争議行為」として法的に認める（すでに最高裁はその旨の判例理論を確立したといえる）実質的意義は失われるであろう。

結論的に私見として基準を示すならば、次のとおりである。ロックアウトの開始後、その「継続」の適法性があらためて法的に問題となるのは、適法に開始されたロックアウトによる所期の効果を認めるに足る一定の時間が経過した後、労使間に開始の当初と違った変動が生じた時期においてである。そして、その場合にロックアウトの適法性は、当該ロックアウトによる労働側の実質的影響、および労働側が部分的に争議行為を実施している場合にはそれによる経営の障害・損害を考慮しても、なお、著しい均衡の回復が使用者側に必要と認められる範囲においてロックアウトが必要かどうかという視点から判断さるべきである。

〔ジュリスト六七五号、一九七八年〕

〈著者紹介〉

秋 田 成 就（あきた・じょうじゅ）

1922年　出生
1947年　東京大学法学部卒業
1950年　東京大学助手
1957年　法政大学社会学部助教授
1961年　法政大学社会学部教授
現　在　法政大学名誉教授，法学博士

学術選書
95
労働法

労使関係法 I — 労働法研究（下）- 1

2012年（平成24年）5月20日　第1版第1刷発行
5895：P376　￥10000E-012-040-020

著　者　秋　田　成　就
発行者　今井　貴・渡辺左近
発行所　株式会社　信山社
〒113-0033　東京都文京区本郷 6-2-9-102
Tel 03-3818-1019　Fax 03-3818-0344
henshu@shinzansha.co.jp
笠間才木支店　〒309-1611　茨城県笠間市才木 515-3
笠間来栖支店　〒309-1625　茨城県笠間市来栖 2345-1
Tel 0296-71-0215　Fax 0296-72-5410
出版契約 5895-01010　Printed in Japan

印刷・製本／松澤印刷・渋谷文泉閣
ISBN978-4-7972-5895-0　C3332　分類328.607-a.031 労働法
5895-0101：012-040-020

秋田成就・労働法著作集

雇用関係法 Ⅰ 労働法研究(上)

〈解題〉土田道夫

雇用関係法 Ⅱ 労働法研究(中)

〈解題〉土田道夫

労使関係法 Ⅰ 労働法研究(下)－1

〈解題〉山川隆一

労使関係法 Ⅱ・比較法

労働法研究(下)－2

〈解題〉山川隆一・土田道夫・石田信平